CORAGEM
para CRESCER

JIM DETERT

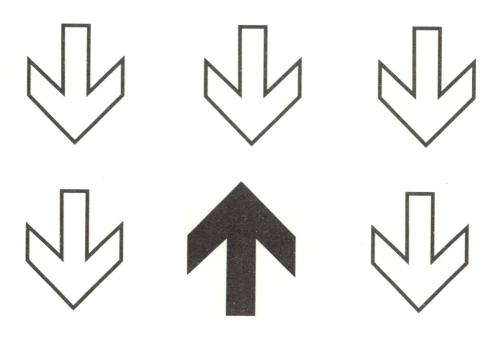

CORAGEM para CRESCER

Como superar riscos, defender o que é certo
e agir com ousadia no ambiente de trabalho

Tradução
Cristina Yamagami

Benvirá

Copyright © 2022 by Jim Detert

Título original: *Choosing courage: the everyday guide to being brave at work*

Direção executiva Flávia Alves Bravin
Direção editorial Ana Paula Santos Matos
Gerência editorial e de projetos Fernando Penteado
Edição Clarissa Oliveira
Produção Daniela Nogueira Secondo

Preparação Gabriela Ghetti
Tradução Cristina Yamagami
Revisão Augusto Iriarte
Diagramação Rafael Cancio Padovan e Claudirene de Moura Santos
Capa Deborah Mattos
Impressão e acabamento Ricargraf

Dados Internacionais de Catalogação na Publicação (CIP)
Vagner Rodolfo da Silva – CRB-8/9410

D479c   Detert, Jim

Coragem para crescer: como superar riscos, defender o que é certo e agir com ousadia no ambiente de trabalho / Jim Detert ; trad. Cris Yamagami. – São Paulo : Benvirá, 2022.

280 p.

Tradução de: Choosing courage: the everyday guide to being brave at work

ISBN 978-65-5810-049-2 (Impresso)

1. Autoajuda. 2. Carreira. 3. Desenvolvimento profissional. 4. Coragem. 5. Ética no trabalho. 6. Sucesso profissional. I. Yamagami, Cris. II. Título.

CDD 158.1
CDU 159.947

2021-4332

Índices para catálogo sistemático:
1. Autoajuda   158.1
2. Autoajuda   159.947

1ª edição, abril de 2022 | 2ª tiragem, junho de 2022

Nenhuma parte desta publicação poderá ser reproduzida por qualquer meio ou forma sem a prévia autorização da Saraiva Educação. A violação dos direitos autorais é crime estabelecido na Lei n. 9.610/98 e punido pelo art. 184 do Código Penal.

Todos os direitos reservados à Benvirá, um selo da Saraiva Educação.
Av. Paulista, 901, 4º andar
Bela Vista - São Paulo - SP - CEP: 01311-100

SAC: sac.sets@saraivaeducacao.com.br

CÓDIGO DA OBRA 705113   CL 670998   CAE 790038

Sumário

Prefácio 9

1. ESCOLHA A CORAGEM 15

    O que vem a ser a coragem no trabalho? 16

    Por que a coragem está em falta 19

        Somos programados para evitar riscos desnecessários 20

    Os riscos são reais 21

    Por que a coragem é importante 25

        A sua coragem faz a diferença na vida dos outros 25

        A coragem faz a diferença na sua vida 28

    Os próximos passos 31

    Uma última observação 35

PARTE I. A NATUREZA DA CORAGEM NO TRABALHO 39

2. NÃO TENHA MEDO DE QUESTIONAR A AUTORIDADE 41

    Por que tememos o poder 42

    O que é questionar a autoridade 45

        O Índice de Atos Corajosos no Trabalho 46

    Questionando as figuras de autoridade 49

        Questionando o chefe 50

        Levando o problema aos chefes do seu chefe 52

    Demonstrando sua capacidade de agir com coragem 54

        Tomando suas próprias decisões 54

        Protegendo ou promovendo os outros 55

        Responsabilizando-se pelos próprios erros 56

    O que acontece quando você questiona a autoridade 56

        Depende dos outros 59

Depende de você 61

Será que vale a pena? 63

E você? 66

3. CONVERSAS FRANCAS E AÇÕES OUSADAS 69

Riscos sociais, psicológicos e físicos no trabalho 70

Cortejando a "morte social" 71

Colocando em risco o bem-estar psicológico 72

Enfrentando a ameaça física 73

Superando os riscos 74

Enfrentando situações difíceis com colegas 74

Enfrentando situações difíceis com subordinados 78

Envolvendo os stakeholders externos em situações difíceis 82

Admitindo a vulnerabilidade para facilitar o crescimento e a
inovação 84

Defendendo os posicionamentos mais difíceis 87

Colocando tudo em risco para defender seus valores 92

E você? 95

4. CONSTRUA A SUA ESCADA DA CORAGEM 97

Habituar-se com a exposição planejada 97

Pratique, pratique e pratique um pouco mais 98

Praticar implica expor-se 99

Construa a sua escada da coragem 102

Dê o primeiro passo 108

PARTE II. COMO SER "COMPETENTEMENTE CORAJOSO" 113

5. CRIE AS CONDIÇÕES CERTAS 115

Desenvolva sua reputação na organização 116

Demonstre que é cordial e competente 116

Mostre que tem inteligência emocional 123

Dê a impressão de que está dos dois lados ou de nenhum lado ... 124

Otimize sua autonomia..126

    Maximize sua segurança e mobilidade profissional...................127

    Evite as algemas financeiras...129

    Saiba o que é o mais importante 131

Um exemplo em ação: Catherine Gill............................132

6. ESCOLHA AS SUAS BATALHAS 137

Será que essa questão é mesmo importante o suficiente?..............138

    Quais são meus principais valores e objetivos?.........................139

    Não fuja dos riscos 143

    Estou usando minhas emoções para me guiar ou sendo
    controlado por elas?...145

    O que ganhamos e perdemos com isso? 148

Esta é a hora certa?...150

Um exemplo em ação: Tachi Yamada...............................155

7. ADMINISTRE A MENSAGEM 159

Prepare-se 161

    Peça ajuda se necessário 161

    Escolha o melhor contexto 163

    Leve dados e soluções 164

    Escolha os dados 165

Reforce a sua argumentação..167

    Defenda o crescimento, não a destruição 168

    Mostre que a sua intenção é vencer juntos.............................168

    Conecte-se às prioridades deles 170

    Fale em termos de oportunidades, não de ameaças 171

    Argumente em termos instrumentais ou culturais....................172

Um exemplo em ação: Mel Exon 173

8. CONTROLE SUAS EMOÇÕES.............................177

Administre as emoções..179

    Administre suas próprias emoções… antes de agir....................180

    Administre suas próprias emoções… enquanto age 183

    Administre as emoções de seus alvos 187

Um exemplo em ação: Anthony Wedo..191

9. APÓS O ATO, CONTINUE AGINDO 197

Faça o follow-up de seu ato de coragem..199

Consolide o próximos passos...199

Não ignore as reações negativas...201

Não deixe de agradecer e dividir os créditos............................203

Lembre-se de que é uma jornada...204

Seja persistente...204

Tente aprender sempre..205

Um exemplo em ação: Fred Keller...209

PARTE III. SUBA PELA SUA ESCADA DA CORAGEM .215

10. CULTIVE A CORAGEM..217

O caminho para a coragem competente.......................................217

Pense de maneira mais produtiva...218

Domine novas ferramentas de comunicação...........................220

Mude ou controle suas respostas fisiológicas.........................227

Ensaiar mentalmente é bom, mas não basta............................229

Comprometa-se com a ação..230

Defina boas metas acompanhadas de intenções de
implementação...231

Comprometa-se em público...234

11. Está nas suas mãos...237

Um recado para os líderes..242

Está nas suas mãos..246

Índice de atos corajosos no trabalho 251

Notas...257

Agradecimentos...275

Sobre o autor...279

Prefácio

Não dá para trabalhar sem coragem nos dias de hoje

Vivemos em tempos extraordinários. Enquanto escrevo estas palavras, em outubro de 2020, a pandemia da Covid-19 continua devastando vidas e comunidades inteiras, e as pessoas protestam contra a brutalidade policial e a injustiça racial sistêmica nos Estados Unidos e no mundo. Em meio a toda essa dor e desespero, também estamos testemunhando atos de verdadeira coragem, desde profissionais da saúde denunciando condições de trabalho inaceitáveis, vendedores de loja pleiteando padrões de segurança mais rigorosos ou negros exigindo mudanças em suas organizações e no mundo.[1]

Apesar de os eventos atuais demonstrarem que a coragem nunca foi tão necessária, eu já tinha me proposto a escrever este livro mais de uma década atrás. Por volta de 2008, passei a concluir meus cursos com alunos e profissionais com um breve discurso de encerramento. Eu dizia: "Se tivéssemos mais tempo, eu teria muitas outras ferramentas para apresentar a vocês neste curso. Mas o fato é que, no fim das contas, eu não acho que aquilo que separa um bom líder de um ruim seja o número de ferramentas que eles têm à disposição. Acho que o mais importante é a coragem de usar essas ferramentas quando for preciso".

Em seguida, eu dava alguns exemplos de coragem no trabalho e explicava por que eu acreditava na necessidade urgente de todos nós agirmos como exemplo para os outros. Nenhum aluno jamais disse que trabalhava em um ambiente onde comportamentos corajosos não eram importantes nem que a coragem sempre era demonstrada quando devia. Apesar de todas as nossas ambições, ainda são raras as "organizações (realmente) destemidas" (se é que elas de fato existem).[2] Em vista disso, passei a convocar os participantes de meus cursos a fazer do mundo um lugar melhor, a fazer algo corajoso e me procurar com suas experiências para eu poder atualizar meu discurso de encerramento com suas histórias.

Desde que comecei a fazer isso, as pessoas invariavelmente me escrevem semanas, meses e até anos depois pedindo mais informações sobre o tema porque precisam de ajuda a fim de se preparar para uma conversa difícil, enfrentar um problema que elas vêm evitando ou fazer algo que elas sabem que é importante mas envolve um alto risco.

Foi por isso que passei os últimos anos lendo tudo o que pude sobre a coragem — mais especificamente, sobre a coragem no trabalho — e coletando dados de milhares de pessoas nas minhas investigações acerca desse tema. Eu não queria ser só mais uma voz em meio à cacofonia, limitando-me a "incentivar a coragem" sem dar quaisquer orientações concretas. Eu queria deixar uma importante contribuição para todos os que sabem que precisam agir com mais coragem e que gostariam de agir corajosamente. Este livro representa minha tentativa de destilar todo o meu aprendizado em um guia baseado em pesquisas mas de leitura acessível para as pessoas com quem tive o privilégio de trabalhar diretamente e todas as outras que ainda vou conhecer. Foi uma grande inspiração para mim ouvir as histórias incríveis que meus ex-alunos me contaram e é uma honra poder compartilhá-las com mais gente.

Verdade seja dita, eu também precisava dessas histórias, e essa é uma percepção que só agora tenho condições de articular. Cresci numa família relativamente pobre, com apenas um dos pais, numa cidadezinha qualquer do Meio-Oeste dos Estados Unidos. Era comum eu me sentir impotente, sabendo que não tinha a vida que queria, mas sem poder fazer muito para mudar minha situação na infância. Talvez ainda mais deprimente, era raro eu encontrar uma fonte de inspiração no meu entorno. Os adultos, incluindo pessoas em posições de autoridade, muitas vezes também pareciam (para usar as palavras de Thoreau) "viver uma vida de silencioso desespero", em vez de planejar com coragem e competência um futuro melhor para si e para os outros. Mesmo depois de todos esses anos, ainda me vejo desanimado e irritado com a ausência de ação corajosa por parte tanto de líderes quanto de não líderes. Eu simplesmente não suporto mais ver nossa disposição de abrir mão de nossa capacidade de agir com coragem, autenticidade e moralidade para receber algum benefício.

Todos nós temos muitas oportunidades de agir com coragem, de nos engajar em ações que nós ou outras pessoas consideramos dignas ou nobres, *apesar dos riscos que o comportamento implica*. A segurança no trabalho ou as condições de trabalho não eram perfeitas antes da Covid-19 e estávamos longe de ser um mundo onde as pessoas podiam esperar o mesmo tratamento no ambiente corporativo e em qualquer outro lugar independentemente da cor da pele, do sexo ou de outras características demográficas ou de identidade. O mais lamentável é que costumamos aceitar a ideia de que ações corajosas só devem ser esperadas de pessoas extraordinárias em situações extraordinárias.

Este livro contesta a noção de que a coragem é uma exclusividade e uma responsabilidade de poucos. Acredito que a coragem, especialmente os atos corajosos executados com competência suficiente para criar uma mudança positiva, não é inata. Não costumamos acreditar que alguns poucos seletos nascem com a capacidade de ter outras virtudes — como ser honestos, justos ou prudentes — nem esperamos que esses comportamentos sejam demonstrados muito raramente. Então por que esperamos que apenas algumas pessoas sejam capazes de agir com coragem?

Escrevo este livro para que você veja que também é responsável pela ação corajosa e entenda que a coragem competente resulta das escolhas que pode fazer para aprender e praticar repetidamente habilidades específicas (como acontece em *qualquer outra* área). E quero te ajudar a aproveitar mais oportunidades de se posicionar ou falar abertamente no trabalho em vez de se deixar impedir pelo medo.

Também quero auxiliar você a entender que a coragem não envolve necessariamente atos raros e espetaculares que dão manchetes ou o levam a ser nomeado "A Pessoa do Ano" da revista *Time*.[3] Na verdade, a coragem inclui todos os tipos de comportamentos tão necessários para que tanto as pessoas quanto as organizações possam aprender, ser saudáveis e prosperar.

Se você quiser fazer mais para *proteger os outros* — sejam eles colegas, subordinados ou clientes impotentes e muitas vezes ignorados, explorados ou discriminados —, este livro é para você.

Se você quiser fazer mais para *resolver problemas importantes* no trabalho, sejam eles ineficiências que desperdiçam tempo ou dinheiro, processos internos que desgastam o moral ou produtos ou serviços que deixam clientes insatisfeitos e incapacidade de atrair novos clientes, este livro é para você.

Se você quiser *aproveitar mais oportunidades*, quer isso signifique assumir responsabilidades desafiadoras que possam aumentar seu impacto e sua satisfação ou encontrar um emprego em alguma outra organização que se encaixa melhor em seus talentos e valores, este livro é para você. Este livro também é para você se você quiser ser a pessoa ousada o suficiente para conduzir sua companhia a entrar em novos mercados ou novas linhas de negócios ou para tomar outras decisões que permitam que sua empresa cumpra melhor sua missão.

E, se você quiser *inovar* melhor, seja conduzindo e implementando pequenos experimentos em partes de uma organização, desenvolvendo e lançando novos produtos ou criando novos processos que permitam que sua empresa melhore radicalmente, este livro é para você.

Sabemos que precisamos desesperadamente de mais comportamentos como esses. Quando não agimos para proteger os outros, permitimos que nossos colegas sejam continuamente abusados e discriminados e prejudicamos nossos clientes (pense nos exemplos da Wells Fargo ou da Volkswagen).[4] Quando não nos manifestamos para resolver problemas ou buscar oportunidades, aumentamos a probabilidade de falhas organizacionais e as estatísticas mostram que só cerca de um terço dos funcionários norte-americanos são altamente engajados no trabalho.[5] E, quando não temos coragem de inovar, ampliamos as chances de que nós e nossas organizações nos juntemos aos milhões de ultrapassados por novatos mais ágeis e pessoas e empresas mais preparadas para prosperar em um mundo digital em rápida evolução. A questão não é se essas oportunidades diárias de agir com coragem são importantes. A questão é se você vai aproveitar um número maior de oportunidades de fazer isso.

Mas eu gostaria de esclarecer que este livro não é um apelo para transformar o leitor em um mártir organizacional. Não quero que você saia por aí disposto a perder o emprego, os amigos ou a saúde sempre que identificar um problema ou uma oportunidade no trabalho. Não quero que você aja sem critério ou se coloque em uma posição vulnerável assim que for varrido por uma emoção ou tiver uma ideia. O que sugiro é que você pense na ação corajosa como algo que pode ser feito com mais ou menos competência, sendo que, neste nosso contexto, esse é o fator que aumenta suas chances de realmente fazer algo positivo e reduz suas chances de sofrer consequências negativas.

As pessoas cujas histórias eu conto neste livro escolheram a coragem. Seus relatos nos dão inspiração, mas também mostram que a coragem competente tem muito de transpiração. Escolher a coragem competente é aceitar não só a responsabilidade de agir, mas a obrigação de aprender e praticar continuamente as habilidades que aumentam suas chances de criar resultados positivos para você e para os outros.

Se você estiver pronto para escolher esse caminho e se inspirar com as pessoas incríveis que conhecerá aqui, este livro é para você.

Capítulo 1

Escolha a coragem

Stuart Scott sempre será lembrado por seu pioneirismo. Scott foi nada menos que o primeiro âncora negro do *SportsCenter*, o carro-chefe da ESPN, e seu uso de gírias, suas referências à música e à cultura negras e seus bordões inteligentes ajudaram a ESPN a atrair um público mais jovem, em especial jovens negros norte-americanos.

O estilo de Scott teve uma influência enorme. "No decorrer de toda a história deste país, nós, afro-americanos, fomos informados de que precisávamos nos conformar, nos adequar. Que precisávamos ser menos *street*, menos hip-hop, menos representativos dos bairros negros. Seja *menos*", conta Michael Smith, um jornalista esportivo e ex-comentarista da ESPN que cresceu vendo Scott na TV. "Precisávamos ser menos do que o que éramos para não constranger ou intimidar a maioria. E foi simplesmente incrível ver Stuart entrar em cena e ser tão bom, tão profissional, tão inteligente, tão elegante quanto qualquer outro âncora e mesmo assim conseguir ser tão autêntico, conectado e representativo da nossa cultura".[1]

Além de seu brilhantismo diante das câmeras, Scott travou uma batalha de vários anos contra o câncer terminal e foi uma inspiração para muitas pessoas além de seus espectadores fãs de esportes. Após sua morte, aos 49 anos, ele foi enaltecido por todos — fãs, colegas, atletas e jornalistas. Em uma declaração por escrito, o presidente Barack Obama elogiou Scott por ter sido um pioneiro: "Stuart Scott ajudou a lançar um jeito novo de falar sobre nossos times favoritos e os melhores lances do dia".

Essa é a parte da história de Scott que muita gente conhece. Keith Olberman, seu colega de longa data, revelou outra parte que poucos conheciam. "De todas as pessoas com quem trabalhei no mundo dos esportes, ele foi a que eu mais admirei", disse ele em uma homenagem tocante.[2]

Olberman se referia às dificuldades que Scott enfrentou nos bastidores na ESPN. Apesar de ser admirado hoje, Scott foi recebido com uma grande resistência por parte de alguns telespectadores, críticos da imprensa e um executivo da ESPN. Ele foi instruído a parar de usar uma linguagem que a maioria dos espectadores — ou seja, os "espectadores brancos" — não entendia ou ele seria demitido do *SportsCenter*. "Foi horrível", conta sua esposa, Susan. "As pessoas não fazem ideia do quanto foi horrível... Stuart ficava tão frustrado a ponto de beirar o desespero."

Olberman disse que a resposta de Scott a essa pressão "foi a coisa mais impressionante que já vi um locutor esportivo de TV fazer".

Diante de duas opções claras — recuar e abrandar seu estilo para proteger a si mesmo e sua carreira ou partir para o ataque —, Scott escolheu uma alternativa mais criativa: ele contestou a orientação de seu superior mas de uma maneira que praticamente impossibilitou que o executivo levasse sua ameaça adiante.

Scott foi ao ar e *parabenizou publicamente* a ESPN por sua abertura em aceitar aspectos importantes da cultura norte-americana que não costumavam ter uma representação adequada na TV. Esse ato brilhante e ousado neutralizou o executivo, que não teve escolha a não ser deixar Scott continuar ou ser visto como explicitamente intolerante e desrespeitoso com relação à cultura negra.

De acordo com Keith Olberman, foi um ato brilhante de coragem no trabalho.

O que vem a ser a coragem no trabalho?

Ao longo de minha carreira, ouvi centenas de histórias de pessoas como Stuart Scott, que agiram corajosamente no trabalho.

Vejamos o caso de Chris, um estudante de medicina que convenceu um orientador de psiquiatria a pedir um teste diagnóstico simples antes de mandar à ala psiquiátrica um paciente suicida que tinha chegado ao pronto-socorro. Devido à coragem de Chris de questionar a autoridade, a equipe médica descobriu que a dor persistente do paciente era causada por uma doença vascular, que foi resolvida com uma cirurgia.[3]

Ou vejamos o exemplo de Jackie, que lançou uma campanha de marketing e vendas enfrentando a oposição do presidente de sua organização. "Se você quiser ir em frente com essa ideia, saiba que seu emprego está em jogo", ele disse. "Se der certo, você fica. Se não, é melhor começar a procurar outro." Depois de alguns dias de intensa deliberação, Jackie decidiu ir em frente. A campanha foi um sucesso — ela contou que foi a mais bem-sucedida da história da empresa — e ela não foi demitida, mas ninguém nunca lhe agradeceu por seu trabalho.

Esses exemplos podem não se encaixar no que costumamos pensar sobre coragem, geralmente associada com atos físicos, mas os feitos de Stuart Scott, Chris e Jackie são grandes ilustrações de coragem.[4] Cada um deles encarou a escolha de agir ou não e, apesar das ameaças e da resistência dos superiores, todos optaram por agir quando a maioria das pessoas se omitiria.

Na linguagem acadêmica, defino a coragem no ambiente corporativo como *atos relevantes ao contexto do trabalho realizados em prol de uma causa digna apesar dos consideráveis riscos percebidos pela pessoa que realiza a ação no momento da execução da mesma.*[5] Em um linguajar mais simples, ter coragem no trabalho é realizar, no trabalho, um ato que parece certo e importante para defender um princípio, uma causa ou um grupo, apesar do potencial de sérias repercussões profissionais, sociais, psicológicas e até físicas.

A coragem no trabalho pode assumir muitas formas. É questionar uma autoridade — ou colegas, subordinados, clientes e outros grupos — cujo comportamento está causando problemas ou ficando aquém das possibilidades. E inclui atos voltados ao crescimento pessoal e organizacional, como assumir responsabilidades desafiadoras, tomar iniciativas ousadas e inovar dentro ou fora da organização.

Você verá que esses atos são oportunidades "cotidianas" de demonstrar coragem, ou seja, o tipo de coisa que podemos incorporar à nossa rotina. Quando se trata de coragem, não precisamos sair em busca de ocasiões especiais ou esperar por um grande momento isolado. Só precisamos decidir agir quando surgir a oportunidade, o que invariavelmente acontece.

É o oposto de como as pessoas costumam ver a coragem — como uma característica rara, praticada apenas por pessoas excepcionais. Mas não é produtivo pensar nela dessa forma porque isso acaba sendo usado como uma desculpa para justificar nossa inação. Nos anos 1950, no Sul dos Estados Unidos, Rosa Parks, uma costureira negra, recusou-se a ceder seu lugar no ônibus a um branco, levando a uma onda de protestos antissegregacionistas. Conforme disse Parker Palmer, um educador e ativista social norte-americano, se quisermos usar exemplos como o de Rosa Parks para nos inspirar a agir em vez de nos limitar a admirá-la passivamente, "é preciso enxergá-la enquanto a pessoa comum que ela é. É difícil fazer isso porque nós a transformamos em uma espécie de supermulher... e fizemos isso para nos proteger".[6] Como Palmer corretamente observa, para não termos de impor a nós mesmos o mesmo padrão de ação virtuosa diante de oportunidades de agir, colocamos Parks e outras pessoas em pedestais inacessíveis a nós. Se quisermos ser corajosos e virtuosos, precisamos tirar essas pessoas desses pedestais.

Tive o privilégio de conhecer algumas pessoas incríveis ao estudar a coragem no trabalho e posso garantir que elas variam em gênero, etnia, nacionalidade, aparência física, orientação política, religião, nível de escolaridade e tantas outras dimensões que usamos para categorizar indivíduos. Algumas são ricas ou têm um status elevado na sociedade, mas a grande maioria não. Enquanto não começarmos a ver a ação corajosa como algo normal, como uma possibilidade e uma responsabilidade de todos, ficaremos esperando que outros o façam, nos escondendo (desconfortavelmente) por trás de afirmações como "Nem todo mundo pode ser um Mandela ou um Gandhi" ou deixando para agir só quando tivermos mais poder.

Você sempre terá algo a perder e nada garante que outras pessoas com coragem chegarão para salvá-lo. Se quiser melhorar as coisas no trabalho, para você e para os outros, a única coisa que tem como controlar é sua disposição para agir.

Como detalharei neste livro, a coragem depende de habilidades que podem ser aprendidas e desenvolvidas, ou seja, você pode fazer coisas específicas antes, durante e até depois de um ato corajoso para aumentar as chances de o risco que você escolheu assumir não ser em vão. Não faltam oportunidades para praticar a coragem todos os dias, exercitando seu "músculo da coragem" aos poucos e começando com atos relativamente seguros e administráveis que você pode usar para aprender.[7] São essas habilidades, aprimoradas com a prática, que diferenciam as pessoas que agem — e com competência — do resto que se esquiva da ação.[8]

Por que a coragem está em falta

Sabemos do valor da coragem (mesmo se preferimos que a ação venha de alguma outra pessoa). Winston Churchill disse que a coragem é a primeira das qualidades humanas porque garante todo o resto.[9] O escritor C. S. Lewis afirmou que a coragem não é só *uma* virtude, mas "a forma que todas as virtudes assumem quando são testadas no momento decisivo, ou seja, no ponto mais elevado da realidade".[10] Os livros de liderança estão repletos de frases sobre a coragem como uma virtude, atributo, traço de personalidade ou padrão de comportamento necessário para uma boa liderança. Meus alunos também acreditam que a coragem diferencia os líderes de sucesso dos que fracassaram em longo prazo.[11]

Proteger e inspirar as pessoas. Resolver problemas. Aproveitar oportunidades. Crescer e inovar. Dito dessa forma, seria natural nos motivarmos a ser mais corajosos. O problema é que parece que não queremos. Por que será?

Somos programados para evitar riscos desnecessários

Considerando que os seres humanos evoluíram para (inconscientemente) priorizar a perpetuação de seus genes, faz sentido que nos preocupemos em evitar nos prejudicar em qualquer tipo de ambiente social. Como nossa espécie passou a maior parte de sua trajetória vivendo em pequenos grupos ou clãs, fazer sacrifícios por pessoas não muito próximas a nós — como arriscar o bem-estar de nossa família para beneficiar um grande grupo de funcionários ou cidadãos espalhados pelo mundo — provavelmente não é um comportamento instintivo para a maioria de nós. Para resistir a esses instintos, precisamos fazer uma escolha consciente.

Nossos instintos tendem a ser reforçados ao ver o que os outros fazem ou deixam de fazer. O problema é que vemos muitos casos de pessoas avançando na carreira — pelo menos em curto prazo — apesar de demonstrar pouca coragem ou até por causa disso. São tantos os exemplos de pessoas que "evoluem na carreira aceitando as coisas como elas são" que somos levados a acreditar que a coragem pode ser uma coisa de perdedores e ingênuos. Quando pedi a uma amostra de meus alunos de MBA que pensassem em alguém que teve muito sucesso ao longo de toda a carreira em uma posição de liderança e avaliassem esse líder em uma série de características, a coragem foi a que recebeu a nota mais alta — ainda mais alta do que habilidades, conhecimento técnico, inteligência e empenho no trabalho. Mas, quando pedi que pensassem em outro líder que teve muito sucesso em uma posição de liderança por pouco tempo e o avaliassem, a coragem recebeu a nota mais baixa (e o empenho no trabalho, a mais alta). Aos olhos desses jovens ambiciosos, a coragem é claramente uma característica de pessoas que tiveram carreiras admiráveis. Mas os estudantes não achavam que a coragem é mais importante do que outras características no começo da carreira. A questão é que a coragem pode nunca ser demonstrada se a pessoa passar anos achando que "ainda não chegou a hora". Pela minha experiência, acontece muito de essas pessoas passarem a vida inteira se preparando e achando que essa hora nunca chega.

Nosso vocabulário também evoluiu para nos lembrar dos benefícios da conformidade e dos riscos de contestar o status quo: ouvimos muito frases como "A equipe em primeiro lugar", "Nunca deixe de ser leal", "Não mexa em time que está ganhando", "Não vale a pena arriscar seu emprego por isso", "Sempre fizemos assim", "Todo mundo faz" e " É melhor deixar para lá", enquanto expressões que apontam para o valor de se fazer ouvir e de persistir na mudança são raras em comparação e sugerem atitudes que encontrarão grande resistência (por exemplo, "Lutar com unhas e dentes" ou "Ir contra tudo e contra todos").[12]

E não podemos esquecer que, gostemos ou não, a maioria de nós quer *ser aceita*. E, considerando que a rejeição social pode ser extremamente dolorosa, ninguém quer *ser rejeitado*. Assim, é natural ver a vida como um todo, e a liderança em particular, como uma espécie de concurso de popularidade. Ainda que de forma inconsciente, evitamos fazer coisas que possam irritar ou nos indispor com pessoas das quais buscamos aceitação e apoio. Se você duvida disso, basta dar uma olhada no que as pessoas postam no Twitter, Facebook ou em qualquer outra plataforma de mídia social.[13]

Os riscos são reais

Além das razões instintivas e culturalmente reforçadas de se conformar e evitar conflitos, ninguém duvida que a coragem esteja em falta devido a seus riscos inerentes. Às vezes realmente acontece de as pessoas deixarem de ser promovidas, perderem o emprego e até terem relacionamentos rompidos e egos destruídos como consequência de uma ação corajosa no trabalho.

Os riscos são abundantes na maioria dos ambientes corporativos dos dias de hoje. Até em países como os Estados Unidos, onde a Primeira Emenda da Constituição protege a liberdade de expressão, a maioria dos empregados com contratos temporários (que constitui a grande maioria nos dias de hoje) não tem como dizer o que pensa no trabalho sem se abrir a possíveis represálias. Você quer criticar em público o governo dos Estados Unidos? Vá em frente. Quer criticar os líderes de sua organização? Tome cuidado.

Pelo menos hoje em dia, é muito menor o número de pessoas que enfrentam riscos de se *ferir fisicamente* no trabalho do que em qualquer outro momento da história, embora bombeiros, policiais, operários de plataformas de petróleo e mineiros, entre outros, ainda se coloquem em perigo em seu dia a dia. E, por incrível que pareça, o mesmo pode ser dito de pessoas que têm de lidar com clientes ou ex-funcionários insatisfeitos.[14]

No entanto, a maioria de nós enfrenta potenciais *riscos à carreira*.[15] Apesar da tendência de organizações mais horizontais com uma liderança mais compartilhada, a maioria das pessoas ainda tem chefes e depende do salário para viver.[16] Se forçarmos a barra, podemos ser demitidos, rejeitados, cerceados ou financeiramente penalizados.[17] Como William Deresiewicz observou em seu livro *Excellent Sheep* ("A ovelha excelente", em tradução livre), as pessoas não gostam quando você questiona o status quo, porque acabam sendo forçadas a questioná-lo também.[18] Você está tentando trazer à tona dúvidas que os outros estão fazendo de tudo para manter debaixo do tapete. Vários ex-funcionários da Wells Fargo, por exemplo, disseram ter sido demitidos por pequenas violações, como chegar um pouco atrasados ao trabalho, logo depois de se posicionar internamente contra as táticas ilegais de vendas que acabaram resultando em centenas de milhões de dólares em multas e uma investigação pelo Congresso dos Estados Unidos.[19]

Os riscos à carreira de falar abertamente são grandes mesmo em ambientes como as Forças Armadas, onde a coragem física é esperada. Até os líderes militares mais condecorados podem ter "medo de mostrar a realidade" a seus superiores e alguns chegam a enfrentar consequências profissionais por se opor à vontade do chefe.[20]

Os *riscos sociais* também são grandes. Durante a maior parte do tempo que nós, a espécie humana, estamos neste planeta, ser condenado ao ostracismo não só era psicologicamente desagradável como também uma ameaça à vida. Se você fosse deixado sozinho para enfrentar predadores violentos e condições ambientais adversas, estaria em uma situação de vida ou morte. É bem verdade que hoje em dia você tem poucas chances de morrer se for rejeitado pelos colegas no trabalho, mas ainda temos um verdadeiro pavor da "morte social".[21]

Algumas pesquisas chegam a sugerir que "a rejeição social é percebida pelo cérebro e outros mecanismos como algo semelhante a danos físicos".[22] Vejamos as consequências sociais que Edwin Raymond, um policial de Nova York, enfrentou por tentar mudar algumas práticas da polícia, por exemplo a maneira como as estatísticas de detenção são usadas. Ele foi chamado de "vacilão", "alcagueta" e outras coisas muito piores em fóruns anônimos de policiais. Até seus amigos lhe disseram que ele era louco de tentar repetidamente fazer a coisa certa diante de tamanha resistência.[23]

Acontece muito de atos corajosos conterem em si riscos sociais e profissionais. Sam Polk, um ex-corretor de fundos de hedge de Nova York, descreveu a dificuldade de se posicionar contra a "camaradagem masculina" — a zoação depreciativa e sexista entre homens — que constituía um obstáculo para o avanço profissional das mulheres no mundo das finanças. "É muito bom pertencer ao grupo", ele admitiu, e protestar contra um comportamento masculino típico seria "constrangedor, me faria ser considerado menos 'homem' aos olhos dos outros" e "ruim para minha carreira". Diante disso, ele "ficou em silêncio em centenas de situações nas quais homens objetificaram e degradaram mulheres".[24] Pode ser fácil criticar os ricaços do mercado financeiro de longe, do conforto do nosso sofá, mas precisamos reconhecer que também temos dificuldade de nadar contra a corrente e, como Polk observou, é ainda mais difícil quando "contestar uma cultura de conformidade implica arriscar milhões de dólares em ganhos futuros".

Destacar-se na multidão também apresenta *riscos psicológicos*. Ninguém quer se sentir idiota ou impotente. Assumir projetos de alta visibilidade ou responsabilidades que se estendem além de nossas competências é arriscar passar vergonha em público. Quando mostramos que somos vulneráveis ao facilitar o trabalho para os outros ou agir em prol do bem-estar alheio, corremos o risco de sermos vistos como fracos ou incompetentes. Desenvolver e implementar um produto ou processo altamente inovador pode te colocar na posição do defensor de um experimento fracassado. Além disso, esses comportamentos também podem nos expor a riscos sociais e profissionais. E eles invariavelmente também nos expõem a riscos psicológicos. Você é seu próprio júri e seu próprio juiz e, ao tentar superar os limites, é inevitável se abrir a um baque, pelo menos temporário, à sua autoestima. "Ser visto como burro ou idiota", "sentir-se incompetente" ou "ser um fracasso" costumam ser rótulos que impomos a nós mesmos e, desse modo, representam riscos psicológicos da coragem no trabalho.

Evan Bruno e eu passamos 35 anos estudando o tema da coragem no trabalho e encontramos uma grande correlação negativa entre o nível de risco (e de coragem) atribuído a um comportamento e a frequência na qual o comportamento ocorre quando as circunstâncias permitem. Dito em termos simples, quando os riscos percebidos profissionais, sociais, psicológicos e físicos de fazer algo aumentam, a disposição de fazer isso diminui.[25]

O problema é que esses riscos são maiores que a coragem até entre os detentores de poder. Incontáveis líderes seniores me disseram que preferem não revelar o que realmente está acontecendo a seus superiores ou ao conselho de administração por medo de repercussões profissionais e muitos me disseram que deixaram passar oportunidades de agir com coragem para evitar consequências sociais ou psicológicas. Outros afirmaram que, hoje em dia, muitos CEOs "esperam que a opinião pública lhes diga o que fazer".[26] O mesmo se aplica à política, com muitos políticos colocando os próprios interesses acima dos princípios morais, levando a um "déficit sem precedentes" de coragem no governo, de acordo com Eliot Cohen, diretor da Faculdade de Estudos Internacionais Avançados da Universidade Johns Hopkins.[27]

Por que a coragem é importante

Considerando todos esses riscos, você pode estar com vontade de parar de ler este livro. Se eu confirmei seus temores sobre a coragem no trabalho, por que valeria a pena continuar lendo? Será que as vantagens conseguem neutralizar todos esses riscos?

A verdade é que ainda estamos longe de ter evidências suficientemente fortes e sistemáticas sobre as condições que levam os atos corajosos no trabalho a produzir resultados positivos ou negativos tanto para a pessoa que realiza a ação quanto para as outras ou para a organização em si.

Ainda assim, a premissa deste livro, e o foco de vários outros capítulos, é que a nossa atitude com relação à coragem no trabalho pode fazer uma grande diferença no sucesso ou no fracasso para nós mesmos e os outros. Em outras palavras, podemos ser mais ou menos *competentes* em nossos atos corajosos. Partindo do pressuposto de que um ato corajoso é realizado com competência, quais são algumas razões que nos levariam a esperar resultados positivos?

A sua coragem faz a diferença na vida dos outros

Vamos começar com a possibilidade de afetar diretamente resultados importantes. Como argumentei no prefácio, agir com coragem no trabalho pode proteger os outros, resolver problemas e evitar desastres, além de levar a oportunidades bem aproveitadas e a várias formas de inovação e crescimento. Stuart Scott abriu o caminho para uma maior diversidade racial na cobertura esportiva na TV, Chris salvou um paciente de um enorme sofrimento físico e emocional, e Jackie liderou a campanha mais bem-sucedida de toda a história de sua empresa. É por isso que as pessoas no topo das organizações e os conselheiros encarregados de supervisioná-las em nome dos acionistas dizem que valorizaram tanto a coragem.[28]

Por outro lado, os custos decorrentes de funcionários que deixam de demonstrar coragem podem ser imensos, tanto em termos humanos quanto financeiros. Os acionistas da Volkswagen (já) perderam bilhões de dólares depois de vir à tona que a fabricante vendeu milhões de carros em todo o mundo equipados com um software calibrado para burlar testes de emissões de poluentes. Segundo um comentarista que trabalhou no software de emissões de poluentes em uma das três maiores montadoras dos Estados Unidos: "Não há dúvida de que a ação envolveu o trabalho coordenado de muitas pessoas". Não é possível que ninguém tenha se ligado de que se tratava de uma fraude que acabaria sendo identificada mais cedo ou mais tarde e causaria grandes danos aos vários stakeholders da empresa.[29]

Atos corajosos, ou a ausência deles, também podem ter efeitos mais indiretos sobre o desempenho por afetar os sentimentos e comportamentos das pessoas. Um único ato de coragem, especialmente por parte da liderança, tem o potencial de inspirar os outros a se comprometer mais, a se empenhar mais, a se oferecer voluntariamente para fazer coisas que beneficiam a organização (os estudiosos chamam isso de "cidadania" ou comportamentos "*extra-role*", ou seja, comportamentos discricionários, não contemplados na descrição de cargo) e até a realizar seus próprios atos corajosos. Quando pedi a um grupo de alunos de MBA executivo que descrevessem como um comportamento corajoso de um líder os afetou, eles disseram coisas como: "Senti um orgulho enorme", "Fiquei motivado a me empenhar mais e ser mais criativo" e "Fiquei muito energizado". "Foi um momento decisivo na minha carreira, porque nos ensinou, a mim e aos outros, a ser corajosos e assumir a responsabilidade pelos nossos atos", disse um deles. "Foi uma injeção de energia no nosso senso de propósito e comprometimento", disse outro, acrescentando que o ato de coragem do líder "aumentou tanto a nossa determinação e confiança uns nos outros a ponto de nos sentirmos preparados para enfrentar qualquer desafio e ter sucesso".

Por outro lado, quando pedi a outro grupo de executivos que participaram de meus cursos que descrevessem o impacto de um líder que deixou de agir com coragem em uma situação específica, suas respostas mostraram os enormes efeitos negativos que podem resultar da percepção de ter reprovado no teste da coragem. Os executivos disseram coisas como: "Fiquei com raiva e senti que meu trabalho acabou sendo prejudicado", "Perdi a confiança e o respeito pelo líder" e "Daquele dia em diante, não acreditei mais na competência e na capacidade do líder da unidade". Outro executivo relatou: "Fiquei enojado e triste quando vi que meu chefe era tão covarde e tão pouco ético". Eu duvido que qualquer um desses executivos estivesse dando duro por esses chefes. Muitos deles deviam até estar procurando um jeito de sair.

No discurso de formatura para os graduados da Academia Naval dos Estados Unidos em 2011, o ex-secretário de Defesa Robert Gates resumiu muito bem a importância de agir com coragem. Ele fez questão de deixar claro que não estava falando apenas da coragem física, mas da "coragem de traçar um novo rumo, a coragem de fazer o que é certo e não só o que é popular, a coragem de ir contra a corrente, a coragem de agir, a coragem de questionar a autoridade". Ele disse aos jovens que ambicionavam chegar à liderança que, "mais cedo ou mais tarde, você vai ter de nadar contra a corrente. Quando isso acontecer, você deve dizer: 'Seria errado fazer o que vocês estão propondo' ou 'Eu discordo de vocês e, como a responsabilidade é minha, eis o que faremos'".[30]

Em resumo, ser corajoso depende da maneira como cumprimos nossas obrigações para com os outros em circunstâncias difíceis.

A coragem faz a diferença na sua vida

Duas razões mais gerais para optar pela coragem são o legado e o arrependimento. Nosso legado é o que fica depois que partimos deste mundo. Além das coisas tangíveis como dinheiro ou imóveis, é o que as pessoas dizem sobre nós, como se lembram de nós e o que fazem ou deixam de fazer devido ao impacto que tivemos sobre elas. E os legados tendem a ser compostos pelo que *fizemos*, pelo menos se estivermos falando de um legado positivo. Estudos mostram que os arrependimentos, por outro lado, geralmente se relacionam com as coisas que *não fizemos* mas que gostaríamos de ter feito. Desse modo, as oportunidades de agir com coragem são inextricavelmente ligadas ao nosso legado e nossos arrependimentos.

Vamos começar falando um pouco mais sobre o arrependimento. Não faltam advertências para evitá-lo, como a do presidente americano Theodore Roosevelt: "É duro fracassar, mas é pior nunca ter tentado atingir o sucesso", ou a do poeta John Greenleaf Whittier: "De todas as palavras tristes da língua ou da caneta, as mais tristes são estas: 'Poderia ter sido!'". Com efeito, pesquisas sugerem que o "arrependimento" é um tema importante quando analisamos nossa vida à medida que envelhecemos e esse decorre mais de coisas que não fizemos do que das que tentamos fazer e não conseguimos.[31] John Izzo entrevistou 235 pessoas com idade entre 59 e 105 anos e descobriu que "Não deixar arrependimentos" é um dos cinco segredos de uma boa vida. Segundo ele, "Devemos viver com coragem, buscando nos aproximar do que queremos em vez de nos afastar do que tememos".[32] De acordo com um estudo conduzido pela enfermeira australiana Bronnie Ware com pacientes que estavam nas últimas 12 semanas da vida, quando não vivemos com coragem, somos forçados a conviver não só com um grande peso psicológico, mas também com doenças físicas relacionadas à amargura, ao ressentimento e ao arrependimento.[33]

E nem precisamos chegar ao fim da vida para sentir o fardo dos arrependimentos. Sam Polk, o corretor de fundos de hedge que mencionei anteriormente, está na meia-idade. Ele se arrepende profundamente de tudo o que não fez nos oito anos que passou trabalhando no mercado financeiro e diz sentir tristeza e medo do mundo que sua filha encontrará quando crescer. Ele usou esses sentimentos para fazer grandes mudanças em sua vida: ele saiu do mercado financeiro, admitiu seu papel na perpetuação de uma cultura machista e fundou a Everytable, uma organização cuja missão é oferecer alimentos saudáveis para comunidades de baixa renda a preços acessíveis.[34]

Todos nós que já pisamos na bola na tentativa de fazer algo ousado achamos que temos mais chances de nos arrepender ao tentar e falhar. No entanto, pesquisas demonstram que o que tende a perdurar é o arrependimento pela inação.[35] Os arrependimentos pelo que não fizemos provavelmente decorrem de ser mais difícil convencer a nós mesmos das razões que nos levaram a deixar de fazer alguma coisa. É por isso que a coragem é importante e que é tão fundamental superar nossos medos e sair da nossa zona de conforto antes que seja tarde demais. Não só porque podemos fazer muitas coisas boas pelos outros quando ousamos nos posicionar e dizer o que pensamos — apesar de que, na minha opinião, essa é a razão principal e mais importante —, mas também porque, quando não fazemos isso, somos forçados a viver com o arrependimento.

Quanto ao nosso legado — ou seja, se seremos lembrados depois que saírmos de um emprego, uma organização ou do planeta e, se quisermos ser lembrados, pelo que seremos lembrados —, ele depende do que fazemos agora. Apesar de o legado que queremos deixar ser algo profundamente pessoal, descobri, com base em levantamentos que fiz com pessoas entre 35 e 85 anos, algumas aspirações em comum. Por incrível que pareça, independentemente de os respondentes terem só uma ou duas décadas no mercado de trabalho ou já estarem prestes a se aposentar, o legado que eles queriam deixar era bem parecido. Eles gostariam de ser lembrados como pessoas íntegras, que ajudaram os outros, que melhoraram a vida das pessoas com quem trabalharam e em suas organizações. Acima de tudo, eles queriam ser lembrados por suas boas ações e como exemplos a serem seguidos pelas pessoas mais próximas. Ao explicar essas aspirações, eles não falaram de dinheiro, cargos ou prêmios. Eles falaram sobre atos de serviço, sobre assumir riscos em prol das pessoas. Em resumo, eles falaram sobre momentos em que se dispuseram a demonstrar coragem em vez de seguir o caminho mais fácil ou cômodo.

Mesmo quando sofreram consequências negativas, eles não disseram que se arrependiam. E afirmaram esperar que esses atos os levassem a ser lembrados como gostariam.

. . . .

Ouvi tantas histórias de coragem no trabalho por parte de pessoas comuns, como você e eu, que acredito que podemos e devemos esperar mais. Temos muito a aprender com a experiência das pessoas que estudei e podemos começar a exercitar a coragem competente com base nisso. Podemos aprender como preparar o terreno por meio de ações contínuas para aumentar nossas chances de sucesso quando chegar a hora de agir com coragem; podemos esclarecer nossos valores e intenções e melhorar na identificação do melhor momento para uma ação ousada; podemos aprender várias técnicas para administrar melhor a nós mesmos e aos outros no calor do momento; e podemos aprender o que fazer depois dos nossos grandes momentos de coragem para não deixar a bola cair ou impedir quaisquer danos. E, talvez ainda mais importante, podemos escolher ver a coragem como uma habilidade que pode ser desenvolvida e não como um talento inato. Com isso, nos dedicamos ao tipo de prática necessária para ficarmos menos intimidados com a possibilidade de agir com coragem e para aumentar nossas chances de sucesso.

Gostaria de esclarecer que não existe uma fórmula mágica para eliminar os riscos ou garantir bons resultados. Afinal, a coragem, por sua própria natureza, implica necessariamente um risco. É justamente o risco envolvido nesse tipo de ação que faz com que os atos corajosos sejam o maior teste de virtude. Como nos lembra o filósofo Alasdair MacIntyre: "Se alguém diz que se importa ou se preocupa com alguma pessoa, comunidade ou causa, mas não se dispõe a arriscar incorrer em danos ou perigos em seu próprio nome, é possível questionar a autenticidade de seu interesse e preocupação".[36] Acho que a maioria de nós realmente se importa. De repente, tudo o que nos falta é uma boa dose de orientação e inspiração para nos ajudar a avançar com produtividade. É isso que espero que você encontre neste livro.

Os próximos passos

Nos capítulos a seguir, usarei descobertas de anos de pesquisas conduzidas por mim e insights resultantes do trabalho de muitos outros estudiosos para explorar sistematicamente essas ideias. Meu objetivo, além de inspirar você a agir, é fornecer avaliações, modelos e ferramentas para aumentar suas chances de maximizar seu impacto.

No capítulo 2, examinaremos o *questionamento da autoridade*, a categoria de comportamentos mais intimamente ligada à ideia que as pessoas têm da coragem no trabalho. Os comportamentos de questionamento da autoridade incluem confrontar ou contestar superiores diretos ou mais acima na hierarquia da organização, agir com mais autonomia do que sua descrição de cargo formal permite, protegendo ou ajudando as pessoas e assumindo a responsabilidade por seus próprios erros (em vez de escondê-los ou negá-los).

No capítulo 3, nos concentraremos em *conversas francas e ações ousadas*, outros tipos comuns de comportamento que requerem coragem no trabalho: ações e conversas difíceis envolvendo colegas, subordinados e outros stakeholders importantes, como clientes ou parceiros externos.

Também analisaremos outros atos de ousadia, como assumir mais responsabilidades ou encarregar-se de iniciativas importantes, dar início a uma nova empreitada ou defender princípios morais. Alguns desses comportamentos podem até parecer cotidianos ou parte do trabalho do dia a dia das pessoas e tecnicamente até são, mas é tão raro ver as pessoas se engajando nesses comportamentos devido ao risco percebido, que chega a ser surpreendente e até decepcionante.

Depois de alinharmos nosso conceito da coragem no trabalho e de você fazer uma autoavaliação inicial usando o Índice de Atos Corajosos no Trabalho, você dará início à sua jornada pessoal em direção a uma coragem mais frequente e competente *construindo sua escada da coragem* no capítulo 4. Escolher a coragem requer comprometimento com a prática, ou seja, dar passos pequenos e específicos que vão ajudar, de forma lenta mas segura, a melhorar a maneira como você se sente, pensa e se comporta em situações que parecem arriscadas, mas que também são importantes. A ideia é escolher uma ação da base de sua escada da coragem para que seus primeiros passos pareçam mais administráveis, levando a algumas vitórias iniciais e aumentando a sua motivação para continuar subindo.

Para aumentar as chances de seus atos corajosos efetivamente levarem a alguma melhoria, descreverei na parte II — capítulos 5 a 9 — o que, coletivamente, diferencia os atos corajosos que parecem encaminhar aos maiores e mais duradouros efeitos positivos e ao menor número de negativos daqueles que não conseguem ter o impacto pretendido nem protegem a pessoa que realiza a ação de danos indevidos. Com base em centenas de relatos que coletei e em uma série de estudos relevantes conduzidos por mim e outros estudiosos, compartilharei como algumas pessoas colocaram em prática vários aspectos do que chamo de "modelo da coragem competente" para aumentar as chances de sucesso de suas ações.

No capítulo 5, começarei falando sobre como *criar as condições certas* para o sucesso de uma ação corajosa. Não nos concentraremos em um ato corajoso específico, mas na maneira como nos comportamos *ao longo do tempo* para aumentar as chances de sucesso quando temos coragem de nos manifestar e para minimizar os riscos. Vamos nos aprofundar na importância de uma boa reputação interna, que envolve ser visto como uma pessoa emocionalmente inteligente, humilde, gentil e generosa e também como um profissional com um sólido histórico de alta performance. Também veremos maneiras de otimizar a própria autonomia para agir com menos medo de retaliação. Isso inclui aumentar sua mobilidade profissional e adotar medidas para reduzir sua dependência financeira de um empregador específico.

O capítulo 6 se concentra em *escolher suas batalhas*, ou seja, decidir quais atos específicos vale a pena empreender. Você aprenderá a manter em vista o que mais importa para você e também as coisas que o incitam a entrar em ação automaticamente mesmo se não forem tão importantes. É bem verdade que não podemos desconsiderar nossas emoções, mas a coragem competente também requer saber quais são nossos verdadeiros objetivos e manter o controle para decidir quando agir e quando nos refrear tendo em vista o sucesso no futuro.

Escolher suas batalhas também é uma questão de timing. As pessoas que chamo de "competentemente corajosas" evitam forçar uma questão cedo demais, quando aquelas que elas devem influenciar ainda não estão prontas ou não são capazes de dar atenção à questão. Por outro lado, elas também não esperam até que seja tarde demais para fazer a diferença. O ditado "Crise é sinal de oportunidade" também se aplica neste caso. É muito mais difícil contestar o status quo quando você é visto como a única fonte de mudança do que quando você está agindo em meio a alguma outra fonte clara de pressão interna ou externa pela mudança.

Além de preparar bem o terreno e saber escolher suas batalhas e seu timing, você precisa saber como administrar o momento quando ele chegar. Esse é o foco dos capítulos 7 e 8. No capítulo 7, nos concentraremos em *administrar a mensagem*, que requer entender os alvos de sua ação, ou seja, como *eles* veem o problema, o que é mais importante para *eles* e os tipos de informações e soluções que *eles* têm mais chances de considerar convincentes. Esse conhecimento lhe permitirá tomar muitas decisões importantes, inclusive como *formular sua mensagem*. Você terá mais chances de saber, por exemplo, se é melhor apresentar sua proposta como uma oportunidade vantajosa ou como uma reação necessária a uma ameaça. Também o ajudará a apresentar a ideia em termos principalmente financeiros ou culturais e a encontrar maneiras de vincular a questão às prioridades de seu "alvo" — a pessoa que você quer convencer.

No capítulo 8, abordaremos a importância de *administrar as emoções* — tanto as suas quanto as das pessoas que você está buscando influenciar — em momentos críticos. Tremer de medo ao falar, ficar em silêncio ou literalmente fugir da situação ao primeiro sinal de resistência não são características de bons atos corajosos. E, apesar de a raiva poder levar a uma ação, a incapacidade de controlar esse sentimento reduz suas chances de sucesso. Problemas de comunicação ocorrem em parte porque, quando você se deixa dominar pelas próprias emoções, é quase impossível se concentrar em administrar as emoções dos outros. Desse modo, também veremos algumas estratégias para canalizar as emoções envolvidas nas oportunidades de coragem em vez de ser dominado por elas.

O capítulo 9 analisa a importância de *agir depois da ação*. Podemos não passar muito tempo pensando a respeito — talvez devido ao alívio de finalmente termos agido ou por estarmos ocupados demais lambendo nossas feridas —, mas o que fazemos depois de uma ação ousada também pode ser de vital importância. O capítulo analisa a importância de agir após a ação, seja para esclarecer a posição dos alvos de sua ação e planejar os próximos passos, seja para ver como eles se sentem a respeito e lidar com quaisquer emoções negativas que persistirem. Aprenderemos a importância de agradecer às pessoas que nos ajudaram e dividir os créditos pelas vitórias. E veremos a importância da persistência — reconhecendo que uma mudança significativa requer várias ações sustentadas — e da escolha de considerar os reveses como lições a ser aprendidas em vez de razões para desistir.

Depois de aprender os princípios da coragem competente, passaremos, na parte III, a colocá-los em prática. O capítulo 10 convidará você a decidir seus próximos passos e se comprometer com eles. Retomaremos a escada da coragem que você começou a galgar no capítulo 4 e examinaremos algumas ferramentas específicas para administrar as reações cognitivas, emocionais e comportamentais que poderão ajudá-lo a começar a *cultivar a coragem* um passo de cada vez. Apresentarei algumas estratégias para transformar seus objetivos em práticas de rotina, como revelar suas intenções de implementação e se comprometer em público para neutralizar nossa tendência humana de não conseguir desenvolver novos hábitos.

No capítulo 11, vou encorajar você a esclarecer o que *deve* ser feito. Você pode desenvolver todas as habilidades do mundo — ou seja, usar as ideias e ferramentas para expandir o que *pode* ser feito —, mas também precisa saber o que realmente quer fazer da sua vida. O problema é que nem toda a habilidade do mundo é capaz de eliminar todos os riscos. Se você quiser aumentar suas chances de agir apesar dos riscos, precisa manter em mente as responsabilidades que acha que deve assumir, seja só para se olhar no espelho sem se envergonhar ou para evitar arrependimentos enquanto constrói um legado a fim de ajudar a si mesmo e aos outros. *Está nas suas mãos.*

Uma última observação

Antes de seguirmos em frente, permita-me responder a uma pergunta que você pode estar se fazendo: "Você acha que tudo isso que está dizendo aqui se aplica a todas as pessoas?". Resumindo muito, minha resposta é não. Eu duvidaria de qualquer livro de ciências sociais que alegasse apresentar uma fórmula que se aplicasse perfeitamente a qualquer contexto, e você também deveria duvidar.

Considerando minhas fontes e o contexto cultural no qual atuo, talvez este livro seja mais diretamente aplicável ao mundo do trabalho nos Estados Unidos. Em muitas culturas, os comportamentos descritos aqui seriam ainda mais arriscados devido a ambientes políticos e sistemas judiciais que não oferecem garantias contra punições severas por falar ou agir de modo a contestar as regras. Por exemplo, Omeleye Soworo, que administra um site de notícias para nigerianos, fez uma breve descrição da realidade na Nigéria: "Não é tanto um problema de liberdade de expressão, mas de liberdade após a expressão".[37] Em muitos outros países do mundo, falar pode ser legalmente permitido e provavelmente não levará a pessoa à prisão ou à morte, mas mesmo assim é muito difícil expressar-se abertamente devido às normas culturais. Em seu relatório sobre o acidente nuclear de Fukushima, por exemplo, a Comissão Independente de Investigação concluiu que o acidente foi um "desastre 'Fabricado no Japão'. As raízes do acidente podem ser encontradas nas arraigadas convenções da cultura japonesa: nossa obediência cega; nossa relutância em questionar a autoridade; nossa devoção em seguir as regras sem esboçar qualquer forma de contestação".[38]

Dito isso, muitos dos fenômenos descritos neste livro na verdade resultam das tendências naturais *do ser humano* diante de oportunidades comuns de agir com coragem. Apesar de provavelmente os riscos diferirem ao redor do mundo em função de diferentes circunstâncias físicas, sociais e econômicas, tenho certeza de que, em praticamente todas as culturas, os leitores — especialmente os organizados em hierarquias sociais — verão que os comportamentos examinados neste livro refletem, pelo menos em alguns casos, uma ação corajosa.

No fim, parte de ser competentemente corajoso envolve adotar e adaptar os princípios que podem ser aplicáveis ao *seu contexto*. Quanto a isso, você com certeza tem mais experiência do que eu.

Lembre-se

- Demonstrar coragem no trabalho requer agir em nome de um princípio, causa ou grupo mesmo sabendo que a ação pode acarretar sérios riscos profissionais, financeiros, sociais, psicológicos e até físicos.
- É arriscado agir com coragem, mas também é importantíssimo para nós e para os outros. Escolher a coragem em momentos importantes nos ajuda a construir o legado que queremos deixar e a evitar arrependimentos. Agir com coragem no trabalho pode proteger os outros, resolver problemas e evitar desastres bem como ensejar oportunidades e várias formas de inovação e crescimento. Os atos corajosos também afetam a maneira como os outros se sentem e se comportam. Podem inspirar as pessoas a se comprometer mais, aumentar a confiança umas nas outras e levá-las a agir com mais coragem.
- A falta de coragem permeia todos os níveis das organizações, mas o mesmo pode ser dito de exemplos positivos provenientes de pessoas que diferem em todas as características imagináveis. Desse modo, pensar na coragem em termos de *atos* específicos, e não de um fator inato de um pequeno número de pessoas, nos ajuda a reconhecer que todos nós compartilhamos a responsabilidade de agir com coragem e que a habilidade resulta de preparação e prática.
- Todos nós podemos aumentar nossa competência e, portanto, as chances de obter resultados positivos quando agimos com coragem se estudarmos o que as pessoas fazem bem antes, durante e depois de seus atos corajosos e nos comprometermos a praticar esse tipo de comportamento.

PARTE I
A NATUREZA DA CORAGEM
NO TRABALHO

Capítulo 2

Não tenha medo de questionar a autoridade

Todos nós sabemos o que gostaríamos de fazer no trabalho quando nossas ações fariam a maior diferença: esperamos dizer a verdade, defender a nós mesmos ou aos outros e dizer "não" quando achamos que seria errado simplesmente aceitar as coisas como elas são.

Por exemplo, se estivesse na pele de Rebecca, que trabalha numa empresa de investimentos de Nova York, e ficasse sabendo que ganha muito menos que seus colegas homens apesar de ter um desempenho bem melhor que o deles, você gostaria de acreditar que confrontaria os fundadores homens da empresa em sua própria defesa e em prol de todas as outras mulheres que são forçadas a enfrentar esse tipo de desigualdade no trabalho. Ou que, se (como muitos contadores, gerentes de vendas e especialistas em segurança) recebesse ordens de "maquiar os números" ou "dizer que os riscos não são tão graves assim", você se recusaria terminantemente a fazer algo que pode ser ilegal ou perigoso.

Infelizmente, as pessoas se veem diante de escolhas parecidas todos os dias e muitas vezes não se posicionam nem se recusam a fazer o que consideram errado. Sentindo-se temerosas, presas e sem saber como se expressar, elas permanecem em silêncio e esperam pelo melhor. Não conseguem mais respeitar os superiores e talvez nem a si mesmas por sua cumplicidade. Com o tempo, elas podem começar a se empenhar cada vez menos no trabalho e ter dificuldade de se comprometer ou se engajar. Elas "saem antes de sair da organização".[1]

Por que tememos o poder

Não é novidade que tendemos a ficar muito atentos aos nossos superiores hierárquicos — pessoas que têm poder sobre nós — e temos medo de ofendê-los. Dependemos dos detentores do poder para obter todo tipo de recurso e precisamos de sua aprovação para evitar consequências negativas.

As raízes de nosso medo do poder são profundas. Fomos socializados desde a infância para obedecer às pessoas que estão acima de nós, sejam elas nossos pais, professores, líderes religiosos ou de outros grupos. Seja escutando "Coma todo o brócolis", "Fique em silêncio na aula" ou "Ouça o sermão na igreja", somos cercados de instruções para nos curvar aos desejos das autoridades se quisermos que nossas necessidades sociais e materiais sejam supridas e evitar rejeições e expulsões.[2] Afinal, como os professores Herbert Kelman e V. Lee Hamilton nos lembram, "o dever de obedecer é inerente ao próprio conceito de autoridade".[3]

É bem provável que a evolução tenha um papel na nossa tendência de nos organizar em hierarquias e respeitar nossos superiores. Os parentes mais próximos de nossa espécie são os grandes primatas, que estão bem longe de ser igualitários. Os machos alfa abusam dos rivais, enquanto os machos beta intimidam todos os que não sejam o alfa (a quem respeitam).[4] Nos seres humanos, os indícios de organização hierárquica remontam a milhares de anos.[5] As pessoas do escalão superior dormiam na parte mais segura da casa (nos fundos), enquanto os indivíduos inferiorizados (escravos) dormiam perto da porta de entrada para o caso de invasão. Os seres humanos também desenvolveram vários tipos de comportamentos e sinais de dominação e submissão que tendem a manter a hierarquia intacta. Hoje em dia, tendemos a evitar (pelo menos nos Estados Unidos) violência física, prisão ou assassinato como mecanismos para impor a hierarquia.[6] Mas ainda deixamos claro quem está no comando usando símbolos como o tamanho ou a localização de uma sala, a maneira como as pessoas se vestem, onde se sentam nas reuniões e muitas outras regras que aumentam as chances de o desafiante da autoridade, e não o desafiado, enfrentar sanções formais ou informais em caso de desacordo.[7]

A verdade é que, quando tememos contestar a autoridade, não sabemos com certeza qual será a probabilidade ou a severidade de quaisquer consequências negativas. Se o seu trabalho for saltar de aviões, há um risco objetivo envolvido. Mas, quando falamos de discordar de um chefe, levar um problema à alta gestão ou admitir um erro, é raro sabermos com certeza o que vai acontecer. Talvez a pessoa que você confronta não veja problema algum com o que você tem a dizer e não queira retaliar. Ou as chances podem ser meio a meio. Mesmo se você me dissesse que tem como saber com alguma certeza, eu simplesmente responderia: "Na verdade, isso não importa. É a sua *crença* de que fazer algo é arriscado que afeta a sua decisão de fazê-lo". Da mesma forma, a *crença* das pessoas de que você fez algo que valeu a pena apesar dos riscos é que as leva a achar que seu ato foi corajoso. Elas não sabem o risco que você correu, objetivamente ou do seu ponto de vista, e o consideraram corajoso com base apenas na percepção que elas têm da situação.

Uma última observação sobre a nossa percepção dos riscos no trabalho: se tivéssemos uma maneira perfeita de medir esses níveis (ou seja, de determinar depois do fato exatamente o que aconteceu em uma enorme variedade de situações), muito provavelmente descobriríamos que a maioria das pessoas os enxerga maiores do que realmente são. É bastante natural superestimar os riscos. Se aconteceu dez vezes de você achar que viu uma cobra venenosa e automaticamente pulou para trás e fugiu, seu instinto de fuga salvou a sua vida mesmo que, em todas as dez vezes, na verdade a "cobra" fosse apenas um graveto. Já se você não perceber uma única vez que a cobra está lá, poderá pagar pelo erro com a sua vida. Em resumo, a evolução favorece a autoproteção.[8]

Ainda carregamos conosco parte do cérebro primitivo que nos ajuda a começar a nos proteger antes mesmo de percebermos conscientemente o perigo (além de usar as partes que evoluíram mais recentemente para processar se o perigo é mesmo real) e sistemas de ativação de memórias e comportamentos que favoreçem o "mau" ante o "bom" e os "falsos positivos" (você acha que há uma cobra quando na verdade não há) ante os "falsos negativos" (você deixa de ver uma cobra).[9] Os falsos positivos nos levam a desperdiçar um pouco de energia (por exemplo, pular para trás e começar a correr), mas continuamos vivos, enquanto os falsos negativos podem nos levar à morte (aquele graveto, na verdade, era uma cobra venenosa que te morde quando você se aproxima demais).[10]

Em resumo, é comum nos faltar coragem, não só porque o mundo do trabalho está repleto de riscos objetivos, mas também porque fomos programados para superestimá-los. Também não somos muito bons em testar essas estimativas ou atualizá-las com o tempo.

Um operário de fábrica que entrevistei me contou que não diz mais o que pensa no trabalho porque sabe que vai ter consequências negativas. Fiquei intrigado, considerando que visitei a fábrica justamente porque ela tinha sido identificada em um levantamento recente realizado com todos os funcionários como um dos ambientes mais seguros para se posicionar em toda a organização. Ele admitiu que seu superior direto e o gerente da fábrica eram muito abertos e acessíveis. Eu o pressionei para que ele me dissesse por que tinha certeza de que não era seguro dizer o que pensa. Porque ele tinha sido "ameaçado de retaliação depois de dizer o que pensa *doze anos atrás*" pelo gerente da fábrica na época, "*três gerentes de fábrica atrás*". Será que, quando conversamos, ele realmente corria algum risco profissional por se posicionar? É provável que não. Mas ele continuava usando o incidente para justificar sua omissão, apesar de admitir que não era uma justificativa muito racional para seu medo ou seu comportamento.

Temos muitas razões reais para sentir medo de contestar nossos superiores, além de nossa tendência natural de superestimar automaticamente esse risco.[11] Sabendo disso, não podemos nos surpreender diante de tanto silêncio e inação nas organizações. Seja nos meus estudos ou nas pesquisas de outros estudiosos, os dados deixam claro que as pessoas rotineiramente deixam passar oportunidades de questionar a autoridade.[12]

O que é questionar a autoridade

Apesar dos riscos de contestar ou de alguma outra forma contrariar pessoas que têm o poder de nos prejudicar, nem todos ficam em silêncio ou optam pela inação. Algumas pessoas se opõem às expectativas de conformidade e deferência às autoridades tornando-se o que o autor Ira Chaleff chama de "seguidores corajosos".[13] Na verdade, se as estruturas de autoridade podem levar ao que Kelman e Hamilton descreveram como "crimes de obediência", minhas pesquisas revelaram que elas também preparam o terreno para o que assinalo como *coragem da desobediência*.

Quando comecei a estudar a coragem no trabalho, entrevistei pessoas das mais diversas profissões e cargos e simplesmente pedi que me dessem um exemplo específico no qual elas ou alguma outra pessoa no trabalho fizeram (ou deixaram de fazer) algo que elas consideraram corajoso. Quando meus assistentes e eu começamos a categorizar as centenas de exemplos por tipo de comportamento, uma característica se destacou imediatamente: os atos que envolvem pessoas no topo da cadeia de comando da organização, normalmente direcionados a elas, foram de longe os mais comuns. Apenas cerca de um terço das perguntas criadas por mim e Evan Bruno para o Índice de Atos Corajosos no Trabalho (Workplace Courage Acts Index, no site www.workplacecai.com) envolvia diretamente comportamentos de "questionamento da autoridade"; apesar disso, cerca da metade de todas as histórias de coragem no trabalho que ouvi (bem mais de mil até agora) são desse tipo. Em muitos aspectos, questionar, confrontar, contestar ou de outras maneiras se expor a pessoas com poder mais formal é o protótipo de um ato de coragem no trabalho em um mundo onde a maioria de nós depende de salário, benefícios e várias formas de identidade psicológica proporcionadas por um emprego em uma hierarquia estruturada. Em outras palavras, a ação de nos indispor com nossos superiores em uma economia na qual tanta coisa depende de manter nosso emprego e na qual a maioria de nós pode ser demitida com facilidade envolve um risco real, mesmo quando agimos em prol de causas bastante legítimas.

O Índice de Atos Corajosos no Trabalho

Veja a seguir uma lista de onze comportamentos que representam um amplo conjunto de maneiras como as pessoas com menos poder são capazes de realizar atos dignos e arriscados (principalmente porque podem irritar, ofender ou desapontar detentores de poder no trabalho). Esses comportamentos costumam ser considerados corajosos pelas próprias pessoas que realizam a ação ou por quem os observa. Mantenha em mente que, para os fins deste livro, consideramos a coragem no trabalho como *um ato* realizado em prol de uma causa digna apesar dos riscos potenciais. Assim, o Índice de Atos Corajosos no Trabalho avalia *comportamentos* específicos que a pessoa adota em ocasiões identificáveis, não algum tipo de traço de personalidade nem o caráter da pessoa.

Os respondentes do índice começam avaliando em que extensão eles considerariam corajoso o comportamento especificado em seu entorno direto, de "nem um pouco" a "extremamente". Em seguida, eles estimam a frequência na qual esse tipo de comportamento realmente ocorre ao seu redor na presença de oportunidades para isso, de 0% a 100%. Jarrod, por exemplo, pode dizer que contestar um superior direto sobre políticas ou práticas estratégicas ou operacionais é "extremamente" corajoso em seu ambiente de trabalho direto e, por isso, é um comportamento que ocorre apenas 20% das vezes na presença de circunstâncias que o possibilitariam. Quinetta, que trabalha em um ambiente diferente, talvez diga que o mesmo comportamento é apenas "moderadamente" corajoso e ocorre cerca de 50% das vezes.

QUESTIONAR A AUTORIDADE

Questionar figuras de autoridade

- Contestar o superior direto sobre políticas ou práticas estratégicas ou operacionais.
- Confrontar o superior direto sobre um comportamento desrespeitoso, ofensivo, pouco profissional ou impróprio cometido por ele.
- Manifestar-se ou confrontar um chefe sobre um comportamento antiético ou ilegal adotado por ele.
- Contestar ou resistir a um superior do supervisor direto sobre políticas ou práticas estratégicas ou operacionais.
- Falar abertamente a um superior do supervisor direto sobre o comportamento inaceitável de outras pessoas.
- Relatar um comportamento antiético ou ilegal a um superior de seu supervisor direto ou a outras autoridades da organização.

Demonstrar sua capacidade de agir com coragem

- Atuar com mais autonomia do que o previsto na descrição do cargo ou pelas autoridades da organização.
- Explicitamente contestar, refutar ou recusar-se a aceitar as ordens, expectativas ou decisões problemáticas de um superior direto.
- Defender subordinados ou colegas.
- Assumir a culpa por subordinados ou colegas (por erros, ações ou decisões deles).
- Admitir ao chefe ou a outros superiores que cometeu um grande erro.

Todos os entrevistados até o momento — representando pessoas que atuam em todo tipo de ambiente de trabalho — consideram que os comportamentos listados aqui requerem uma boa dose de coragem e não ocorrem com a frequência que gostaríamos. Por exemplo, cerca de 75% dos respondentes do Índice de Atos Corajosos no Trabalho dizem que é pelo menos moderadamente corajoso contestar um superior direto sobre políticas ou práticas estratégicas ou operacionais em seu ambiente direto e mais de um quarto diz que é "muito" ou "extremamente" corajoso fazer isso. Em consequência, as pessoas só questionam abertamente os superiores cerca de 40% das vezes quando as circunstâncias permitem. Quando o questionamento se torna mais pessoal ou diz respeito a questões mais intensas — identificadas por algumas outras perguntas do questionário —, as porcentagens ficam ainda mais desanimadoras. Por exemplo, quando se trata de confrontar o chefe sobre um comportamento interpessoal desrespeitoso, ofensivo, pouco profissional ou inadequado da parte dele, 84% de todos os respondentes dizem que é pelo menos moderadamente corajoso fazê-lo, e 45% afirmam que é muito ou extremamente corajoso. A frequência na qual esse comportamento ocorre quando as circunstâncias permitem cai para menos de um terço das vezes.

Assim, sabemos que esses comportamentos costumam ser vistos como muito corajosos e que não ocorrem com tanta frequência quanto precisamos. Mas algumas pessoas estão claramente se engajando em atos corajosos. Quem são elas? Que tipo de indivíduo aceita os riscos potenciais resultantes de fazer as coisas descritas aqui? Em resumo, a resposta é: *todo tipo.*

Ao analisar os dados do Índice de Atos Corajosos no Trabalho e outros dados sobre a coragem coletados por mim e outros estudiosos, não encontramos quaisquer padrões apontando para um ou outro tipo de pessoa.[14] Arriscar enfurecer os superiores não é mais fácil nem tem mais chances de acontecer com base em quaisquer diferenças individuais claras. No Índice de Atos Corajosos no Trabalho, por exemplo, não encontramos nenhuma diferença sistemática na maneira como esses comportamentos são avaliados por diferentes grupos demográficos, como o gênero dos entrevistados ou a posição na hierarquia da organização. Ocupar um posto de liderança formal não muda sistematicamente as opiniões, nem estar mais perto do topo ou da base da hierarquia organizacional. Tampouco encontramos diferenças marcantes nas respostas de pessoas que atuam em diferentes setores.

Em suma, se você estiver em busca de uma razão para concluir que esses comportamentos são importantes mas deveriam vir de outros tipos de pessoas que não o seu, não posso ajudá-lo com essa justificativa. Esses atos corajosos direcionados aos detentores de poder vêm de homens e mulheres, de pós-graduados e colaboradores que não concluíram o ensino médio, de quem ocupa cargos de nível sênior e de nível júnior, de membros de organizações enormes e burocráticas e também das menores e mais novas. Pessoas de todo tipo confrontam a autoridade, tendo ou não estabilidade no emprego.

É verdade que as consequências nem sempre são positivas para aqueles que realizam essas ações. Às vezes, contudo, os resultados são absolutamente positivos. As pessoas que questionam a autoridade podem não só sobreviver como ter sucesso — e muitas vezes é o que acontece — e também podem melhorar a situação para outros indivíduos e organizações. Vamos dar uma olhada mais de perto nesses comportamentos.

Questionando as figuras de autoridade

As figuras de autoridade são de longe os alvos mais comuns de comportamentos considerados corajosos no trabalho. Quer você esteja questionando seu superior direto, dirigindo-se a pessoas em posições ainda mais altas na hierarquia ou se posicionando de maneira a envolver aqueles que tenham mais poder do que você, são grandes as chances de seu questionamento parecer — ou até ser — pelo menos um pouco arriscado.

Questionando o chefe

Em algumas situações, talvez você precise dizer a seu chefe que ele está enganado ou simplesmente errado: "Essa política não está dando certo", "Não estamos fazendo isso da maneira mais eficaz", "Isso não é justo", "Isso é desonesto". É possível questionar a autoridade de muitas maneiras específicas, mas esse ato geralmente envolve a mesma realidade: você corre o risco de incomodar um superior na tentativa de fazer algo melhor.

Pode parecer que resistir a uma política ou prática operacional ou direção estratégica não é tão arriscado porque você está criticando essas *coisas*, não o caráter ou a competência do chefe. Mesmo assim, é natural nos identificar com as coisas nas quais investimos muito, que apoiamos ou defendemos ou aquelas das quais nos propomos a prestar contas. Por mais que você se encha de dedos para dizer "Chefe, parece que a nossa campanha de marketing não vai muito bem" ou "Chefe, o nosso processo de planejamento tem alguns problemas", muitas vezes o que o chefe vai ouvir é: "Chefe, você é o problema".

Às vezes, questionar os chefes sobre uma política ou prática é a única maneira de cuidar das pessoas ao nosso redor. Por exemplo, devido a restrições orçamentárias, Becky não podia contratar mais ninguém para dar conta de uma demanda que não parava de crescer. Alguns de seus subordinados diretos estavam atolados de trabalho. Vendo a injustiça da situação, ela pressionou a gestão da empresa para aumentar o salário deles, passando quase nove meses nessa luta até seus subordinados receberem os aumentos merecidos.

Confrontar o comportamento interpessoal desrespeitoso, ofensivo ou de outras formas inadequado de um chefe costuma ser ainda mais difícil e raro. Não é fácil intervir quando um líder faz comentários grosseiros ou preconceituosos ou demonstra um favoritismo escancarado. Mesmo assim, algumas pessoas decidem impedir esse tipo de comportamento. Hugh, por exemplo, tinha acabado de ser promovido ao cargo de gerente e estava fazendo o que podia para manter as coisas sob controle até que seu restaurante lotou de repente com cerca de 2.500 comensais. Quando o gerente regional entrou criticando aos gritos as seções sujas do estabelecimento, Hugh o chamou para continuar a conversa nos fundos. Ele disse, respeitosamente mas com firmeza: "Nunca mais fale comigo nesse tom. Eu posso explicar a situação, mas nunca mais fale assim comigo". Hugh sabia que estaria correndo um risco, mas achou que precisava dar o tom das interações entre ele e o chefe. Por sorte, este não se ofendeu. Ele se acalmou e, mais tarde, ligou para pedir desculpas. Não houve retaliação.

Contestar a autoridade pode envolver a defesa ou proteção de pessoas que não fizeram nada de errado, mas mesmo assim são maltratadas. Pedro estava apresentando alguns resultados em uma reunião do conselho quando o diretor-geral começou a apontar erros de maneira depreciativa. Enquanto todos ficaram em silêncio olhando para baixo, o superior direto de Pedro disse com firmeza: "Não. Eu confirmo esses dados e Pedro conta com o meu apoio porque ele está certo. E podemos provar se você quiser". Parece ainda mais admirável quando alguém defende uma pessoa que não está presente e cujo trabalho ou caráter está sendo questionado. Enquanto alguns preferem não se posicionar, outros confrontam a autoridade para defender quem não está lá para fazê-lo.

Confrontar um superior pode ser ainda mais difícil quando se trata de um deslize ético. Pode ser aterrorizante enfrentar um chefe que cometeu violações contábeis ou que comprometeu a segurança dos funcionários, que discriminou ou assediou alguém ou que fez falsas promessas a funcionários ou clientes. Pode não ser surpreendente, mas é preocupante saber que os respondentes do Índice de Atos Corajosos no Trabalho dizem que esse tipo de conversa só acontece em um terço das vezes nas quais as circunstâncias permitem. Em outras palavras, as pessoas optam por não confrontar comportamentos antiéticos ou ilegais por parte de seus superiores em duas de cada três oportunidades. A escolha de ficar em silêncio pode levar a danos imensuráveis.

Felizmente, algumas pessoas não deixam de se posicionar contra o comportamento antiético ou ilegal de um superior. Meredith, por exemplo, estava revisando uma apresentação que seria feita para um cliente e percebeu que seu chefe tinha feito alguns ajustes nos números. Quando ela o confrontou no corredor, ele pediu que ela manipulasse os dados para sugerir que o produto estava tendo um desempenho melhor do que o real. Falando em voz alta para todo mundo ouvir, ela se negou a fazer isso. Em outro caso, quando uma recessão estava dificultando atingir as metas de vendas, o chefe de Marcelo decidiu vender dados dos clientes a empresas maiores, uma manobra que prejudicaria os clientes. Em uma reunião com a equipe de liderança inteira, Marcelo questionou seu chefe, dizendo achar antiético fazer isso sem a autorização por escrito de cada cliente. O chefe ficou furioso e as conversas que se seguiram não foram nada agradáveis. Mas a empresa não vendeu os dados dos clientes.

Levando o problema aos chefes do seu chefe

Talvez seu chefe se recuse a fazer a coisa certa e até comece a retaliar sua decisão de confrontá-lo. Ou quem sabe seja perigoso demais questionar qualquer comportamento ou decisão de seu chefe. Ele pode simplesmente não entender o que você está tentando dizer. Ou é possível que ele até concorde com você, mas não tenha o poder ou a disposição para resolver o problema. Em todos esses casos, você precisa levar o tema ao escalão superior se quiser que algo mude. Considerando que fazer isso pode ser muito difícil, ou até mais difícil do que confrontar seu superior direto, que você já conhece bem, esse tipo de ação é ainda mais raro de acordo com os respondentes de nosso levantamento e de outros estudos.[15] Mas, por sorte, algumas pessoas de fato se dispõem a acionar os chefes dos chefes.

Alana não tinha muito tempo na corporação quando seu chefe usou um carro da empresa para ir ao banco apesar de sua habilitação suspensa por dirigir embriagado. Ele bateu o carro ao voltar ao trabalho e tentou convencer Alana a dizer à empresa que ela é quem estava ao volante. Como ela se recusou, ele ludibriou um amigo, que acabou levando a culpa. Alana não quis ter problemas com o chefe e tentou esquecer o incidente. Mas ele continuou sendo agressivo e negligente em suas responsabilidades e ela viu que não podia mais ficar calada. Ela marcou uma reunião com o diretor de operações da empresa e, apesar do medo, disse a verdade.

Quando nos contou essa história, Alana fez questão de deixar claro que ela foi a única que ousou dizer a verdade e que todas as pessoas que sabiam preferiram ficar em silêncio e encobrir o mau comportamento do chefe. Ao explicar sua decisão de questionar a autoridade, ela disse: "Eu tenho os meus valores morais. No fim das contas, mesmo se eu fosse rotulada como dedo-duro ou qualquer outra coisa, para mim o mais importante é defender a verdade e a integridade". Ela decidiu que era seu dever fazer o que fez para defender a si mesma e as pessoas que lidavam com o chefe na época.

Às vezes as pessoas levam um problema ao escalão superior porque é este que controla recursos ou políticas. Michelle, por exemplo, sabia que os pacientes tinham dificuldade de abrir os medicamentos devido à quantidade excessiva de embalagens. Como o pessoal de controle de qualidade do hospital não demonstrou interesse em trocar de fornecedor, ela levou dados sobre a segurança e a estabilidade de medicamentos — que não sugeriam motivo algum para tantas embalagens — diretamente para o diretor de operações e o presidente da empresa. O objetivo dela era facilitar a vida dos pacientes, não o trabalho de alguns funcionários.

Em outros casos, são as próprias autoridades que precisam ser confrontadas por alguém que está dois ou mais níveis abaixo. Richard, por exemplo, era um dos funcionários encarregados de mostrar as instalações do depósito aos mandachuvas da sede da empresa. Um dos executivos insistia em chamar uma funcionária do escritório de "querida".

Dava para ver que ela estava constrangida, mas ninguém disse nada. Foi quando Richard disse tranquilamente, sem qualquer agressividade, ao executivo: "Ei, ela tem nome". Um colega contou: "Imagine o Richard, um peão como eu, dizendo uma coisa dessas a um engravatado que poderia ter demitido ele na hora". De acordo com o colega: "O cara pediu desculpas e a coisa morreu por ali". A consequência mais importante pode ser que ele e os outros acabaram se aproximando, "Como se todo mundo estivesse lá protegendo todo mundo".

Demonstrando sua capacidade de agir com coragem

Nem todos os atos que guardam o risco de enfurecer os superiores requerem uma comunicação direta e contestadora. Entretanto, há outras coisas que talvez você faça para demonstrar sua capacidade de agir com coragem — ou seja, sua disposição de decidir por conta própria o que fazer e por quem se responsabilizar — que podem irritar os chefes. Por exemplo, ir além do escopo de sua autoridade formal para fazer o que considera a coisa certa, ou escolher ignorar decisões ou ordens do líder que lhe parecem equivocadas, ou ainda se responsabilizar pelos próprios erros ou pelos erros de outras pessoas quando poderia ficar em silêncio.

Tomando suas próprias decisões

Pode acontecer de você não ter como esperar orientações de cima nem propor uma mudança na política. Ou você faz o que considera certo no momento, ou vai precisar viver com o arrependimento de não ter feito a coisa certa. Clay, gerente de um restaurante, se viu diante de uma situação como essa quando um jovem cliente teve uma parada cardíaca. Ele sabia que um gerente que saísse do restaurante por qualquer razão era passível de ser punido com uma demissão. Ele também sabia que uma ambulância levaria vinte minutos para chegar e que o hospital ficava a apenas duzentos metros de lá. Ele instruiu rapidamente seus funcionários sobre o que fazer em sua ausência e usou o próprio carro para levar o cliente ao pronto-socorro. Segundo ele: "Naquele momento, eu segui os meus princípios, não a política da empresa".

Ben, engenheiro civil, também colocou os clientes acima da política da empresa por sua conta e risco. A empresa dele era paga de acordo com o tempo e o material usados em cada serviço, de modo que ela recebia mesmo se tivesse de corrigir os próprios erros. Quando sua equipe errou na execução de um trabalho, ele decidiu por conta própria fazer os reparos de graça.

Em outros casos, as pessoas se recusam a seguir ordens de um superior. Alan, gerente de pesquisa de uma empresa farmacêutica, foi abordado pelo presidente de P&D, que disse que uma de suas equipes de pesquisa estava desperdiçando tempo. Ele mandou Alan desfazer o grupo e transferir os recursos a áreas com mais potencial. Sabendo que a opinião do presidente não estava de acordo com as descobertas científicas mais recentes, Alan optou por ignorar a ordem. "Podem seguir em frente", ele disse à equipe. Não é fácil firmar esse tipo de oposição, e os riscos sem dúvida são grandes.

Protegendo ou promovendo os outros

Opor-se a uma ordem, como Alan fez, é uma maneira de proteger ou promover os interesses dos outros. Em algumas situações, esse tipo de coragem requer explicitamente levar a culpa por alguém que cometeu um erro ou que está equivocado de alguma outra maneira. Nate, por exemplo, optou por não obedecer à diretriz de validar novos gastos e abordagens de marketing com a liderança da empresa. Sabendo que Nate só fez isso para evitar perder um espaço publicitário importante, seu chefe assumiu a responsabilidade e o protegeu das consequências da decisão.

Amanda, gerente geral de uma rede de varejo, foi pressionada para demitir um subordinado que, depois de um período apresentando um desempenho baixo, acabou cometendo um grave erro de inspeção em uma loja. Acreditando que seu funcionário conseguiria melhorar, ela assumiu a culpa e recusou-se a demiti-lo. Nesses casos e em outros semelhantes, você opta por arcar com os riscos para defender os outros mesmo tendo a chance de deixar que eles assumam a responsabilidade pelas próprias escolhas.

Responsabilizando-se pelos próprios erros

Você pode demonstrar sua capacidade de agir com coragem responsabilizando-se pelos *próprios* erros em vez de complicar a situação tentando escondê-los ou deixando que alguém assuma a culpa. É a coragem de admitir a responsabilidade ou o erro e dizer: "Desculpe, mas eu pisei na bola. Eu admito que errei".[16] É a coragem de dizer a verdade sem tentar dourar a pílula para dar às pessoas a chance de resolver o problema antes que mais danos sejam causados por um acobertamento.

Alicia, cientista de P&D de uma empresa farmacêutica global, disse que pode ser intimidador para os líderes de projeto admitir falhas em seus projetos ou resultados de pesquisa, apesar de todo mundo saber que é importante reconhecer os erros quando a saúde dos pacientes pode estar em jogo. "As pessoas não gostam de ver fracassos", ela me disse. "Às vezes, você fica tão focado no objetivo que deixa de ver o que realmente está acontecendo." Com isso, fica difícil e assustador admitir: "Desperdiçamos nosso tempo. O melhor a fazer é abandonar o projeto". Em outro contexto de P&D, Paul percebeu que os dados de seu laboratório foram comprometidos devido a um erro de procedimento. Como ninguém sabia do engano, ele poderia muito bem ter ficado quieto. Mas ele optou por dizer a verdade a seu chefe. No fim, ele acabou com "mais trabalho, mas com a consciência limpa".

O que acontece quando você questiona a autoridade

"Tudo bem", você pode estar pensando, "você deu alguns bons exemplos. Até inspiradores. Mas isso não quer dizer que não seja um grande erro confrontar os detentores de poder do jeito que você descreveu. Me parece mais provável que isso acabe em uma demissão do que em um final feliz".

Não tenho como lhe dar estatísticas precisas para convencê-lo. Até onde eu sei, elas não existem. E é bem verdade que coisas ruins às vezes acontecem com pessoas que confrontam os detentores de poder. Essas podem ser duramente criticadas, prejudicadas nas avaliações de desempenho, impedidas de usufruir de oportunidades ou promoções ou até demitidas por encarar os superiores.[17] Se você levar o problema para fora da organização, terá ainda mais chances de ser assediado, rebaixado ou repreendido por ousar contestar os poderosos. Conheço pessoas que enfrentaram esse tipo de consequência e estou bem ciente dos riscos que correm quando dizem o que pensam aos detentores de poder ou se recusam a ficar em silêncio.

O outro lado da moeda é que indivíduos confrontam o poder o tempo todo sem jogar a carreira no lixo nem sofrer outras consequências negativas. E fazem as mudanças que gostariam para ajudar os outros ou a organização. Problemas são resolvidos, pessoas são protegidas, oportunidades são aproveitadas e os outros começam a se comportar de maneira mais adequada ou eficaz.[18]

Às vezes, quem age com coragem chega a ter consequências *positivas* na carreira, apesar de poucos dizerem que foram esses benefícios que os motivaram a agir.[19] E, mesmo sem esses benefícios, aqueles que optam por agir costumam sair da experiência com mais autoconfiança e se respeitando mais.[20] Eles defenderam o que acreditam ser certo e sobreviveram. Não se arrependem do que "deveriam ter feito".[21] Colin, por exemplo, trabalhava para uma chefe que "puxava o saco dos superiores e chutava os subordinados". A chefe era só sorrisos para o presidente, mas cruel e impaciente com sua equipe. E não fazia questão de esconder que abominava Colin. Depois de um tempo sofrendo o abuso de cabeça baixa enquanto via sua motivação e a dos outros ir pelo ralo, Colin finalmente decidiu que não aguentaria mais. Ele procurou a chefe e disse sem meias palavras como o comportamento dela estava afetando o moral da equipe e o dele. Em seguida ele passou por cima dela e contou ao CEO tudo o que estava acontecendo.

No fim, o CEO não tomou medida alguma contra a chefe de Colin — pelo menos não que a equipe tenha ficado sabendo — e o moral da equipe continuou baixo. Mas pelo menos a chefe parou de assediar Colin e de falar mal dele pelas costas. Colin não se arrepende. Ele deixou isso para trás, confiante de que foi a coisa certa a fazer e satisfeito consigo mesmo por ter dito o que pensava e enfrentado o problema. Ele explicou por que acredita ter sido uma vitória: "Eu fui vítima de muito bullying na infância e nunca tive coragem de encarar meu agressor e revidar. Pela primeira vez na vida, não me intimidei. Não me limitei a escolher o caminho mais fácil de aceitar ser desrespeitado só porque a pessoa tem um cargo mais alto que o meu".

Além da sensação de saber que não se deixou intimidar, você também tem a chance de inspirar os outros a seguir seu exemplo e agir com coragem.[22] Quando alguém se opõe ao que considera errado, isso lembra os outros das possibilidades e o ato pode criar uma "elevação" emocional — "o sentimento de admiração e inspiração que sentimos quando testemunhamos um ato moral".[23]

Vejamos o exemplo a seguir. Depois de ter visto seu chefe, famoso na empresa por ser "descontrolado e cruel", repreender de novo um colega sobre sua aparência e vida pessoal, Vic finalmente se posicionou. Ele disse ao chefe abusivo que planejava denunciá-lo aos superiores e que faria o possível para que ele não passasse mais um dia sequer na empresa. Seguindo o exemplo de Vic, a pessoa que me contou essa história e outros colegas se uniram, realizaram a denúncia e conseguiram fazer com que o gerente fosse demitido em uma semana. O ato corajoso de Vic, segundo o colega que me contou a história, "nos empoderou a criar oposição contra ele", apesar do "medo que tínhamos antes". "Aquilo me inspirou e acho que inspirou os outros também", ele continuou, "a optar por resistir e nos manifestar em vez de nos preocupar só com o nosso próprio bem-estar. Aprendi que nenhum emprego vale comprometer nossos ideais ou tolerar um chefe abusivo, mesmo se o comportamento abusivo não for voltado diretamente a você".

Depende dos outros

A principal razão pela qual ninguém sabe dizer com certeza o que acontecerá depois de você questionar a autoridade é que isso *depende de outros*. Como vimos, a coragem é o que chamamos de uma *atribuição* sobre um comportamento. É uma opinião subjetiva por parte da pessoa que rotula o comportamento, não uma descrição objetiva de um comportamento. Imagine uma reunião de funcionários na qual um líder sênior diz que a equipe de vendas está desapontando a empresa com números abaixo do esperado. Mary, uma gerente de vendas que sabe que sua equipe está se empenhando muito, mas que as condições do mercado estão péssimas, se levanta e diz ao líder sênior na frente de todos: "Não é justo dizer isso. A equipe não tem culpa da recessão do país. Sinceramente, se não fosse pela competência e dedicação dos vendedores, a empresa estaria numa situação ainda pior, como alguns dos nossos concorrentes". No caso, os "fatos" são as palavras ditas por Mary e o contexto no qual ela realizou o seu ato de coragem ao se manifestar na reunião. O fato de muitas pessoas que convivem com Mary, e talvez até ela própria, considerarem seu comportamento um exemplo de coragem no trabalho é uma "atribuição", ou seja, um rótulo que concede um sentido especial e positivo ao comportamento em si.

A natureza atribucional da coragem no trabalho é importante porque cada pessoa vê o mundo de um jeito diferente. Alguns considerarão a contestação de Mary uma tentativa admirável de defender sua equipe, enquanto outros verão o mesmo ato como uma crítica inadequada a um superior. Nenhum lado está objetivamente (in)correto, já que não estamos tentando distinguir o que é real do que é falso aqui. A coragem está, e sempre estará, nos olhos de quem vê, e pessoas com pontos de vista opostos podem discordar com veemência.

O problema é que as pessoas que contestamos costumam ter menos chances de achar que nossas ações foram "corajosas" ou ter reações positivas a elas. Vejamos os resultados de um estudo simples que realizei.[24] Todos os participantes leram sobre um cientista que trabalhava em uma grande empresa farmacêutica:

Wayne supervisionava um grande número de equipes de pesquisa que buscavam fazer descobertas científicas em áreas terapêuticas como diabetes, câncer e doenças cardíacas. Recentemente, em uma reunião de revisão, o presidente de P&D ouviu as atualizações dos times de Wayne e de seus colegas e declarou vigorosamente: "Estou satisfeito com nosso progresso nas áreas de câncer e doenças cardíacas, mas vejo poucas possibilidades na área de diabetes. Wayne, quero que você comece imediatamente a transferir os recursos das pesquisas de diabetes a outras áreas mais promissoras".

Wayne respirou fundo, pensando no que dizer. Ele resumiu vários argumentos e estudos diferentes e comentou que acreditava que todas as evidências laboratoriais sugeriam o contrário. Ele afirmou que suas equipes de diabetes estavam se empenhando tanto quanto qualquer outra e que estavam tão perto de descobertas importantes quanto as demais equipes da empresa e de qualquer concorrente. "Acho que fui bem claro", replicou o presidente de P&D, passando para o próximo item da pauta.

No dia seguinte, Wayne fez uma reunião com suas equipes de pesquisa de diabetes. Ele explicou o que tinha acontecido, disse que acreditava neles e que continuaria a defendê-los e não lhes tiraria os recursos. Em seguida, ele marcou uma conversa com o CEO e apresentou argumentos para não reduzir os recursos das pesquisas de diabetes, observando que discordava das conclusões do presidente de P&D. Quando o CEO disse que a decisão era do presidente de P&D, Wayne respondeu: "Eu discordo. Você é o CEO. No fim, quem responde pelas decisões é você. O que estou propondo é que você faça o seu trabalho ouvindo aqueles que têm mais conhecimento científico em vez de delegar a decisão a outra pessoa só porque é mais fácil para você".

Os participantes foram instruídos a se imaginar em um dos cinco papéis diferentes (atribuídos aleatoriamente): Wayne (a pessoa que realiza a ação), um subordinado da equipe de diabetes de Wayne, um colega de Wayne (outro cientista-chefe de pesquisa), o presidente de P&D (o chefe de Wayne e o alvo de seu ato) ou o CEO (um superior de alto escalão de Wayne). Assumindo o ponto de vista dessa pessoa, pedi para os participantes pontuarem o ato de Wayne em vários critérios para avaliar em que extensão o ato foi corajoso e, para simplificar, em que medida eles achavam que o ato foi uma "burrice" (por exemplo, imprudente, insubordinado, impulsivo ou errado).

Analisando os dados, descobrimos que os participantes que se imaginaram em todos os papéis *exceto* o alvo — o chefe de Wayne, o presidente de P&D — consideraram o ato altamente (e quase na mesma medida) corajoso. Só os participantes que foram alocados para adotar o ponto de vista do chefe de Wayne, a pessoa que estava sendo contestada e desafiada, consideraram o ato significativamente menos corajoso. Os que adotaram essa perspectiva também viram o ato como consideravelmente mais imprudente, insubordinado e inapropriado do que os participantes que analisaram o ato de Wayne de todos os outros pontos de vista. Em resumo, bastou instruir as pessoas para se imaginar sendo confrontadas e contestadas para levá-las a ver o ato como menos corajoso e mais desafiador e afrontador. Fica claro que a coragem é uma questão de perspectiva, não um fato. Os atos são considerados corajosos por algumas pessoas justamente por haver boas chances de outras *não* darem valor ao que foi feito.

Depende de você

Apesar de ser inegável que o resultado de seus atos corajosos depende em parte da reação dos outros, também precisamos tomar cuidado para não usar isso como um pretexto para concluir que só os outros podem impor um preço alto demais a um ato de coragem. Em muitos casos, para não dizer na maioria, a maneira como *nós* agimos também determina o que acontece a seguir. Podemos confrontar, questionar ou discordar de detentores de poder de maneiras que os levam a se sentir mais ou menos ameaçados, com raiva e na defensiva simplesmente mudando o como, o onde ou o quando vamos dizer ou fazer.

Nos próximos capítulos, analisaremos em profundidade coisas que podemos fazer para aumentar as chances de nosso ato corajoso levar a resultados positivos, mas vou dar um exemplo simples aqui. Imagine que você lidera uma equipe que passou meses encarregada de uma responsabilidade adicional e teve um desempenho espetacular. Apesar dos grandes lucros resultantes, você acabou de ser informado de que ninguém será promovido e sua equipe só receberá um pequeno aumento neste ano. Você conversa com sua chefe e, apesar de concordar com você, ela diz que não pode fazer nada. Em vista disso, você marca uma reunião com um líder mais acima na hierarquia para falar sobre o assunto. Presumindo que você já informou o tema da reunião, você pode argumentar dizendo:

> Fico preocupado porque sei que muitas pessoas da minha equipe vivem recebendo propostas de outras empresas. Se eles acharem que não têm muito futuro aqui, corremos o risco de perder grandes talentos. Todo mundo sairia perdendo. Sei que eles gostam muito de atuar aqui, mas eles também reclamam de trabalhar demais e ter de abrir mão da vida pessoal ao mesmo tempo que o custo de vida não para de subir. Você acha que poderíamos pensar em maneiras de mostrar que eles são valorizados, incluindo pelo menos algum aumento salarial ou bônus? Estou aqui para ajudar.

Ou você pode dizer:

> Isso é uma grande injustiça e não aguento mais ser forçado a defender uma política que nos nega qualquer pagamento adicional enquanto a liderança sênior usufrui de grandes pacotes de remuneração. Meu pessoal está sendo

sondado por concorrentes e, sabendo de tudo o que sei, como é que eu posso olhar na cara deles e convencê-los a ficar?! Se você não fizer alguma coisa agora, muitos dos nossos melhores talentos vão sair em debandada no ano que vem e a culpa vai ser sua. Então, o que você vai fazer?

Os dois argumentos podem representar a sua verdade, mas está mais do que claro que as duas opções provavelmente não receberão a mesma reação do líder sênior e, em consequência, os mesmos resultados. Se você escolher dizer algo na linha da primeira declaração, pode ajudar sua equipe. E terá menos chances de sofrer repercussões negativas. Se for na linha da segunda argumentação, você terá reduzido suas chances de conseguir o que quer para sua equipe e poderá ter arranjado um problema para si.

Em resumo, os resultados de contestar o poder não são ditados apenas pela situação. Eles também dependem da maneira como *você* se comporta.

Será que vale a pena?

Mesmo tentando se adiantar a todas as possibilidades, você não tem como eliminar todos os riscos. Se as pessoas não sofressem consequências negativas em algumas ocasiões, não haveria por que associar o questionamento da autoridade com a coragem. Isso não quer dizer que os resultados nunca sejam positivos ou que o ato não possa ser de enorme valor para os outros. Por exemplo, Xavier, oficial militar, me contou o que aconteceu quando decidiu acionar três níveis hierárquicos acima para defender uma soldada que se sentia isolada e ainda mais vitimizada depois de entrar com uma ação judicial de assédio sexual. A coragem dele levou a soldada a ser transferida para um ambiente melhor e fez com que seu superior direto fosse severamente repreendido. Também fez com que Xavier fosse rotulado como encrenqueiro.

Rebecca, a gerente de investimentos que conhecemos no início deste capítulo e que ficou sabendo que ganhava muito menos do que seus colegas homens apesar de ter um desempenho melhor que o deles, decidiu confrontar seus chefes, os fundadores da empresa. Na reunião, ela apresentou dados sobre seu desempenho e as informações que tinha coletado sobre sua remuneração em comparação com os colegas. Em seguida, ela perguntou diretamente: "Se a diferença salarial não se baseia em métricas objetivas, deve haver alguma outra razão. Será que é porque sou mulher?".

Quando a poeira baixou e um novo acordo foi feito, o salário de Rebecca dobrou. O resultado menos positivo foi que esse valor passou a ser atrelado a uma métrica específica sobre a qual ela tem pouco controle direto. No ano que se seguiu ao novo acordo, ela permaneceu sem avançar na empresa, nem em termos de expansão de funções, nem em aumento da remuneração, apesar do crescimento dos negócios da empresa como um todo. Além disso, a companhia não fez nada para investigar nem corrigir as desigualdades salariais baseadas em gênero.

Tanto Xavier quanto Rebecca promoveram algumas mudanças positivas ao questionar a autoridade, mas também sofreram algumas repercussões negativas. Será que valeu a pena para eles? Sem dúvida alguma que sim, afirmam os dois. Xavier continua orgulhoso do que fez, sabendo que "deu àquela soldada a chance de fugir da situação em vez de ser condenada ao ostracismo para sempre". Rebecca ficou decepcionada com a inação da empresa, mas isso deixou claro o que ela deveria fazer. Ela concluiu que a única maneira de resolver o problema de maneira satisfatória — tanto para ela quanto para as outras mulheres que atuam no setor de investimentos, dominado pelos homens — seria abrir a própria empresa. E foi exatamente o que ela fez pouco depois de me contar sua história.

Eu posso (e vou) contar a você muitas outras histórias sobre pessoas como Xavier e Rebecca que mostram que suas ações — apesar de terem resultado em uma mistura de consequências positivas e negativas — valeram a pena. Também posso dizer que meus estudos sugerem que atos corajosos como esses são uma grande fonte de inspiração para quem os testemunha ou fica sabendo deles, especialmente se você ocupa uma posição de liderança. Por exemplo, Evan Bruno e eu pedimos que os respondentes avaliassem os tipos de comportamentos de coragem no trabalho discutidos neste capítulo para analisar os efeitos positivos de testemunhar quando um comportamento é praticado ou os negativos de ver quando esse não é posto em prática mesmo havendo oportunidades. Também analisamos os efeitos relatados pelos respondentes quando os comportamentos foram (ou não) praticados por um superior direto ou por um colega.

Descobrimos que, para praticamente todos os comportamentos avaliados, o impacto motivacional de um chefe praticando ou deixando de praticar um comportamento foi muito maior do que quando um colega praticou ou deixou de praticar o mesmo comportamento. Esses resultados confirmam os estudos que mostram que prestamos mais atenção aos detentores de poder, esperamos mais deles e consideramos que seu comportamento é mais simbólico da cultura da organização. Nossos dados indicam que ficamos mais inspirados quando vemos nosso próprio chefe confrontar o(s) superiores(s) dele, seja em relação a um comportamento interpessoal inaceitável ou a um antiético ou ilegal. Também ficamos muito impressionados quando nosso chefe enfrenta seus superiores para nos defender ou sofre as consequências diante deles para nos proteger.

Por outro lado, em quais situações os chefes mais prejudicam a nossa motivação por deixarem de agir? Quando eles não se posicionam nem tomam qualquer outra atitude com relação aos tipos de comportamento mais flagrantes. Se você não quiser que seus subordinados confiem em você, te respeitem e se disponham a trabalhar duro por você, basta ficar em silêncio diante de uma conduta ilegal ou antiética ou de um comportamento desrespeitoso, não profissional ou prejudicial por parte de outros. Se você acha que as pessoas não percebem sua inação ou não se incomodam porque sabem da dificuldade de questionar a autoridade, nossos dados sugerem que você deve rever seus conceitos.

Se você não ocupa uma posição de liderança, será que isso quer dizer que suas oportunidades de inspirar as pessoas são mais limitadas? De jeito nenhum. Tanto que nossos estudos sugerem que os colegas acabam positivamente influenciados quando nos veem implicados em conversas difíceis. Eles ficarão impressionados se você confrontar o comportamento antiético ou ilegal do chefe e também se você pular níveis hierárquicos e levar grandes problemas ao alto escalão da organização. Você também vai inspirá-los ao defender os outros diante dos superiores.

Em resumo, ninguém está livre das opiniões alheias, sejam elas de aprovação ou reprovação, quando decide aproveitar uma oportunidade de agir com coragem. Sabendo disso, será que vale a pena se engajar em uma ação corajosa? Cabe a você decidir. Só você tem como concluir o que mais importa para você, qual legado gostaria de deixar e o quanto se dispõe a arriscar para atingir esses objetivos.

E você?

Ser a mudança que você quer ver no mundo, como Gandhi nos encorajou, começa com uma boa olhada no espelho para ver onde você está. Quanta coragem você acha que cada um dos comportamentos discutidos neste capítulo requer? Com que frequência você os pratica quando tem chance? Para descobrir, responda à seção "Questionando o poder" do Índice de Atos Corajosos no Trabalho no fim deste livro. Quando terminar, reflita sobre suas respostas. Qual é o seu maior medo (ou trauma) com relação aos comportamentos abordados neste capítulo?

Nos próximos capítulos, falaremos sobre as estratégias para escolher bem suas ações e um método para criar um plano de ação específico a fim de executá-las bem. Por enquanto, deixe de lado qualquer constrangimento ou vergonha sobre onde você está hoje e não perca tempo tentando se justificar. Algumas coisas com que você tem muita dificuldade podem ser mais fáceis para os outros, mas eu garanto que o contrário também é verdadeiro: algumas coisas com que você tem mais facilidade são mais difíceis para os outros. Além disso, como vimos, o contexto faz uma grande diferença para determinar em que medida uma ação pode ser vista como arriscada ou merecedora de esforço. Talvez um ato de grande coragem no seu cenário seja seguro em outro e até covarde em outros. Não se esqueça de que, se os comportamentos discutidos neste capítulo fossem fáceis e todo mundo estivesse tomando parte neles, eu não estaria escrevendo este livro.

Lembre-se

- Todos nós temos medo de falar abertamente e nos implicar em atos que possam irritar pessoas com mais poder do que nós, por motivos tanto reais quanto imaginários. É por isso que questionar a autoridade é o maior exemplo de coragem no trabalho.
- Pessoas de todos os perfis praticam esses comportamentos corajosos em todo tipo de local de trabalho. Elas dizem o que pensam a superiores diretos e líderes de escalão mais alto, agem de maneiras que podem irritar as autoridades, defendem os detentores de poder e admitem erros apesar das potenciais consequências negativas.
- É possível que contestar a autoridade gere resultados negativos, mas as consequências também podem ser positivas. Os resultados dependem não só da reação daqueles que estão no poder, mas também da maneira como você confronta esses indivíduos.
- As pessoas podem ficar gratas e até se inspirar a agir, mas só você é capaz de decidir se e quando vale a pena questionar a autoridade. Só você pode escolher agir com coragem.

Capítulo 3

Conversas francas e ações ousadas

Embora os atos de "questionamento da autoridade" possam ser o maior exemplo de coragem no trabalho, este capítulo aborda outros comportamentos que também são considerados corajosos. Isso inclui lidar com situações difíceis e desconfortáveis com colegas e subordinados, clientes e vários parceiros externos. Também inclui uma série de ações ousadas que as pessoas podem fazer, desde assumir mais responsabilidades e tomar as rédeas do próprio desenvolvimento mudando de emprego, encarregar-se de uma nova atribuição importante ou desviar das práticas estabelecidas. Analisaremos opções de se expor em prol de um bem maior, pedir demissão em defesa de um princípio moral e denunciar a organização como um último recurso.

À primeira vista, você pode achar que os comportamentos direcionados a colegas ou subordinados ou os que se relacionam com nossa própria integridade e crescimento estão longe de ser tão difíceis quanto os que envolvem questionar a autoridade. Pode até ser verdade em algumas ocasiões, mas nem sempre.

Vejamos o caso de Zeb, um gerente regional branco de uma rede de hotéis, que estava num bar bebendo com cinco colegas, também brancos. Depois de várias rodadas, um dos amigos de Zeb começou a reclamar do chefe deles, Darnell, que é negro. O discurso racista incluiu ofensas como "macaco" e "aquele preto". Zeb, que respeitava

Darnell por seu profissionalismo, experiência e dedicação, ficou chocado — tão chocado que, em vez de confrontar o colega na hora, mudou rapidamente de assunto e foi embora assim que pôde.

No dia seguinte, Zeb e dois colegas contaram a Darnell o que aconteceu no bar. Eles disseram que queriam que Darnell demitisse o colega. O chefe até concordou com os três subordinados, mas sabia como era difícil demitir alguém naquela organização e como as conversas com o RH e esse funcionário seriam difíceis.

Para quem vê de fora, seria fácil afirmar que Zeb e seus colegas deveriam ter confrontado o colega racista na hora e que Darnell deveria demitir o subordinado racista. O que foi dito no bar era claramente ofensivo e, como quem falou era um colega de Zeb e um subordinado de Darnell, uma reação rigorosa não levaria a riscos profissionais para os confrontadores. Mas, como veremos neste capítulo, os temores das pessoas não se limitam a consequências financeiras ou profissionais. É por isso que muitos comportamentos no trabalho, além de questionar a autoridade, são considerados corajosos.

Riscos sociais, psicológicos e físicos no trabalho

Quando nos vemos diante de situações como a descrita aqui, em que o alvo do confronto é um detentor de poder formal igual ou inferior ao nosso, os riscos muitas vezes passam de profissionais para sociais, psicológicos e até físicos. Zeb não teria como ser demitido pelo colega bêbado e racista se o tivesse confrontado, mas poderia ter sido agredido fisicamente. Também poderia enfrentar isolamento social e talvez até questionamentos sobre a maneira como optou por fazer o confronto se os colegas não tivessem ficado do seu lado quando ele confrontou os comentários racistas ou levou o problema ao chefe no dia seguinte. Como veremos a seguir, os temores associados a esses tipos de risco podem ser tão paralisantes quanto os profissionais.

Cortejando a "morte social"

No início dos anos 1990, o professor de administração James Barker escreveu sobre a mudança do controle tradicional (ou seja, supervisão por chefes com poder formal) para equipes autogerenciadas em uma pequena fábrica. Você pode achar que os operários ficaram aliviados em termos de pressão e estresse, mas não foi o que aconteceu. Barker descreveu a "jaula de ferro" ainda mais opressiva que passou a aprisionar os operários, que tiveram de exercer um controle *social* sobre o comportamento uns dos outros. Se antes os operários temiam as consequências formais de violar regras ou normas, o temor se tornou o risco de desaprovação social e rejeição do grupo.[1]

O relato etnográfico de Barker é um bom exemplo de uma verdade simples: os seres humanos são animais sociais. Precisamos de aceitação social quase tanto quanto de comida e água, e o isolamento resultante de ser excluído do grupo é como uma "morte social". Não é de surpreender, portanto, que usemos de muita cautela ao fazer coisas que podem nos levar à rejeição do grupo.[2]

É por isso que assumir um posicionamento contrário às opiniões ou aos desejos das pessoas ao nosso redor no trabalho muitas vezes envolve um risco percebido suficiente para ver essa atitude como um ato de coragem no trabalho. Tanto que inúmeras definições de coragem moral envolvem superar o medo da rejeição social, de se impor apesar do desconforto da discordância ou da desaprovação dos outros.[3]

Infelizmente, acontece muito de não conseguirmos superar nosso medo da exclusão social e optarmos por ficar em silêncio. Por exemplo, mesmo entre a tripulação (pilotos, copilotos e comissários de bordo) de uma companhia aérea, onde achamos que o ideal é que as pessoas sempre se posicionem, as pesquisadoras Nadine Bienefeld e Gudela Grote encontraram muitos casos nos quais as pessoas preferiram ficar em silêncio. Entre as principais razões para não se posicionar, estava o medo de prejudicar os relacionamentos, relatado por uma parcela assustadora de participantes do estudo: 53% dos pilotos, 43% dos co-pilotos e 42% dos comissários de bordo.[4]

E cabe esclarecer que não precisamos ser denunciados ou rejeitados explicitamente para sermos afetados por esse tipo de pressão. Basta ver alguém sendo ridicularizado para alimentar nossos próprios temores.[5] E constatou-se que o simples fato de sermos ignorados é uma forma dolorosa de isolamento social.[6]

Colocando em risco o bem-estar psicológico

Em algumas situações, o risco envolvido em atos corajosos é principalmente psicológico: "Será que eu consigo fazer isso?", "Será que eu sou bom o suficiente?", "Será que vai dar certo?", "Será que eu não vou sair humilhado?". Imagine a situação de aceitar uma nova responsabilidade ou atividade difícil no trabalho. Talvez você tenha de fazer isso porque é importante para a organização, mesmo sem saber com certeza se está pronto para assumir a nova atribuição ou se terá sucesso. É possível que você não se importe se não der certo — afinal, você só estava tentando ajudar —, mas isso não significa que um eventual fracasso não seria um baque para a sua autoestima, principalmente se as pessoas souberem disso.

Em um projeto de consultoria, eu tentava descobrir por que tantos cientistas de um grupo disseram ter medo de dizer o que pensam nas reuniões. Nas entrevistas, suas explicações não se voltavam tanto às possíveis consequências profissionais ou represálias dos colegas. Na verdade, eles se preocupavam mais com a possibilidade de dizer alguma bobagem na frente dos outros. Estamos falando de cientistas brilhantes vindos das melhores universidades do mundo mas que sentiam um desconforto emocional enorme ao apresentar ou discutir ideias fora de sua área de especialização. Naquele dia, percebi que precisamos de muita coragem para nos mostrar vulneráveis.

Enfrentando a ameaça física

Tendemos a achar que a coragem no trabalho se restringe a pessoas cuja profissão requer valentia, como policiais, bombeiros e militares. E, como seria de se esperar, a grande maioria dos respondentes do Índice de Atos Corajosos no Trabalho acha que intervir para impedir uma situação de perigo físico iminente ou se envolver em uma situação como essa constitui um ato de grande coragem. O que surpreende e, sinceramente, é um pouco assustador é que um número de pessoas muito maior do que imaginamos enfrenta riscos físicos no trabalho pelo menos em algumas ocasiões. Nosso mundo está repleto de armas e pessoas iradas ou mentalmente problemáticas.

Vejamos os desafios enfrentados por quem trabalha no setor de hospitalidade ou outros serviços de atendimento ao cliente. Eles precisam lidar com hóspedes furiosos, bêbados ou que usam um linguajar ou um comportamento abusivo e até com clientes que chegam a empunhar armas para conseguir o que querem. Pode ser que os próprios funcionários também criem riscos físicos. Em um restaurante que estudei, um gerente precisou intervir quando um funcionário do bufê começou a gritar gesticulando com uma faca enorme para um cliente que o insultara por lhe dar uma porção de grelhados pequena demais. Na mesma rede, uma supervisora contou que seu chefe teve de correr para ajudar quando um funcionário que ela tinha acabado de suspender por se drogar no trabalho saltou para o outro lado da mesa e começou a agredi-la fisicamente. O chefe teve a perna quebrada no processo de conter o funcionário antes de a polícia chegar, mas a supervisora saiu ilesa.

Infelizmente, os riscos de danos físicos podem ser encontrados em todo tipo de local de trabalho e em todos os níveis. Executivos, jornalistas e muitos outros profissionais recebem ameaças de morte e outros chegam a ser diretamente agredidos. Por exemplo, me contaram que uma pessoa perturbada entrou em um escritório proferindo teorias da conspiração que envolviam a empresa e ameaçou matar a recepcionista com uma faca em sua garganta. Talvez pensemos que estamos muito seguros, mas a verdade é que essas coisas podem acontecer a qualquer um de nós.

Superando os riscos

Por sorte, algumas pessoas optam por agir com coragem mesmo em situações difíceis como essas. Elas assumem os riscos físicos ou psicológicos para proteger os outros ou para promover o crescimento. Elas confrontam colegas que agem de maneira inapropriada. Elas tomam parte em conversas difíceis com subordinados ou stakeholders externos. Alguns desses atos — como disciplinar, rebaixar ou demitir subordinados, romper relações com parceiros externos ou fornecedores, entre outros — representam o que Joshua Margolis e Andy Molinsky chamaram de "males necessários", as tarefas que requerem algo que pode prejudicar os outros em prol de um bem ou propósito considerado maior.[7]

Essas pessoas podem pagar um preço, mas esse preço não costuma ser tão alto quanto nós, ou elas, imaginamos. E elas raramente se arrependem do que fizeram, porque sabem que foi a coisa certa com base em seus valores, seja defendendo alguém, escolhendo o que é melhor para a organização ou simplesmente dando a si mesmas a chance de dormir bem à noite.

Vamos analisar mais de perto esses tipos de atos corajosos, começando com os atos que envolvem colegas.

Enfrentando situações difíceis com colegas

Talvez você precise confrontar ou arriscar se indispor com os colegas. (Veja o quadro "Atos corajosos envolvendo colegas".) Não porque haja alguma expectativa formal de que você faça isso — afinal, você não é o chefe deles —, mas porque você considera que algo que eles estão realizando é errado ou prejudicial a ponto de sentir-se obrigado a intervir. Você não quer se impor a eles, só que eles parem com algo — ou comecem algo — que pode ter importantes repercussões sobre você, outras pessoas ou a organização.

Pode ser que você confronte um colega que nunca chega preparado às reuniões ou que faz corpo mole, ou que você diga a um colega que o desempenho dele caiu ou que acha que o comportamento dele é antiético. Você pode levar aos superiores o problema que está tendo com um colega.

É provável que os comentários racistas da história do início deste capítulo sejam mais ultrajantes do que o normal, mas são incontáveis os insultos ou estereótipos ofensivos que as pessoas acabam confrontando no trabalho. Bonnie, por exemplo, falou sobre a diferença positiva que um colega de sua equipe de gestão fez quando interveio em uma reunião para dizer que o uso da palavra "retardado" era uma maneira inaceitável de se referir a pessoas com deficiência. Ele não foi o único a se chocar com o termo, mas foi o único a se posicionar e explicar com clareza por que era preciso evitá-lo nesse contexto. No dia seguinte, um e-mail para a empresa toda foi enviado lembrando a todos que as palavras têm um grande poder e o que parece trivial para uma pessoa pode ter um impacto enorme sobre outras. O incidente marcou o que Bonnie descreveu como um "momento decisivo na nossa empresa".

ATOS CORAJOSOS ENVOLVENDO COLEGAS

- Confrontar o(s) colega(s) sobre a inadequação da qualidade, quantidade ou prazos do trabalho deles.
- Confrontar o(s) colega(s) sobre um comportamento desrespeitoso, ofensivo, pouco profissional ou impróprio.
- Confrontar o(s) colega(s) sobre um comportamento antiético ou ilegal.
- Compartilhar com o(s) colega(s) más notícias ou pontos de vista negativos ou difíceis de ouvir.

- Relatar ao superior direto o comportamento problemático do(s) colega(s).
- Discordar ativamente ou em público de uma opinião amplamente compartilhada ou um posicionamento popular mantido pelo(s) colega(s).

É ainda mais fácil constatar a dificuldade que as pessoas têm de confrontar os colegas sobre um comportamento explicitamente antiético. Você não só está dizendo que o comportamento deles é inaceitável como corre o risco de eles acharem que você os está acusando de serem *pessoas* más ou imorais. Imagine que um colega assumiu os créditos por seu trabalho e suas únicas opções são confrontá-lo ou engolir o sapo e deixar que o roubo da ideia passe despercebido pelos superiores. E o que dizer de um colega que infla repetidamente o próprio orçamento para criar um caixa dois ou maquia outros dados contábeis para dar a impressão de que está tudo bem?

Podemos achar que o risco de confrontar colegas antiéticos é relativamente baixo, porque todos, exceto a pessoa que comete o ato antiético, serão gratos a você. Não necessariamente. Em uma pesquisa conduzida por Linda Trevino e Bart Victor, os respondentes que avaliaram um colega como altamente ético também o assinalaram como antipático.[8] É possível que as normas que inibem a quebra da coesão do grupo sejam tão fortes que promover essa disrupção mesmo para apontar um erro claro pode resultar em consequências sociais negativas. Ou — talvez o mais provável — pode ser que nos posicionar contra um erro deixe os outros (talvez inconscientemente) mal consigo por não terem feito o mesmo. Diante da escolha implícita de se considerarem pessoas más ou fracas por não se posicionarem primeiro, é compreensível que os outros critiquem os que o fazem.

É difícil ameaçar a zona de conforto (apesar de potencialmente perigosa) criada pelo "pensamento de grupo". Gregory, por exemplo, trabalhava na divisão de brinquedos de sua empresa. Quase no fim do processo de design, ele protestou contra o fato de que 90% das linhas de brinquedos da companhia eram para meninos e que as personagens femininas tendiam a estar seminuas ou claramente sexualizadas. Mesmo diante da vigorosa oposição de todos os colegas, ele insistiu que esse machismo era errado e que medidas deveriam ser tomadas imediatamente.

Também requer coragem superar o que Kim Scott chama de "empatia nociva", ou seja, deixar de dizer a verdade por não querer magoar ou prejudicar o alvo do confronto em curto prazo. Por exemplo, imagine falar a uma colega que o plano de carreira que ela está seguindo simplesmente não tem nada a ver com ela. Ou comentar a um colega que sonha em ser o gerente geral de um restaurante que ele não deveria aceitar a oferta porque o estabelecimento está em dificuldades e a situação só vai piorar devido a sua localização. Foi o que um colega disse a Keith, que me contou: "Acho que foi muito corajoso da parte dele não só porque ia contra a orientação e o pedido do diretor da área (o chefe deles), mas porque eu achava que seria uma boa para mim e estava bem animado com a oportunidade. Sei que não foi fácil para ele jogar esse balde de água fria na minha cabeça".

Algumas pessoas encontram maneiras especialmente brilhantes de confrontar os colegas. Erica era a vice-presidente de experiência do cliente de uma grande empresa de telecomunicações. Ela tinha passado quatro anos frustrada com a maneira como os colegas lidavam com os principais problemas dos clientes e achava que eles se limitavam a táticas simplistas e isoladas, em vez de adotar uma abordagem holística. Enquanto se preparava para mais uma reunião de avaliação com a equipe de gestão, um colega sugeriu que ela usasse o formato preferido da empresa. Ela respondeu que tinha feito isso durante três anos seguidos e só conseguiu que as pessoas concordassem e se comprometessem com mudanças, mas continuavam a fazer tudo do mesmo jeito.

Assim, quando chegou à reunião de avaliação no dia seguinte, ela começou lendo um sumário executivo que dizia: "Apesar de termos aplicado uma série de táticas, as expectativas dos clientes aumentaram mais do que conseguimos melhorar, fomos superados pela concorrência e precisamos adotar uma abordagem mais holística". Mais uma vez, todos concordaram com a proposta. Em seguida, ela entregou aos participantes uma cópia da apresentação e pediu que eles fossem a um slide que mostrava que o sumário executivo que ela tinha acabado de ler era exatamente o mesmo que o grupo recebera dois anos atrás. Reconhecendo que não era uma mensagem fácil de ouvir, ela disse que não estava criticando a atitude dos participantes, mas queria que eles aprendessem com os erros e efetivamente mudassem sua abordagem.

Foi uma manobra muito arriscada confrontar as pessoas em público apresentando evidências de que elas estavam repetindo o mesmo comportamento improdutivo ano após ano. Ela esperava que todos ficassem na defensiva e em negação e temia ser criticada por ser "emotiva demais" pelo grupo dominado por homens. Mas foi positivamente surpreendida quando sua atitude ousada, corroborada por dados incontestáveis, abriu um diálogo mais franco e levou a um interesse mais autêntico em adotar uma abordagem diferente.

Enfrentando situações difíceis com subordinados

Se você for líder, já sabe que pode parecer arriscado discordar ou dar más notícias a um ou mais subordinados. (Veja exemplos de comportamentos no quadro "Atos corajosos envolvendo subordinados".) É bem verdade que, como você é o chefe, eles não têm como revidar diretamente nem puni-lo financeiramente. Mas nada os impede de começar a excluir socialmente ou prejudicar você indiretamente se empenhando menos no trabalho ou procurando maneiras de colocá-lo em apuros. E nada os impede de fazer você duvidar de si mesmo ou até de lhe impor algum risco físico.

Ainda assim, foi exatamente para discordar da opinião da maioria e tomar decisões difíceis que você foi colocado no comando. David, por exemplo, era um oficial do exército que atuava em um ambiente hostil no Afeganistão. A maioria de seu pelotão, que não via a hora de entrar em ação, vivia pressionando David para autorizar operações de combate contra terroristas que não eram considerados importantes. Sabendo que o resultado poderia ser um risco enorme por uma pequena recompensa, ele disse vigorosamente ao grupo — com quem vivia 24 horas por dia, 7 dias por semana e que literalmente precisava protegê--lo — que não autorizaria esse tipo de ação. Martin, em um contexto totalmente diferente, adotou o mesmo tipo de posicionamento impopular. Seus subordinados eram um grupo muito unido de operadores de fábrica com quem ele havia trabalhado e socializado por um bom tempo. Mas, quando eles começaram a fazer corpo mole na tentativa de obter novos benefícios que ele acreditava não serem razoáveis, Martin confrontou seus subordinados dizendo que estava disposto a lutar contra o sindicato se eles não mudassem de atitude.

ATOS CORAJOSOS ENVOLVENDO SUBORDINADOS

- Discordar ativamente ou em público de uma opinião amplamente compartilhada ou um posicionamento popular mantido pelo(s) subordinados(s).
- Confrontar o(s) subordinado(s) sobre um comportamento desrespeitoso, ofensivo, pouco profissional ou impróprio.
- Dar informalmente um feedback negativo ao(s) subordinado(s) sobre seu trabalho ou o cargo desejado.
- Dar formalmente ao(s) subordinado(s) um feedback negativo, uma avaliação negativa ou uma repreensão.
- Rebaixar, demitir ou afastar o(s) subordinado(s).

Se você for um líder proativo, provavelmente conseguirá lidar com a maioria das situações desconfortáveis envolvendo seus funcionários usando só o feedback negativo *informal* — algo que já faz parte do seu trabalho de qualquer maneira. Mesmo assim, esse tipo de devolutiva continua sendo surpreendentemente raro e dado de maneira pouco sistemática. Para você ter uma ideia, Stone e Heen constataram que 63% dos executivos que responderam a um levantamento disseram que sua maior dificuldade na gestão do desempenho são gerentes que não têm coragem de dar um feedback negativo aos subordinados nem a habilidade necessária para isso.[9] É lamentável, porque os estudos desse tema não deixam dúvidas sobre os benefícios para funcionários e organizações — um direcionamento melhor, mais motivação, correção de erros a tempo e assim por diante.[10]

É natural evitarmos entregar uma avaliação que pode enfurecer as pessoas. Elas não gostam de ser confrontadas pelo próprio comportamento ofensivo ou inadequado, seja fofoca, desrespeito aos colegas ou problemas de atitude no trabalho. Mas também é verdade que evitamos conversas que podem deixar alguém se sentindo mal. Especialmente quando gostamos das pessoas a quem estamos demonstrando esse "amor firme". Isso não significa que elas não precisam receber o feedback negativo ou que (com o tempo) não virão a aceitá-lo e até ser gratas a você por ele. Felipe, um jovem gerente de restaurante, ouviu de seu chefe, Tim, que ainda não sabia lidar bem com a equipe, que estava sendo bonzinho demais e deixando que eles se aproveitassem dele em um ambiente competitivo onde esse tipo de atitude poderia levar ao fracasso do estabelecimento. "Na ocasião", ele admitiu depois, "eu fiquei com muito ódio. Me deu vontade de dar um soco na cara dele". Mas o feedback o ajudou a perceber que, se não começasse a responsabilizar as pessoas — a administrar o restaurante mais como se fosse seu próprio negócio —, ele não teria sucesso. Hoje ele trabalha em outra empresa, mas ainda se pergunta: "O que o Tim faria nesta situação?". Em outro contexto, um gerente sênior disse que, quando você se acovarda e não dá um feedback sincero, cria problemas para a empresa e *para a pessoa* porque, ao não dizer a verdade, você está lhe negando a chance de crescer e ela pode até sair achando que você não se importa com seu desenvolvimento.

Dar um feedback negativo *formal* aos subordinados, seja na forma de uma avaliação de desempenho, uma ação disciplinar ou qualquer outra ação envolvendo documentação oficial, costuma ser ainda mais difícil. Jaila, por exemplo, estava encarregada de padronizar uma série de procedimentos operacionais em uma das maiores organizações sem fins lucrativos do mundo. Apesar de a maioria ter aceitado o treinamento e os novos requisitos, uma subordinada continuou resistindo a todas as mudanças apesar de vários meses de orientação e coaching. Até que a situação chegou ao ponto crítico quando a subordinada mais uma vez se recusou a realizar as coisas do novo jeito e ainda fez uma cena ao sair da sala de Jaila. Jaila foi ao RH, documentou o histórico de insubordinação e começou a procurar uma nova função para a funcionária. Pouco tempo depois, a funcionária foi rebaixada a um cargo não gerencial no qual ela não teria como dissuadir os outros de seguir os novos procedimentos da unidade.

Pode acontecer de, nem com todo o feedback formal ou informal, você conseguir eliminar a necessidade de demitir ou afastar a pessoa. Estas estão entre as coisas mais difíceis e menos agradáveis que um líder deve fazer e são consideradas muito corajosas por 70% dos respondentes de nossos levantamentos.

Pode ser intimidante demitir alguém quando a pessoa tem um excelente desempenho em outras áreas ou quando você sabe que será difícil trabalhar sem ela, pelo menos por um tempo. Por exemplo, Warren foi informado de que Charlie, um membro de sua equipe, comportou-se de maneira extremamente inadequada em um evento da empresa. A maioria dos funcionários da organização estava presente, de modo que quase a companhia toda ficou sabendo do comportamento de Charlie. Mas Charlie era um funcionário importante em um momento crucial do crescimento da organização, uma pessoa que Warren e os outros sabiam ser fundamental no processo de preparação da empresa para ser vendida, tanto em virtude de suas habilidades específicas quanto por suas credenciais. Mesmo assim, Warren demitiu Charlie, concluindo que a integridade da empresa era um valor considerado muito importante por qualquer comprador potencial.

Também pode ser difícil dispensar alguém quando a demissão pode chegar a representar um risco físico. Harvey demitiu um funcionário de atendimento que estava apresentando um desempenho insatisfatório. No dia seguinte, o primo do ex-empregado foi à empresa exigindo uma explicação e dizendo a Harvey que seria melhor reconsiderar a decisão. Quando Harvey disse que não mudaria de ideia, o primo abriu a jaqueta para mostrar uma arma e, antes de sair, disse a Harvey: "Espero você lá fora". Por sorte, a ameaça não se concretizou.

Se já é difícil demitir ou afastar uma pessoa, pense em fazer isso em massa. Kealy, por exemplo, tinha acabado de entrar em uma grande empresa de serviços públicos quando um acidente nas instalações levou a grandes perdas financeiras. Em consequência, em vez de se concentrar em conquistar a confiança de seus novos subordinados, uma das primeiras coisas que ela teve de fazer foi eliminar cerca de duzentos empregos. Não foi nada fácil para ela, mas ela o fez para tentar garantir a viabilidade da empresa e, portanto, o bem-estar dos funcionários que ficaram.

Envolvendo os stakeholders externos em situações difíceis

A maioria dos stakeholders externos, sejam eles clientes, fornecedores ou colaboradores, não tem poder formal sobre você. Mas isso não quer dizer que eles não tenham como criar confrontos desagradáveis, testar seu poder de decisão ou penalizar você de outras maneiras por enfrentá-los ou se afastar deles. (Veja o quadro "Atos corajosos envolvendo stakeholders externos".) É por isso que mais de 75% dos respondentes do Índice de Atos Corajosos no Trabalho dizem que as decisões ou confrontos envolvendo esses grupos externos podem ser atos corajosos que eles evitam na maioria das vezes.

ATOS CORAJOSOS ENVOLVENDO STAKEHOLDERS EXTERNOS

- Envolver-se em um confronto ou conversa difícil ou desagradável com um cliente.
- Tomar uma decisão ou mudar uma política que pode irritar os clientes.
- Envolver-se em um confronto ou conversa difícil ou desagradável com um stakeholder ou parceiro externo.

Vamos pensar sobre a coragem de se envolver em um confronto ou conversa difícil ou desagradável com um cliente. Todos nós conseguimos nos lembrar de conversas em que ficamos com raiva ou irritados por achar que fomos destratados por alguma organização, mas é menos provável que recordemos casos nos quais um representante da empresa teve a coragem de manter sua posição com tranquilidade por saber que o cliente não está com a razão. Em alguns casos, os confrontos com clientes ou outros parceiros externos arriscam não só provocar a raiva deles no momento como também perder o relacionamento com eles. Imagine que você seja um consultor que chega à conclusão de que seu cliente tem um departamento cujo número de funcionários é 30% maior do que o necessário. Você apresenta sua conclusão ao líder da unidade, que fica furioso e se recusa a aceitar sua análise. Você percebe que a única opção é levar o problema a um líder sênior, acima dele, com mais chances de ouvir a mensagem. Ou imagine ser encarregado de dizer a uma equipe de gestão que uma solução necessária de TI sairá consideravelmente mais cara do que eles esperavam e continuar se opondo firmemente à sugestão deles de usar uma gambiarra mais barata.

A coragem de opor-se a importantes stakeholders apesar das possíveis consequências é um requisito em todos os níveis das organizações. Isso vale para garçons, vendedores e representantes de atendimento ao cliente bem como para profissionais altamente especializados, gerentes seniores e até CEOs. Quando Howard Schultz assumiu o cargo de CEO da Starbucks, ele foi muito pressionado durante uma grande crise econômica por acionistas que queriam que ele cortasse os custos reduzindo o generoso plano de saúde que a empresa oferecia aos funcionários. "Você nunca vai ter mais espaço para fazer isso do que tem agora", eles disseram para tentar convencê-lo. Sentindo que seria errado — tanto em termos morais quanto para a própria empresa devido ao comprometimento gerado por esses benefícios —, ele retrucou: "Eu não vou fazer isso em hipótese alguma e, se é isso que vocês querem que façamos, recomendo que vendam suas ações".[11]

Admitindo a vulnerabilidade para facilitar o crescimento e a inovação

Em alguns exemplos de coragem no trabalho (veja no quadro "Oportunidades de crescer"), o "desafio" ou "confronto" que enfrentamos tem mais a ver conosco do que com os outros. Será que vale a pena nos abrir voluntariamente à vulnerabilidade? Será que vale a pena nos abrir a um possível fracasso que pode ser psicologicamente doloroso ou financeiramente custoso?

Gostemos ou não, criar oportunidades de crescimento — seja para nós mesmos ou para os outros — muitas vezes envolve um risco psicológico. Apesar de quase todo mundo dizer que está aberto para aprender e que o aprendizado é indispensável para qualquer organização, a verdade é que muitos de nós nos empenhamos muito para evitar fazer coisas que poderiam deixar os outros achando que somos fracos, sensíveis demais ou simplesmente incompetentes. É uma pena, porque nossa disposição de dizer e fazer coisas que revelam nossas imperfeições ou nosso desejo de crescer pode ser justamente aquilo que fortalece a nós mesmos e aos outros. Alex Karras, ator e ex-jogador de futebol americano profissional da NFL, disse em sua biografia que é preciso "mais coragem para revelar as inseguranças do que para escondê-las, mais força para se relacionar com as pessoas do que para dominá-las".[12] Tanto que uma demonstração de vulnerabilidade pode humanizá-lo aos olhos dos outros — especialmente se você for um homem, alguém com uma personalidade extremamente assertiva ou alguém que parece ser sempre racional — de maneiras que inspiram ainda mais respeito e lealdade.[13]

Foi assim que Jeffrey se sentiu com relação ao que o vice-presidente executivo de sua empresa fez. Um funcionário da empresa sofreu um acidente fatal no local de trabalho e o vice-presidente executivo ficou encarregado da resposta. Ele passou horas com a família, cancelou várias reuniões, adiou uma conferência com mais de seiscentos líderes de toda a empresa e designou um funcionário para trabalhar em tempo integral para ajudar a família a fazer a documentação e resolver os custos. Jeffrey ficou ainda mais impressionado com a maneira como o vice-presidente executivo se colocou em uma posição de vulnerabilidade ao se abrir à dor da família em público. Em vez de esconder seus sentimentos, ele falou abertamente sobre como ficou abalado com a perda e deixou que as pessoas o vissem muito emocionado em meio a todas as ações concretas que tomou para ajudar.

OPORTUNIDADES DE CRESCER

- Mostrar vulnerabilidade para melhorar o desempenho no trabalho ou promover o bem-estar das pessoas.
- Assumir ou tentar uma atribuição desafiadora ou uma responsabilidade adicional, uma nova atividade ou um novo comportamento na organização.
- Assumir/aceitar a responsabilidade por um desvio ousado/inovador das normas ou práticas da organização ou do setor.
- Entrar voluntariamente em um novo emprego em uma organização diferente.
- Abrir um novo negócio/empreendimento.

Os riscos de se responsabilizar por traçar um novo rumo para si mesmo ou para a organização não se limitam aos psicológicos. As consequências profissionais também podem ser grandes. Philippe, por exemplo, tomou a iniciativa de propor uma série de melhorias que ele achava que afetariam consideravelmente os resultados de suas instalações. Na saída da reunião com a alta administração, seu chefe lhe disse sem rodeios: "Espero que você esteja certo, porque, caso contrário, sua carreira aqui chegou ao fim".

Agora, pense na decisão de abrir um negócio. Podemos enaltecer os empreendedores e é fácil pensar em histórias famosas de sucesso, mas a verdade é que o empreendedorismo é um caminho repleto de riscos de fracasso. Um estudo que analisou startups ao longo de mais de trinta anos constatou que apenas cerca de 50% das novas empresas sobrevivem por cinco anos.[14] É isso mesmo. As chances de um novo negócio sobreviver por alguns anos são praticamente iguais às chances de tirar cara no cara ou coroa.

A maioria de nós pode desconhecer as estatísticas específicas, mas estamos cientes dos riscos de colocar tudo na reta. Quase 80% dos respondentes do Índice de Atos Corajosos no Trabalho consideram abrir um novo empreendimento um ato de grande coragem, apesar de poucos terem começado um negócio. De acordo com um estudo recente, entre os empreendedores, tanto os novos quanto os mais experientes, "quase todos os entrevistados consideraram a coragem um fator importante para iniciar um negócio".[15] Lia, que fez isso quando seu filho tinha apenas 7 meses de idade e o marido ainda estava na faculdade, com certeza se sentiu assim. Mas ela acreditava que era o momento certo e, "apesar do medo do fracasso e dos transtornos para a família, fui em frente".

Rashida também mergulhou de cabeça e fundou uma empresa em parceria. Apesar de não ter experiência no empreendedorismo, ela abriu mão da estabilidade de seu emprego e assumiu a presidência da nova organização. Ela elaborou planos de negócios, delineou uma estratégia clara e aprendeu na prática todas as outras etapas necessárias para obter financiamento e fazer a organização decolar. Ela estava empolgada com a ideia de administrar uma fábrica de última geração e levar bons empregos a uma cidadezinha que precisava desesperadamente deles. O trabalho, contudo, foi extremamente estressante para ela. Ela literalmente adoecia de medo antes e durante certos eventos (por exemplo, fazer apresentações a investidores potenciais) e sofreu emocionalmente com o que os psicólogos chamam de "síndrome do impostor" — a crença de que ela não era inteligente ou talentosa o suficiente e que as pessoas logo descobririam que ela era uma fraude.[16] Mesmo assim, ela persistiu, orientada pelo ditado: "Se não agora, quando? Se não eu, quem?".

Você não precisa abrir nem administrar uma empresa para colocar muito em risco ao seguir um novo plano de carreira. Você pode, por exemplo, abrir mão de um emprego perfeitamente estável e seguro para ir trabalhar em outra organização ou até para mudar de profissão. Vejo muito isso acontecer no meu trabalho com pessoas que reconhecem que não estão felizes ou realizadas em sua ocupação atual e investem em um programa de pós-graduação ou um curso de educação executiva para fazer uma grande mudança profissional. Se você acha que é fácil, pense novamente. Para muitas pessoas, essa escolha implica colocar em risco boa parte do capital social e político que passaram décadas acumulando, bem como possivelmente perder boa parte dos benefícios e da remuneração que ganham hoje. "Recomeçar do zero" em busca do crescimento é um ato ao mesmo tempo digno de mérito e arriscado — as características definidoras de um comportamento corajoso.

Defendendo os posicionamentos mais difíceis

Analisamos uma série de comportamentos difíceis neste capítulo e no anterior. Antes de prosseguir, vamos analisar alguns outros que estão entre os mais difíceis de todos. Eles envolvem escolhas de colocar em risco, restringir ou abrir mão de relacionamentos ou benefícios importantes para defender seus princípios, sabendo muito bem que essas ações implicam consideráveis sacrifícios e riscos. (Veja o quadro "Defendendo posicionamentos difíceis".)

Em algumas situações, você precisa parar de falar e começar a agir se quiser exemplificar em vez de apenas discursar a favor de certos valores. Vejamos a experiência de Gina, que era a única mulher em uma startup que só tinha dois especialistas técnicos, ela e um colega homem. Em uma reunião com investidores potenciais que poderiam ter fornecido fundos para sua empresa crescer por quase um ano, um dos investidores saiu pelo escritório da empresa durante um intervalo e, sem qualquer outra razão aparente além de seu gênero, parou na mesa dela e lhe pediu para ir comprar um café para ele no Starbucks. Ao ouvir isso, o CEO de Gina interveio, explicou que não era a função dela na empresa e se ofereceu para ir comprar o café ele mesmo. A alta administração da empresa de Gina decidiu recusar o investimento oferecido. Para ela, a decisão de abrir mão dos fundos em um momento tão arriscado para a empresa foi "profunda". "Eles optaram por recusar o dinheiro porque queriam criar uma organização em que qualquer funcionário seria valorizado, protegido e representado", ela me disse.

DEFENDENDO POSICIONAMENTOS DIFÍCEIS

- Recusar-se, em defesa de um princípio moral, a aceitar ou continuar a aceitar dinheiro, negócios, um contrato ou uma associação com um cliente ou parceiro externo.
- Aceitar salários ou funções reduzidos ou se recusar a aceitar salários ou funções maiores com base em seus princípios.
- Pedir demissão para defender um princípio.
- Denunciar atos ilegais ou antiéticos a alguém ou alguma entidade fora da organização como o último recurso.

Em outra organização, Connie pediu demissão porque estava cansada de ser assediada por clientes. Ela era a primeira gerente de contas em um setor dominado por homens e simplesmente não aguentava mais. Em vez de aceitar seu pedido de demissão, a liderança da empresa interveio e cancelou o contrato com o cliente. Em seguida, eles não só deram apoio profissional para ajudar Connie a superar o abuso que ela sofreu como também ofereceram um robusto treinamento sobre assédio para todos os funcionários. Um dos resultados foi que, em poucos anos, Connie estava longe de ser a única gerente de contas mulher da empresa.

Pode ser que nem toda habilidade ou paciência do mundo nos possibilite defender nossos princípios ou pessoas com quem nos importamos no trabalho. Nesses casos, a única opção corajosa que nos resta é virar as costas e não olhar para trás. Vejamos o exemplo do sacrifício que Karim optou por fazer. Ele liderava o segmento regional de luxo de uma rede de hotéis e seu departamento operava com "lucros sem precedentes" na área, superando em muito as metas de receita. Mesmo assim, ele recebeu ordens para fazer um corte de 30% nos cargos de gestão. "Faça o que estamos mandando sem perguntas!", foi o comando vindo de cima. Karim achou que a decisão era injusta considerando o desempenho extraordinário de sua equipe e escreveu uma carta dizendo que o processo de redução começaria com sua renúncia. "Se vocês insistirem em ganhar ainda mais", ele basicamente disse aos chefes, "podem começar economizando com o meu salário". No fim, a decisão de Karim de pedir demissão para defender seus princípios salvou o emprego de onze dos dezoito gerentes que a alta administração queria que ele mandasse embora.

Terry Sue Barnett, a xerife do condado de Nowata, no estado americano de Oklahoma, também pediu demissão quando não conseguiu mais suportar as condições de seu ambiente de trabalho. Barnett transferiu os detentos da prisão local ao concluir que não era seguro para eles (nem para os funcionários) ficar lá depois de um vazamento de monóxido de carbono registrado no nível 18 (sendo que o nível 20 é letal). "Não posso", disse ela na época, "moral ou legalmente colocar em risco a vida dos detentos".[17] Quando um juiz ordenou que ela reabrisse a prisão mesmo com o caso ainda em curso, ela, cinco de seus assistentes e vários outros membros da equipe renunciaram em protesto em vez de acatar a ordem. Além do problema do monóxido de carbono, ela apontou outros que não tinham sido adequadamente tratados, como fiação exposta nos chuveiros e em vários outros pontos causando choques elétricos nos detentos durante o banho, mofo por toda parte e encanamentos de esgoto inadequadamente instalados que por vezes enchiam a prisão de gás metano. Ao explicar sua decisão, Barnett disse que, quando foi eleita para o cargo, proferiu um juramento de "fazer a coisa certa" e não admitia "ter esperança e rezar para nada de mau acontecer" como uma atitude aceitável diante de uma situação moralmente ofensiva e perigosa.[18]

É claro que pedir demissão não é a única maneira de fazer um grande sacrifício em defesa de seus princípios ou das necessidades dos outros. Você pode aceitar um salário mais baixo ou um rebaixamento de função ou recusar um aumento salarial ou um cargo mais alto. Jared, por exemplo, aplaudiu o comportamento de seu CEO em meio a uma crise econômica. Em vez de instituir um rigoroso plano de austeridade para todos, o CEO "foi altruísta e decidiu sacrificar seu bônus nos próximos dois anos". Ele também encorajou (mas não exigiu) que seus subordinados diretos abrissem mão de seus bônus. Outros líderes seniores odiaram a ideia e chegaram a fazer uma petição ao conselho de administração para substituir o CEO, que se limitou a reiterar a tomada dessa decisão pelo bem da empresa como um todo e, mais especificamente, levando em consideração os funcionários com salários mais baixos (como o pessoal do depósito). O CEO manteve seu emprego e ainda conquistou uma enorme lealdade dos funcionários, que viram o moral subir às alturas e melhoraram muito o desempenho.

Vamos terminar com um exemplo que costuma ser considerado um dos mais corajosos: denunciar o comportamento ilegal ou antiético a alguém ou alguma entidade externa à organização. Apesar de, em algumas situações, esse ser o único caminho que resta para tentar evitar danos aos outros (nove em cada dez denunciantes relatam primeiro a autoridades internas) ou para conseguir se olhar no espelho, não dá para fingir que os riscos são pequenos.[19] Uma vez que levar uma denúncia grave para fora da organização, você será visto como desleal ou um traidor por muitos detentores de poder. Em suma, se você for visto como um antígeno estranho — um vírus que ataca o sistema —, a resposta imunológica da organização provavelmente será tentar expulsá-lo, se possível.

Apesar da dificuldade de obter estatísticas precisas, as evidências disponíveis sugerem que represálias contra denunciantes ainda são bastante comuns (apesar da promulgação de leis mais rigorosas para protegê-los).[20] Você tem grandes chances de perder o emprego e, se isso não acontecer, de enfrentar outros tipos graves de retaliação.[21] Por exemplo, ser ignorado por superiores e colegas ou até ser vítima de abusos verbais, deixar de receber oportunidades, ser transferido ou rebaixado, além de inúmeras outras formas de assédio ou tratamento injusto.[22] Veja, por exemplo, o que aconteceu com Courland Kelley, que acabou processando a GM depois de identificar e denunciar graves defeitos no modelo Cavalier da Chevrolet e sempre encontrar resistência por parte da empresa a tomar as ações corretivas necessárias. Quando o caso foi arquivado por razões processuais, a carreira de Kelley na GM começou a sofrer. Ele foi transferido a um cargo com poucas responsabilidades e sofre com problemas de saúde desde então.[23]

Ainda assim, ele acredita que não tinha outra escolha ética. O que é tão interessante quanto inspirador nos denunciantes é que, mesmo quando as coisas não vão bem, a maioria continua convencida de que suas ações foram importantes e necessárias.[24] Eles tentaram salvar vidas, evitar fraudes e atingir outros objetivos nobres. Apesar de ter de enfrentar todo tipo de perda, eles podem viver com paz de espírito. Para alguns, seu único arrependimento é o fato de não terem feito a denúncia antes.[25]

Colocando tudo em risco para defender seus valores

Não vamos fingir que os atos descritos neste capítulo são fáceis. Como qualquer comportamento considerado corajoso, os que analisamos nem sempre deixam em uma boa situação a pessoa que os realiza. Elas podem sofrer retaliação ao confrontar colegas ou subordinados, especialmente quando a situação envolve denunciar algum ato extremamente impróprio ou antiético.[26] Pense na situação enfrentada por Zeb quando seu colega fez comentários racistas no bar. Será que é tão difícil acreditar que mais da metade de nós teria dificuldade de confrontar esse tipo de ação na hora? Tomar essa atitude não resolve o problema automaticamente e até pode fazer com que você se torne um alvo.[27]

As pessoas também podem perder clientes por defender um princípio moral. Uma jornalista esportiva, por exemplo, me contou que seu jornal (sediado em uma região conservadora do país) perdeu assinantes quando ela começou a publicar artigos sobre atletas homossexuais saindo do armário. E, como já discutimos, as pessoas podem ficar envergonhadas quando saem de sua zona de conforto emocional e comportamental e sofrem consequências materiais quando suas tentativas de tomar decisões ousadas, mudar de emprego ou abrir um novo negócio não têm sucesso.

Então, por que alguém escolheria fazer esse tipo de coisa? Porque, se você for um líder, não fazer essas coisas tem uma grande desvantagem. Por exemplo, se um subordinado estiver apresentando um baixo desempenho e você sistematicamente deixar de confrontá-lo com repreensões informais ou sanções formais, perderá o respeito de todos os outros. Eles vão concluir que você é um covarde e um mau chefe. Mesmo se você ocupar um cargo de liderança formal, deixar de se engajar nos comportamentos discutidos neste capítulo tem um custo. As pessoas vão notar e achar que você é cúmplice ("Ele ouve as fofocas e nunca diz nada. Ele deve ser um fofoqueiro também") ou inseguro demais a ponto de evitar os conflitos a qualquer custo ("Não acredito que ela deixa que as pessoas a tratem assim"). Vejamos as duas histórias a seguir.

O policial Joseph Reiman foi visto esmurrando um adolescente após um acidente de trânsito, e seu comportamento foi gravado em vídeo.[28] Descobriu-se que Reiman tinha acumulado uma longa ficha de abuso de força no pouco tempo pelo qual ocupou o cargo e já era conhecido entre os colegas por isso, de acordo com dezenas de pessoas entrevistadas pela NJ Advance Media. Três colegas policiais foram gravados falando abertamente sobre o comportamento de Reiman: "Não dá para justificar nem defender esse tipo de coisa".[29] Mas será que eles, ou algum outro colega, tomaram alguma providência para impedir Reiman de trabalhar em contato direto com a população? Não. Foi preciso uma ação judicial, jornalistas, testemunhas e imagens de uma câmera de segurança para fazer isso acontecer. É muito difícil para policiais denunciarem os colegas, dada a cultura de lealdade na qual trabalham, com os riscos de ser socialmente isolados e até fisicamente agredidos? Com certeza. Seria um ato de grande coragem. Nenhum policial denunciou o colega. Se parece que você já ouviu essa história antes, é porque foi basicamente o que aconteceu no assassinato de George Floyd por um policial que tinha acumulado um longo histórico de reclamações, mas não enfrentou qualquer medida disciplinar mais rigorosa e continuou trabalhando na rua.[30]

Por outro lado, vejamos esta história sobre Mark Herzlich, um jogador do New York Giants, um time de futebol americano da NFL. É um esporte movido a testosterona, e a violência é ao mesmo tempo exigida e celebrada. É também um mundo em que se encaixar com os colegas na cultura do vestiário é tão importante quanto em qualquer contexto de trabalho. Mas, quando Herzlich ouvia piadas ou outros comentários depreciativos sobre mulheres, ele intervinha dizendo aos colegas que a piada não tinha graça ou não era apropriada. Herzlich, que era casado com uma mulher que fora vítima de abuso físico e emocional na infância, se tornou um dos defensores mais enérgicos na NFL da conscientização dos jogadores sobre a violência doméstica. Sua mensagem era: "Os homens precisam confrontar os outros homens". Ele acredita que os homens não só precisam tratar bem as mulheres como também precisam ter coragem de "cobrar que os outros tratem as mulheres como elas merecem ser tratadas".[31]

Nessas duas histórias, as pessoas arriscaram ser vítimas de rejeição social e até violência física, caso os colegas que elas confrontaram no trabalho não ficassem a seu lado. Você tem alguma dúvida sobre quem consideraria mais corajoso: as pessoas que ouviram em silêncio um colega de trabalho se gabando de ter cometido violência excessiva ou a pessoa que confrontou os parceiros sobre a linguagem degradante que eles usavam para se referir às mulheres? Com quem você preferiria ser comparado?

Vamos concluir voltando ao ponto de partida deste capítulo — com as escolhas que Darnell teve de tomar assim que ficou sabendo que um de seus funcionários disse coisas racistas e ofensivas sobre ele. Magoado e com raiva, Darnell conversou com o RH, que lhe deu uma resposta hesitante. Apesar de não defender os comentários racistas do funcionário, o gerente de RH disse coisas como: "É complicado, porque não foi na empresa, não foi no horário de trabalho e ele não estava usando dinheiro da empresa...". O gerente de RH também observou que o funcionário teve um bom desempenho por quase duas décadas.

Depois de ouvir essa linha de argumentação por um tempo, Darnell interrompeu: "Ou ele sai, ou quem sai sou eu". O gerente de RH disse que entendia e que logo entraria em contato com uma resposta.

No dia seguinte, o RH disse a Darnell que a empresa não via problema em demitir o infrator, e foi o que Darnell fez. Quando ele demitiu o funcionário, este ficou chocado, mas não negou o que disse nem se desculpou.

Refletindo anos depois sobre o ultimato que deu ao RH, Darnell disse: "Além dos meus próprios sentimentos, eu achava que tinha a obrigação de fazer alguma coisa pelos três funcionários que me procuraram. Se eu não tivesse demitido aquele cara, teria deixado meus outros subordinados na mão". Suas reflexões exemplificam a essência da ação corajosa: a disposição de assumir riscos consideráveis para defender seus valores. Ele explicou:

> As pessoas que me veem agora, na posição em que estou hoje, podem achar que foi fácil para mim. Mas, na época, eu ainda era jovem, e vinha de uma família muito pobre. Eu tinha poucos anos na empresa e planejava ficar pelo menos mais alguns para construir minha carreira. Teria sido péssimo se, em vez de me deixar demiti-lo, a companhia tivesse dito: "Tudo bem, Darnell, então quem sai é você". Mas "colocar tudo em risco pelos seus valores" requer esse tipo de coisa. Você se dispõe a correr riscos concretos ou só quando já tem os recursos financeiros para facilitar sua escolha?

E você?

Neste capítulo, vimos muitos outros exemplos inspiradores de coragem no trabalho. Só que não basta ficar admirando a coragem dos outros. Esse é só o ponto de partida para nos darmos conta de que todos nós podemos — e provavelmente devemos — agir com mais coragem. Nem sempre você vai poder deixar a responsabilidade para outra pessoa. Afinal, se todo mundo pensasse assim, ninguém nunca tomaria uma atitude!

Se você ainda não respondeu ao questionário do Índice de Atos Corajosos no Trabalho, no fim deste livro, sugiro que o faça antes de prosseguir. Quando terminar, reflita sobre suas respostas referentes aos comportamentos abordados neste capítulo. Em que medida você acha que esses são corajosos no seu ambiente de trabalho? Você acharia muito difícil praticá-los? Com que frequência você efetivamente os realiza quando tem a chance? Você acha difícil ter coragem porque tende a ser "bonzinho" em vez de dizer o que pensa no trabalho? Ou, por outro lado, você pratica alguns dos comportamentos abordados no capítulo, mas com tanta severidade ou frieza que as pessoas rejeitam sua mensagem mesmo se ela for válida?

Seja sincero consigo mesmo. Suas respostas a essas perguntas só terão utilidade na medida em que refletirem a realidade. E tudo bem admitir que, por alguma razão, você tem dificuldade de praticar a coragem, seja porque odeia confrontos, não sabe bem o que dizer nem como dizer, não quer prejudicar os relacionamentos ou por qualquer outra razão. Ainda estou para conhecer uma pessoa que alega achar fácil aplicar com sucesso tudo o que estamos discutindo aqui.

Lembre-se

- As oportunidades de agir com coragem no trabalho não representam apenas riscos financeiros ou outros profissionais. Esses riscos também podem ser sociais, psicológicos ou físicos.
- As interações com stakeholders de todo tipo podem apresentar oportunidades de agir com coragem. Mesmo quando estamos só "fazendo o nosso trabalho", decisões e conversas com subordinados, colegas, clientes e outros grupos muitas vezes são consideradas arriscadas e difíceis a ponto de serem evitadas e não ocorrerem com frequência.
- Não há quem não defenda o valor do crescimento pessoal e da inovação organizacional, mas os comportamentos que levam a isso costumam exigir muita coragem, de modo que não são muito praticados. No entanto, os que aceitam o desafio não costumam se arrepender.
- As oportunidades de praticar a coragem no trabalho muitas vezes são chances de colocar seus valores em risco ou, como diz Patrick Lencioni, "dar algum sentido aos seus valores". Se não aceitar a dor ou a perda que pode resultar da defesa de seus valores, você só estará falando da boca para fora. Ou seja, você diz que tem esses valores mas não os coloca em prática.[32]

Capítulo 4

Construa a sua escada da coragem

Se você chegou até aqui, concorda que precisamos de atos mais corajosos, inclusive por parte de pessoas como você e eu, e fez uma autoavaliação inicial, é hora de começar a pensar a sério sobre seus próximos passos.

É indispensável para esta jornada aceitar o fato de que saber agir em situações estressantes requer prática... muita prática. Você precisará expor-se aos riscos que vem evitando porque a única maneira que conheço de chegar ao outro lado de seus medos é passando diretamente por eles.

Para dar início à nossa trajetória, sugiro que você construa a sua própria escada da coragem — uma espécie de mapa para ajudar a decidir como começar e aonde você quer chegar nesta jornada. Veremos como definir uma meta inicial para começar na base da escada, aumentando suas chances de dar os primeiros passos e reforçar sua autoeficácia — ou seja, a convicção de que você vai ser capaz de atingir seu objetivo — e sua motivação para continuar subindo.

Habituar-se com a exposição planejada

Em meus estudos, notei que a capacidade de agir com coragem não vem de uma característica excepcional que só alguns poucos seletos possuem. Todos nós podemos desenvolver essa capacidade se nos comprometermos a aprender e praticar as habilidades relevantes. Seu primeiro passo corajoso pode ser assumir esse compromisso agora.

Pratique, pratique e pratique um pouco mais

Aristóteles argumentou que a coragem é uma virtude moral que se desenvolve pelo hábito, e as meticulosas pesquisas do psicólogo Stanley Rachman em ambientes militares quase dois mil anos depois provaram que o filósofo estava certo. Rachman e seus colegas demonstraram que aspirantes a paraquedistas aprendem a agir com menos medo e com êxito apesar deste temor, e isso por causa da prática repetida com bons instrutores em um ambiente que lhes dá muito apoio. Em resumo, os estudos de Rachman "apontam para a enorme influência de um treinamento adequado".[1] Essa conclusão se alinha com a constatação posterior do psicólogo moral Kurt Gray ao descrever pessoas que realizam coisas extraordinárias a serviço dos outros: o próprio ato de fazer o bem ganha força porque nos faz sentir mais dispostos e capazes de enfrentar o desconforto envolvido.[2]

Por um lado, isso nos dá esperança. Por outro, não temos mais como justificar nossa inação. Não podemos dizer que deixamos de ganhar alguma loteria genética e ficar de braços cruzados esperando que os outros façam alguma coisa. Na verdade, mesmo quando alguém parece ter nascido com coragem, provavelmente não é o caso. Por exemplo, como conta a historiadora Doris Kearns Goodwin, quando (o então futuro presidente dos Estados Unidos) Theodore Roosevelt passou um tempo no Oeste indomado no fim dos anos 1800, ele temia todo tipo de coisa, desde animais selvagens até pistoleiros. Foi só quando "se forçou a fazer a coisa mais difícil ou até perigosa" que ele conseguiu cultivar sua coragem "como um hábito, esforçando-se continuamente e exercitando a força de vontade".[3] Mais tarde, observadores se referiram à sua "coragem invencível" como uma característica aparentemente "arraigada em seu ser", desconhecendo o quanto ele se empenhou para "tornar-se destemido pela pura prática do destemor".[4] O objetivo de Roosevelt não foi enganar ninguém apresentando um imagem falsa de si ao público. Ele quis encarar seus medos na esperança de inspirar os outros a criar coragem também.

Só que é mais fácil simplesmente colocar as pessoas corajosas em um pedestal como uma maneira de justificar nossa inação. Na verdade, tendemos a achar que é fácil para os outros atingir a competência em qualquer área. O psicólogo Anders Ericsson e seus colegas passaram décadas estudando indivíduos de alta performance e descobriram que a característica que os diferencia são seus anos de prática. As representações mentais e habilidades específicas dos experts não são desenvolvidas apenas pensando em fazer algo, explicam Ericsson e o Robert Pool, escritor especializado em temas científicos, mas "tentando fazer algo, fracassando, se ajustando e tentando de novo, repetidas vezes".[5] Justin Stone, o famoso instrutor americano de tai chi usou o ditado chinês "Não dá para matar a fome lendo um cardápio" para lembrar seus alunos que eles não têm como melhorar as habilidades de relaxamento pensando ou lendo a respeito.[6] Segundo ele, nada substitui a prática. Todos os dias.

Praticar implica expor-se

O finado John Lewis e seus colegas não nasceram prontos para demonstrar a resistência pacífica ao ódio e à discriminação. Muito antes de suas passeatas, protestos sentados e caminhadas pela liberdade, eles começaram praticando, repetidamente, as técnicas não violentas que pretendiam empregar em resposta aos ataques verbais e físicos que sabiam que teriam de enfrentar. Suas reações tiveram de ser aprendidas e internalizadas. "Aprendemos a não revidar", lembrou Lewis. "Nós estudamos. Praticamos encenação de papéis. Fizemos exercícios simulando situações de conflito. Adotamos a filosofia e a disciplina da não violência como um modo de vida, como um estilo de vida."[7] Feito isso, eles praticaram um pouco mais.

O que John Lewis e seus colegas fizeram confirma décadas de pesquisas sobre a "terapia de exposição". O conceito (para não dizer a prática!) é simples: a melhor maneira de reduzir o domínio emocional de algo que nos atemoriza é nos expor aos poucos a essa ameaça, repetidas vezes, para praticar maneiras de lidar com ela e, desse modo, reduzir seu poder sobre nós. A terapia de exposição é o tratamento mais usado pelos psicólogos e o mais eficaz para tratar o medo e a ansiedade em várias áreas diferentes.[8] Constatou-se que a prática ajuda a reduzir temores persistentes e paralisantes de todo tipo, desde o medo de cobras até o de falar em público.

O objetivo final da exposição é a habituação — uma redução da resposta fisiológica ou emocional que antes podia causar tanto incômodo a ponto de nos paralisar. Por exemplo, você pode morrer de medo de dizer o que pensa a seu chefe. Quem sabe porque seu pai gritou muito com você na infância ou você viu líderes da sua organização esbravejar com as pessoas que ousaram questioná-los. Talvez seu chefe atual nunca tenha gritado com você, mas você simplesmente não consegue se livrar do medo que o acomete só de pensar em discordar dele. Seu cérebro associa "dizer o que eu penso aos detentores de poder" com "perigo", e você nunca vai se livrar desse problema se não conseguir dizer o que pensa a pessoas que estão acima de você de maneiras que reduzam sua resposta fisiológica automática ao medo ou lhe mostrem que você vai sobreviver apesar dessa sensação. Repetindo uma verdade incômoda, porém importante: só vai ser mais fácil questionar a autoridade se você começar a fazer isso e provar a si mesmo que não é tão terrível quanto imagina.

É claro que, se você resolver confrontar uma autoridade e tiver uma experiência terrível, seu medo ficará ainda mais reforçado. Por isso que é importante dar passos pequenos e controlados para reduzir a resposta fisiológica e psicológica. Não dá para simplesmente entrar na sala e pegar a cobra que o aterroriza. Seu primeiro passo pode ser apenas entrar na sala e respirar fundo a três metros de distância da cobra presa em uma gaiola. Com o tempo, você se acostumará com a sensação e conseguirá se aproximar um pouco mais. Antes disso, você pode aprender algumas técnicas cognitivas para superar o medo que ameaça dominar o resto do seu cérebro.

O mesmo pode ser dito de superar o medo de dizer o que pensa ou de botar tudo a perder ao fazer isso: comece pequeno e vá avançando em direção a situações mais desafiadoras. Como não seria produtivo continuar enfrentando situações cada vez mais desafiadoras sem aprender novas habilidades pelo caminho, analisaremos em profundidade essas competências nos próximos capítulos. Algumas são métodos para administrar suas *respostas fisiológicas* automáticas, outras envolvem a maneira como você *pensa* sobre situações estressantes, e muitas dizem respeito a seu *repertório comportamental*. Este último grupo — seu kit de ferramentas comportamentais — é especialmente importante porque lidar com conversas ou decisões difíceis no trabalho geralmente requer uma variedade mais ampla de comportamentos do que se aproximar aos poucos de uma cobra (dar um passo à frente; colocar a mão na gaiola; e assim por diante). Como veremos, muitos dos comportamentos que você vai querer aprender e praticar são os que muitas vezes não sabemos adotar nem em situações de pouco estresse.

Pode não haver problema algum em simplesmente evitar alguma situação quando não nos importamos com os resultados (por exemplo, não vai fazer muita diferença na minha vida se eu superar meu medo de morcegos), mas "fugir" de situações que têm consequências importantes na nossa vida chega a ser pior do que imaginamos. Não é só ter permitido o problema persistir e lidar com a decepção ou a vergonha de, mais uma vez, ter deixado de fazer algo importante. Pior ainda, estamos *reforçando* nosso medo. O problema é que aquela sensação agradável resultante de termos evitado uma situação fortalece nossa crença de que essa de fato era terrível demais para ser enfrentada. Não costumamos perceber na hora, mas nosso alívio pode aumentar o contraste com "a situação terrível e assustadora". Segundo o psiquiatra Joseph

Strayhorn, "Fugir de uma situação temida tende a reforçar o medo, ao passo que a exposição prolongada (especialmente com a prática de enfrentá-la com coragem) tende a reduzi-lo".[9]

Imagine a situação: você está em uma reunião na sala do seu chefe e quer dizer algo a ele, mas está com tanto medo que acaba ficando em silêncio. Você termina logo a reunião, volta à sua sala e se ocupa de alguma coisa para se distrair e relaxar. O que você fez foi fortalecer ainda mais duas associações no seu cérebro: (1) meu chefe na sala dele = assustador; (2) eu sozinho na minha sala = seguro. Você acabou de reforçar sua crença de que não é capaz de lidar com uma conversa franca com seu chefe *e* sua tendência a recuar.

Construa a sua escada da coragem

Sugiro que você comece construindo uma escada da coragem como a mostrada na Figura 4.1. Nos degraus inferiores, coloque coisas que lhe parecem um pouco arriscadas e difíceis, mas que você consegue se imaginar começando a praticar pelo menos em alguma extensão e em pouco tempo. Nos degraus superiores, ponha aquilo que você adoraria fazer com mais frequência ou melhor, mas que lhe parece muito arriscado ou além das suas possibilidades por enquanto.

Todos nós podemos nos beneficiar desse exercício porque qualquer pessoa tem medo ou se intimida com a perspectiva de fazer algumas coisas em determinadas situações. Acho que M. Scott Peck transmitiu a ideia com perfeição: "A ausência de medo não é a coragem; a ausência de medo é algum tipo de dano cerebral. Coragem é a capacidade de seguir em frente apesar do medo ou do sofrimento".[10] Portanto, deixe de lado qualquer autocrítica negativa, deixe de lado a preocupação de que só você é vulnerável (não é verdade!) e comece.

Não pense se os degraus de sua escada são fáceis ou difíceis para os outros. A escada é sua. Não ajuda em nada ficar se criticando por achar que o que é difícil para você pode ser muito fácil para os outros.

De qualquer maneira, são grandes as chances de não ser o caso. Se tem uma coisa que eu aprendi sobre os medos e a falta de habilidades que inibem os comportamentos discutidos neste livro é que muitos sentem a mesma coisa. Para qualquer comportamento que você esteja pensando em incluir na sua escada, posso garantir que muitas outras pessoas também o incluíram.

FIGURA 4.1 *Minha* escada da coragem

Também é verdade que, tirando alguns poucos comportamentos extremamente difíceis — como nos colocar em grande risco físico ou revelar ao público o comportamento ilegal ou antiético de detentores de poder —, a ordem dos itens na escada das pessoas varia muito. Alguns anos atrás, pedi que um grupo de estudantes de administração da Universidade Cornell avaliasse a coragem necessária para adotar uma série de comportamentos relacionados ao trabalho. As respostas para cada um (cerca de vinte) variaram de "nenhuma coragem" a "coragem extrema". É por isso que você precisa construir *a sua própria* escada. Com certeza você possui uma, mas não tenho como lhe dizer quais são os seus degraus.

Para você ter uma ideia de como seria uma escada da coragem, veja a Figura 4.2. Adam tinha chefes muito competentes e que lhe davam muito apoio. Como ele é relativamente jovem, seus medos relativos à autoridade têm mais relação com fazer coisas que demonstrem desrespeito pelo tempo de casa e pelo conhecimento profissional dos chefes do que confrontá-los por fazer coisas que ele considera erradas ou inadequadas. Por isso, no caso dele, requer um pouco de coragem estender-se além dos limites técnicos de seu cargo. E Adam acha que requer um pouco mais de coragem confrontar seu chefe sobre as políticas ou práticas operacionais, porque acredita que está longe de ter a mesma experiência que o chefe. Ele pensa que seria ainda mais difícil admitir a um superior que cometeu um erro, porque é um perfeccionista que odeia decepcionar as pessoas e não suporta a ideia de parecer incompetente. Mas, como Adam tem muita necessidade de ser aceito — e porque ele considera seus colegas a melhor e mais importante parte de seu trabalho —, fica aterrorizado só de pensar em confrontá-los sobre algo que eles estão fazendo de errado. Por isso, ele colocou esse medo no topo de sua escada da coragem.

Marty, por sua vez, colocou confrontar os colegas no degrau mais baixo. Ele não gosta da ideia de fazer isso e sabe que, se não tiver cuidado ao abordá-los (já que eles podem facilmente dizer "Você não é o meu chefe", mas usando termos não tão educados), as coisas podem dar muito errado. Mesmo assim, ele acha que isso é mais uma chateação do que algo aterrorizante. O que Marty mais teme são interações difíceis com *sua chefe* e outros superiores. Ele sabe que esses temores têm raízes na infância, já que seu pai nunca aceitou ser confrontado.

FIGURA 4.2 Dois exemplos de escada da coragem

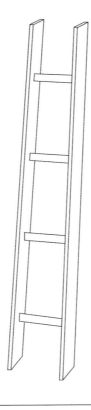

A escada da coragem de Adam

Confrontar o(s) colega(s) sobre a inadequação da qualidade, quantidade ou prazos do trabalho deles

Admitir que cometeu um grande erro ao chefe ou a outros superiores

Contestar o superior direto sobre políticas ou práticas estratégicas ou operacionais

Atuar com mais autonomia do que o previsto na descrição do cargo ou pelas autoridades da organização

A escada da coragem de Marty

Manifestar-se ou confrontar sua chefe sobre seu comportamento antiético ou ilegal

Confrontar sua chefe sobre um comportamento desrespeitoso, ofensivo, pouco profissional ou impróprio

Contestar um superior de sua chefe sobre políticas ou práticas estratégicas ou operacionais

Confrontar o(s) colega(s) sobre a inadequação da qualidade, quantidade ou prazos do trabalho deles

Além disso, Marty teve uma série de chefes egocêntricos e inseguros, e seu corpo grita "perigo" só de pensar em qualquer tipo de interação difícil com os superiores. Ele acha que sua chefe aceitaria bem conversar sobre estratégia ou políticas operacionais porque não é ele quem define essas coisas. Mas, quando pensa em confrontá-la sobre algumas coisas inadequadas que ela às vezes diz ou faz, especialmente aquelas que para Marty cruzam os limites éticos ou talvez até legais, seu corpo reage com tanto medo que lhe parece impossível se engajar nesses comportamentos.

Para ajudar a definir e organizar os itens de sua escada, você pode repassar suas respostas ao Índice de Atos Corajosos no Trabalho. Quais itens exigiriam muita coragem *para você*? Ou tire um tempo para pensar nas últimas chateações ou reclamações que você teve no trabalho sobre as quais conversou com colegas ou com a família, mas não com a pessoa envolvida ou com quem poderia efetivamente ajudar. Nossa lista de "coisas que falamos pelas costas" costuma incluir bons itens para nossa escada da coragem.

Para ser prática, a versão final de sua escada da coragem precisa ser *específica*, porque não agimos com base em um tipo de comportamento, mas em ocorrências específicas dele. Por exemplo, se você acha que "confrontar colegas para dizer que eles estão fazendo um trabalho inadequado" requer coragem, anote o nome de alguém específico e o tipo ou ocorrência específica de trabalho inadequado. Para definir seus próximos passos concretos, a escada da coragem inicial de Marty precisa ser convertida em uma como a da Figura 4.3.

Para ter certeza de que você colocou os comportamentos na ordem certa e, ainda mais importante, que incluiu na base da escada itens que você realmente consegue se imaginar fazendo em pouco tempo, pode ser interessante atribuir a cada comportamento um número indicando em que medida você acha que seria difícil praticar esse comportamento agora. Você pode usar a escala desenvolvida pelo psiquiatra Joseph Strayhorn, que atribui um número de 1 a 10 representando as "unidades subjetivas de angústia" que você associa agora a cada ato.[11] Não se preocupe em ser absolutamente preciso. A ideia é só fazer estimativas que só você vai ver.

Marty, por exemplo, talvez considere que dizer a um colega que esse precisa melhorar a qualidade de seus relatórios merece uma nota 4, e talvez dê às interações com os chefes as notas 7, 9 e 10, respectivamente. Isso pode levar Marty a incluir alguns outros comportamentos em sua lista — talvez um ainda mais fácil do que 4 para se comprometer a praticá-lo em breve e talvez algo entre 4 e 7 para ir galgando a escada aos poucos sem ter de dar um salto muito grande entre falar com o colega e confrontar um superior. Ele pode se perguntar: "Qual é a conversa mais fácil que posso ter com a Janice [a chefe dele] mas que ainda me intimida um pouco?" para incluir em sua escada um comportamento dirigido a um chefe e que tenha uma pontuação menor que 7.

FIGURA 4.3 A escada da coragem *específica* de Marty

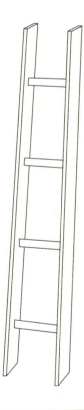

Dizer a Janice que pode ser ilegal reservar e enviar produtos antes da assinatura formal dos contratos, como ela faz

Ter uma conversa com Janice para dizer que ela tende a ser muito controladora e a humilhar a equipe quando está estressada

Conversar com Linda [a chefe da minha chefe] sobre a nova política de viagens que ela instituiu e que está causando ressentimento e levando algumas pessoas ao esgotamento

Falar com John [meu colega] sobre os relatórios de péssima qualidade que ele tem feito, me forçando a praticamente refazer o trabalho para evitar que nossa equipe tenha problemas

Atribuir notas a esses comportamentos também ajuda a monitorar seu progresso. Daqui a alguns meses, por exemplo, depois de falar com John sobre a péssima qualidade de seus relatórios e ter outras conversas parecidas com os colegas, Marty pode dar uma nota 2 a esse comportamento. E as conversas com sua chefe também podem parecer menos difíceis para ele.

Dê o primeiro passo

Você construiu sua escada. E agora? Sugiro começar subindo de baixo, como você faria com uma escada de verdade. Como no caso dos exercícios físicos, a melhor estratégia de longo prazo é iniciar com passos pequenos e factíveis.[12] Comece com sessões breves de "exercício de coragem" e vá aumentando sua capacidade aos poucos. A ideia é que os primeiros passos envolvam *algum* estresse ou desconforto. De outra forma, eles não seriam classificados como atos corajosos e você não os estaria praticando em condições que provoquem pelo menos um pouco do estresse coincidente nos comportamentos mais altos na sua escada. Se o ponto de partida for fácil demais, você pode ter escolhido batalhas que, nas palavras do ativista educacional Jonathan Kozol, são pequenas o suficiente para serem vencidas, mas não grandes o bastante para fazer diferença.[13] A ideia é definir atividades com pontuações mínimas de 2 ou 3, não 0.

Digamos, por exemplo, que você não queira mais ficar em silêncio quando vê um colega fofocando sobre a aparência de outro. Parece impossível adotar um posicionamento enérgico e público para reprovar essa atitude da próxima vez que acontecer. Mas, como nos lembra Sharyn Potter (codiretora do Centro de Pesquisa de Inovações em Prevenção da Universidade de New Hampshire) você não precisa "chegar voando com [sua] capa de Superman".[14] Uma boa ideia é começar comprometendo-se a puxar o colega fofoqueiro de lado e dizer alguma coisa em particular da próxima vez. Segundo Linda Tropp, professora de psicologia da Universidade de Massachusetts em Amherst, você nem precisa elaborar muito a explicação. Bastaria dizer tranquilamente algo como "Não gostei do comentário que você fez" ou "Não foi legal ter dito aquilo", sem demonizar a pessoa.[15] Você não precisa dar uma palestra para explicar por que não gostou do comentário ou por que não foi legal ter dito o que ela disse. Basta uma frase simples e direta. Seu colega pode não gostar do seu comentário e lhe dizer isso. Mas você vai sobreviver, e quem sabe ele tomará mais cuidado com o que diz a partir da sua atitude.

São várias as razões para começar de baixo e dar pequenos passos ao subir sua escada da coragem. Para começar, você aumenta suas chances de sucesso, já que conquistar algumas "pequenas vitórias" ajudará a desenvolver a autoeficácia (aquela sensação de que "eu consigo fazer isso"). Você está tentando mudar o que acredita que é capaz no que diz respeito aos comportamentos de sua escada, e a melhor maneira é ter alguns sucessos (tudo bem se não forem estrondosos) para enfraquecer a associação na sua cabeça entre o "comportamento X" e as "consequências negativas". Você está tentando desenvolver sua autoconfiança fazendo coisas que teme e colecionando experiências de sucesso.[16]

A prática também auxilia a superar o desconforto que acompanha as ações corajosas. Pequenos passos nos ensinam que podemos sobreviver e seguir em frente mesmo se nossos atos nos causarem uma grande infelicidade no momento. Nas últimas décadas, muito se escreveu sobre a "resiliência" e, em suma, a mensagem é que experiências difíceis não nos condenam automaticamente, mas apresentam oportunidades de sair do outro lado ainda mais fortes e mais capazes de lidar com as vicissitudes da vida.[17]

Por exemplo, digamos que você apresente uma nova ideia em uma reunião da equipe e o chefe a rejeite. Você volta para casa se sentindo péssimo, conta para sua família que seu chefe é um idiota, reclama que nunca ninguém ouve nem respeita o que você tem a dizer no trabalho e por aí vai. Você acorda no dia seguinte ainda remoendo o que aconteceu. É mesmo muito chato passar por isso. Mas, quando pensamos em experiências como essa, costumamos esquecer que *sobrevivemos a elas*. Não ficamos com sequelas irreparáveis, e o sofrimento não foi tão intenso a ponto de nos impedir de seguir em frente. Na verdade, se olharmos para a experiência como uma lição, aprendemos duas coisas: (1) o que *não* dá muito certo nesse tipo de situação e (2) que somos capazes de viver com algum grau de sofrimento e sobreviver a isso. Dê um tapinha em suas costas por ter dito o que pensa e não deixe de lembrar dessa experiência em termos de fortalecimento e crescimento, não como um fracasso. As diferenças que vemos entre as pessoas que passaram pelo mesmo revés ou dificuldade costumam ter mais a ver com a história que elas contaram a si mesmas depois do incidente do que com a experiência em si.

Dar um pequeno passo agora também reduz as chances de você ter de dar um muito maior depois porque sua inércia piorou a situação. Por exemplo, é comum os auditores encontrarem desvios relativamente pequenos das práticas contábeis aceitas. Se não relatarem esses erros por ser algo chato ou inconveniente, eles podem precisar ser heroicos depois para resolver um problema que se tornou muito maior.[18]

Deixar que os problemas cresçam antes de agir dificulta o sucesso por dois motivos. Ter de confrontar, relatar ou admitir uma situação que piorou muito aumenta as chances de as pessoas reagirem negativamente. Se você acha que alguém não vai gostar de ouvir que está fazendo algo fora dos padrões de contabilidade que poderia causar transtornos no futuro, pense em como ele reagirá se você esperar mais seis meses para dizer que ele está com uma enorme complicação contábil que está colocando a organização em um grande risco financeiro ou legal ou que pode prejudicar a reputação da empresa.

Além disso, quando não damos os passos menores antes, nossas emoções ficam tão exacerbadas que, quando finalmente decidimos agir, não sabemos como nos comportar. Tenho certeza de que você já viu pessoas que ficam desconsiderando o problema (eu mesmo já fiz isso) dizendo a si mesmas "Não é nada grave" ou "Está tudo bem" na primeira, segunda e terceira vez e depois têm uma reação exagerada e improdutiva quando a mesma coisa acontece de novo. A verdade é que nunca achamos que estava tudo bem, mas ficamos tentando nos convencer para não ter de fazer algo a respeito. Quando simplesmente não conseguimos mais tolerar o caso, somos forçados a encará-lo, só que nossas emoções já estão no nível 10, em vez do 2 ou 3 do começo.

Pequenos avanços e pequenas vitórias. Eles nos oferecem mais confiança para dar passos maiores. E nos mostram que é possível agir quando achávamos que era difícil ou perigoso demais. Eles revelam que não somos tão incompetentes ou impotentes quanto pensávamos.

E as vantagens não terminam por aqui: o que começa pequeno pode se tornar algo muito maior. Como escreveu o teórico organizacional Kark Weick, as pequenas vitórias são capazes de convencer outras pessoas de seu posicionamento e abri-las a uma mudança que cresça com o tempo.[19] Possivelmente você também acabará constatando que o que parecia ser uma situação estagnada ou, no máximo, uma pequena mudança na verdade era uma transformação que estava acontecendo sem que ninguém visse. Muitos anos atrás, eu estava frustrado porque as mudanças em que eu vinha trabalhando pareciam não vingar. Um mentor sugeriu que provavelmente tinha mais coisas acontecendo do que eu conseguia ver. "Imagine que você está tentando derrubar um muro de blocos de concreto", disse ele, "e está batendo nele com uma marreta. Dia após dia, você bate e nada parece acontecer. De repente, quando você está prestes a desistir, o muro inteiro desmorona. O que acontecia há algum tempo é que cada golpe de marreta estava abrindo rachaduras dentro do muro. Você estava progredindo, mas só conseguiu ver quando o muro desmoronou".

Lembre-se

- Você desenvolve as habilidades para agir com competência em situações corajosas quando *pratica* essas habilidades regularmente, não quando se limita a ler ou pensar a respeito.
- A prática regular e com pequenos incrementos no nível de dificuldade das ações pode ajudá-lo a se habituar às situações temidas, reduzindo o domínio emocional que elas têm sobre você e aumentando sua capacidade de agir da maneira desejada.
- Cada pessoa tem uma escada da coragem diferente porque as situações específicas que tememos e as habilidades que precisamos desenvolver para enfrentá-las variam muito de uma pessoa a outra. Mas todos nós temos ações que podemos identificar e ordenar por nível de risco e dificuldade na nossa escada. Fingir que não temos é só uma desculpa para não começar.
- Dar pequenos passos começando nos degraus de baixo aumenta suas chances de sucesso, reforçando sua autoconfiança e mantendo sua motivação para continuar enfrentando situações cada vez mais difíceis. Mesmo se o resultado da ação não for o desejado, você vai aprender, ficará mais à vontade fora de sua zona de conforto e sua resiliência aumentará.

PARTE II

COMO SER "COMPETENTEMENTE CORAJOSO"

Capítulo 5

Crie as condições certas

Janet acabou de assumir a liderança de sua equipe e queria resolver alguns problemas e inconsistências que já tinha notado em alguns de seus ex-colegas: evitar a participação em comitês, demorar para responder (ou simplesmente ignorar) os e-mails e não trabalhar em prol da equipe. Pior ainda, os maiores infratores também eram os que reclamavam quando alguma decisão era tomada sem que eles tivessem a chance de aprová-la ou vetá-la. Eles pareciam querer privilégios e ao mesmo tempo se livrar das responsabilidades.

Janet decidiu abordar essas questões em sua primeira reunião com a equipe falando calmamente e dando vários exemplos. A conversa era necessária, ela acreditava, para começar a fazer mudanças positivas na equipe.

———

O que você acha da decisão de Janet? Sem dúvida foi corajoso se dispor a levantar essas questões na reunião da equipe. Como seus subordinados diretos foram seus colegas de time, ela estaria correndo um risco ao confrontá-los tão diretamente. Eles poderiam ficar ofendidos e com raiva. Será que Janet tomou a decisão certa ao levantar essas questões em sua primeira reunião como nova líder? Você acha que ela obterá os resultados desejados?

Neste capítulo, vamos nos concentrar em coisas que você pode fazer *com antecedência* para aumentar as chances de sucesso de seu ato de coragem. Por exemplo, trabalhar para desenvolver uma boa reputação e para ser visto como uma pessoa cordial e competente, bem como emocionalmente inteligente, justa e equilibrada. Isso lhe dá o que os psicólogos chamam de *créditos de idiossincrasia*, ou seja, você conquista créditos conformando-se às expectativas do grupo e apresentando um comportamento confiável ao longo do tempo, o que lhe permite contestar as normas com mais credibilidade e menos risco.[1] Também veremos como otimizar sua autonomia para agir em circunstâncias de risco sem sofrer consequências que lhe pareçam inaceitáveis. Essas escolhas podem ajudá-lo a se preocupar menos com as consequências negativas que podem resultar de seu comportamento corajoso no trabalho.

Seguir meus conselhos não vai garantir seu sucesso, mas aumentará suas chances. Por exemplo, descobri em um estudo que as pessoas que relataram ter criado pelo menos algumas das condições discutidas neste capítulo tiveram, antes de realizar um ato corajoso específico, mais do que duas vezes mais chances de obter resultados melhores para si mesmas e seis vezes mais chances de obter resultados positivos para os outros e sua organização.

Vamos dar uma olhada nisso mais de perto.

Desenvolva sua reputação na organização

Não é fácil levantar questões difíceis no trabalho e obter reações positivas dos outros. Mas ajuda já ser conhecido como uma pessoa que age com ponderação e sensatez para defender os interesses dos outros.

Demonstre que é cordial e competente

Cientistas sociais identificaram a *cordialidade* e a *competência* como as duas impressões mais importantes que formamos quando conhecemos e interagimos com as pessoas.

Quando as pessoas avaliam nossa cordialidade, elas estão (muitas vezes inconscientemente) se perguntando: "Essa pessoa é confiável e moral?". Quando julgam nossa competência, elas se perguntam: "Essa pessoa é capaz de concretizar suas intenções?". Centenas de estudos demonstraram que as respostas a essas duas perguntas são um forte indicador do modo como elas julgam nossos comportamentos específicos.[2] Por exemplo, se você for considerado cordial porém incompetente, seus comportamentos podem evocar pena (até sua incompetência começar a prejudicar as pessoas, momento em que elas também começam a ficar com raiva). Por outro lado, se você for muito competente mas pouco cordial, suas ações podem evocar raiva, inveja ou medo. Em resumo, vai ser difícil conquistar o respeito das pessoas se elas o considerarem fraco em uma dessas dimensões (e, pior ainda, nas duas).

Assim, se você quer saber se o seu comportamento será considerado corajoso e válido, um bom ponto de partida é garantir que as pessoas — em especial seus alvos — vejam você como cordial *e* competente.

Cordialidade

A cordialidade afeta enormemente a sua capacidade de fazer as coisas acontecerem. É bem verdade que, se você tiver poder formal sobre um grupo de pessoas, pode mandá-las fazer o que quiser porque elas terão medo das consequências de não realizar o que você mandar. Mas a maioria dos líderes não quer isso e, se forem espertos, sabem que se limitar a dar ordens só levará seus subordinados a não querer ficar do lado deles. É claro que nem todos nós ocupamos posições de poder, e até os que ocupam precisam da ajuda de pessoas que não atuam em sua cadeia de comando. Nesses casos, seu sucesso depende de sua *influência* — sua capacidade de levar as pessoas a fazer o que você quer sem forçá-las a isso.[3] Para que você seja influente, as pessoas precisam acreditar que você não as prejudicará de propósito se elas derem atenção a você ou seguirem suas sugestões. Por isso que a cordialidade é tão importante.

A cordialidade gera confiança, e essa leva tempo para ser conquistada. Resulta de atos de bondade aparentemente pequenos, porém repetidos, que mostram às pessoas que você realmente se importa com elas. O dono de um bar, por exemplo, conquista a confiança dos funcionários quando só vai embora depois de garantir que todos os funcionários chegaram a seus carros com segurança. O mesmo pode ser dito de um gerente que sempre dá apoio e incentivo aos membros de sua equipe, demonstrando compaixão ao homenagear um membro que faleceu, organizando amigos-secretos no fim do ano e outros gestos semelhantes.

Se você for um líder, esses pequenos atos de cordialidade e gentileza podem ter um grande impacto. Quando o bebê de Zak nasceu prematuro, sua chefe, Tina, lhe deu muito apoio e proteção. Apesar de Zak estar lidando com um cliente exigente e inflexível, Tina insistiu que ele saísse imediatamente de licença para ficar com sua esposa e seu bebê recém-nascido. Ao voltar ao trabalho, ele ficou sabendo que o cliente fizera críticas severas a Tina pelo atraso.

A compaixão de Tina, que Zak considerou corajosa devido à resistência que ela teve de enfrentar, conquistou a confiança e a lealdade de Zak e de seus colegas. Eles também ficaram mais abertos às decisões e ao feedback dela em outras ocasiões, mesmo quando o que ela tinha a dizer não era tão agradável de ouvir.

Algumas situações não permitem conquistar a confiança aos poucos. Por exemplo, dizer o que pensa ao CEO, que você mal conhece, em um encontro com a empresa inteira ou, como no caso de Janet, que vimos no início deste capítulo, querer causar uma boa primeira impressão em um grupo que passou recentemente a liderar. Em situações como essas, seu sucesso depende de ajudar as pessoas a formar uma impressão quase imediata — e em grande parte intuitiva — de que você não pretende prejudicá-las.

Nesses casos, provavelmente a melhor coisa a fazer é usar os comportamentos não verbais para causar uma impressão rápida e positiva.[4] Inclinar-se para a frente, prestar atenção ao que é dito, assentir com cabeça, usar gestos não ameaçadores com as mãos e voltar o corpo na direção da pessoa com quem você está falando são todas demonstrações não verbais de cordialidade. Manter o peito aberto, em vez de ficar encurvado ou de braços cruzados, indica confiança e estima. Imitar sutilmente os sinais não verbais de quem está falando também pode deixá-lo mais à vontade com você. E mantenha uma expressão feliz, porque as pessoas tendem a reagir positivamente a um sorriso verdadeiramente natural (que os psicólogos chamam de "sorriso de Duchenne").

Aprendi a usar o poder das primeiras impressões para obter um efeito positivo quando trabalho com qualquer grupo novo. Acontece que eu tenho uma expressão naturalmente intensa e meu rosto parece ainda mais sério quando estou ouvindo com atenção. É provável que as pessoas que não me conhecem — especialmente os alunos — fiquem com um pouco de medo ou achem que estou com raiva. Sabendo disso, passei a abrir quase todas as interações em grupo com um momento descontraído para quebrar o gelo. "Tenho um problema médico que não vai atrapalhar nosso trabalho juntos, mas quero que vocês saibam… Tenho um caso incurável de 'cara de diabo'. Vocês vão achar que estou prestes a dar um soco em alguém quando na verdade só estou muito interessado no que estão dizendo. Não deixem que isso os impeça de falar abertamente." Apesar de soar como uma piada, essa revelação — um momento de vulnerabilidade, por assim dizer — ajuda a criar um ambiente mais intimista e seguro desde o início.

Competência

A cordialidade é importante, mas, em um contexto organizacional, geralmente não basta. Você também deve ser visto como *competente*, ou seja, como alguém que costuma ter um desempenho de alto nível e, portanto, que as pessoas vão querer parar para ouvir. Afinal, você não tem como gastar aqueles seus créditos de idiossincrasia se não fizer por merecê-los.

Em seu excelente livro *Rocking the Boat* ("Balançando o barco", em tradução livre), Debra Meyerson, professora da Universidade de Stanford, faz questão de deixar isso bem claro. "Os radicais equilibrados [pessoas comprometidas com a organização, mas também com uma causa ou ideologia que as leva a realizar ações corajosas no trabalho]", ela explica, teriam "poucas chances de sobreviver, quanto mais de ter sucesso" se também não fossem excelentes em seu trabalho.[5] Pense um pouco a respeito. Afinal, você estaria disposto a correr o risco de se expor, mudar o jeito de fazer alguma coisa ou investir recursos se não confiasse na competência da pessoa que está lhe pedindo para fazer isso?[6]

Vejamos o exemplo de Gretchen Morgenson, uma jornalista especializada em negócios (que escreve para o *New York Times* e o *Wall Street Journal*, entre outros) e ganhadora do Prêmio Pulitzer, que passou décadas não só sobrevivendo como também prosperando enquanto expunha pessoas egoístas, insensatas ou até corruptas. Ela só conseguiu essa façanha por ser extremamente competente.

Um exemplo disso é o famoso artigo do *New York Times* que Morgenson escreveu logo depois que a gigante de seguros AIG foi agraciada com um resgate financeiro do governo dos Estados Unidos no fim de setembro de 2008. No artigo, ela contou como uma unidade da AIG vendera seguros para tantos títulos de créditos hipotecários que a empresa não teve condições de cobrir os custos de todas as garantias que precisou pagar.

No mesmo artigo, Morgenson também expôs a Goldman Sachs, que perderia até US$ 20 bilhões se a AIG falisse. Em conversas anteriores à publicação, um representante da Goldman insistiu que a empresa estava totalmente protegida com fundos de hedge e que o risco era mínimo. Morgenson incluiu essa informação no artigo. Ela também relatou uma reunião no Banco da Reserva Federal de Nova York, na época presidido por Tim Geithner, para discutir o que fazer a respeito da possível falência da AIG e seus efeitos na economia. Ela questionou por que Lloyd

Blankfein, o CEO da Goldman Sachs na época, estava presente naquela reunião dado o potencial conflito de interesses.

Irritado com o artigo, Tim Geithner — que posteriormente foi nomeado secretário do Tesouro do presidente Obama — ligou para a casa de Morgenson no dia da publicação. Ele disse que ela tinha tentado enganar os leitores e que a presença de Blankfein na reunião não representava problema algum, ao contrário do que ela havia sugerido, porque a Goldman Sachs estava totalmente protegida. "Quando a maior seguradora do mundo despencar, as proteções não serão suficientes", Morgenson retrucou e perguntou se ele ao menos havia verificado quem detinha os fundos de hedge. Quando Geithner admitiu que não sabia a resposta e que só achava que a Goldman estava protegida porque a própria seguradora tinha dito isso, Morgenson disse que, nesse caso, eles teriam de "concordar em discordar" sobre a situação da Goldman Sachs e a conversa terminou por ali. Geithner ligou para o editor da seção de negócios do jornal para reclamar, e a Goldman também entrou em contato com o "editor público" do jornal, encarregado de assegurar a veracidade das informações publicadas. Além de publicar uma pequena correção sobre outras pessoas que participaram ou não das reuniões no Banco da Reserva Federal (por exemplo, Blankfein compareceu aos eventos), o *Times* não tomou nenhuma outra medida. Mais tarde, Morgenson soube que o diretor financeiro da Goldman Sachs tinha ligado furioso para Geithner na manhã do dia em que seu artigo foi publicado. Ela acredita que isso explica as ligações de Geithner para ela e os editores do jornal.

Por que você acha que os editores e gestores ficaram do lado dela não só naquela como em muitas outras ocasiões? Os gestores — que não ganham Prêmios Pulitzer por investigar e escrever artigos, mas precisam responder pela perda de anunciantes ou assinantes — poderiam ter controlado ou afastado Morgenson. Os editores e os advogados do *Times* poderiam ter se recusado a apoiá-la. E o jornal como um todo poderia ter evitado pressões sociais e financeiras recorrentes instruindo que ela pegasse leve em suas acusações. E nem todos os jornalistas de negócios do *Times* eram fãs inveterados de Morgenson. Ela usou sua plataforma para promover a *accountability* — enquanto outros jornalistas preferiram se ater às explicações sem emitir opiniões —, o que enfureceu muitos detentores de poder ou reforçou o estereótipo de que o *Times* é liberal demais ou até antiempresarial.

Em outras palavras, os líderes do periódico apoiaram Morgenson repetidamente por confiar que ela sabia o que dizia. Ela conhece tão bem a complexa realidade das finanças que não podia ser taxada como uma maluca invejosa e sem noção que só vence dando golpes baixos. O *Times* foi judicialmente processado pelos artigos de Morgenson, e a jornalista foi pessoalmente atacada e caluniada mais de uma vez. Mas as ações judiciais e os ataques nunca deram em nada, muito menos silenciaram a jornalista. Morgenson é extremamente ponderada e competente. Ela se foca todos os dias, em cada artigo que escreve, em ser "muito, muito cuidadosa".[7]

Como as histórias anteriores ilustram, costuma levar um tempo para estabelecer e reforçar a cordialidade e a competência. É possível que você entre em uma nova empresa ou novo emprego com uma reputação impecável, mas as pessoas ainda vão querer ver você em ação antes de decidir confiar e levar você a sério. Elas vão querer ver você construir novos relacionamentos e conquistar a credibilidade *com elas*.[8]

Foi o que aconteceu com Jane, que se adaptou com maestria quando saiu de uma empresa de tecnologia em que as pessoas eram abertas a ideias e sugestões para entrar em uma empresa em que os gerentes atuavam como "filtros", bloqueando sua capacidade de agregar valor. Ao perceber isso, ela abriu mão de suas batalhas por um tempo. Ela levou os gerentes para almoçar a fim de ouvi-los e aprender com eles e passou a intervir com a finalidade de ajudá-los a resolver os problemas. Ela participou de treinamentos sobre coisas que já sabia, só para mostrar que estava disposta a trabalhar em equipe, e compareceu a muitos eventos depois do expediente a fim de conhecer melhor os colegas. Aprendeu, nas palavras dela, as "raízes culturais" da empresa, descobrindo maneiras de "se alinhar às motivações das pessoas" e demonstrando que tinha boas intenções e queria trabalhar pelo bem da empresa. Ela estudou os jargões que eles usavam e suas reações automáticas para descobrir por que eles pareciam relutantes, desinteressados ou avessos a mudanças. Com o tempo, ela voltou a questionar as normas — como falar diretamente com os gestores seniores dos maiores clientes potenciais para oferecer os serviços da empresa em vez de usar caminhos muito mais lentos e tortuosos. Agora, em vez de ter uma reação negativa a essas ações, as pessoas de sua empresa citam esses atos como corajosos e aceitam as razões que os motivam.

Mostre que tem inteligência emocional

A inteligência emocional — o conjunto de habilidades que refletem nossa capacidade de reconhecer e administrar nossas emoções e as dos outros — é tão importante quanto (ou ate mais que) o conhecimento teórico, que aprendemos nos livros.[9]

Se você não demonstrar continuamente que tem uma boa capacidade e estabilidade emocional, as pessoas tenderão a não reagir bem a seus atos corajosos. Beth, por exemplo, descreveu uma colega a quem ninguém mais dá ouvidos apesar de suas boas intenções. O problema é que, segundo Beth, sua colega "perdeu a credibilidade". Sempre que fala, "ela grita e não consegue se acalmar". E o que acaba acontecendo é que nada que essa pessoa diga recebe a devida atenção.

Em um outro exemplo, Maria se irritou com os atos e comentários discriminatórios que recebeu de um gerente com base em sua etnia. Só que ela se enfurecia tanto quando via que isso podia acontecer que vivia interpretando mal as situações, não confiava mais em ninguém e dizia coisas que refletiam mais seu estado emocional do que a intenção de conquistar aliados ou influência. Esse comportamento, por sua vez, facilitou para os superiores apontar seus erros e justificar a conclusão de que ela desestabilizava o ambiente de trabalho. Apesar de ter razão de se ofender com a discriminação que estava sofrendo na empresa, as reações coléricas de Maria só afastaram seus aliados e deram ao gerente infrator o poder de retaliar.

Por outro lado, se você conseguir mostrar reações melhores apesar de suas emoções negativas, terá mais chances de conquistar a confiança das pessoas e uma boa reputação. Anne foi descrita por um colega de uma agência de publicidade como uma "funcionária brilhante, uma pessoa muito boa no que faz, inteligente, justa, divertida e de fácil convívio". Apesar desses pontos fortes, Anne foi preterida para uma promoção quando o novo chefe do departamento decidiu contratar um freelancer que ele conhecia de outro lugar. A mudança foi vista como um tapa na cara dela, que era uma funcionária excelente e muito comprometida tanto nos bons quanto nos maus momentos. Em vez de se enfurecer, fazer corpo mole ou procurar outro emprego, Anne conseguiu "superar a injustiça da situação" e trabalhou para desenvolver um bom relacionamento com seu novo chefe na esperança de ser escolhida na próxima oportunidade de promoção em vez de acabar considerada uma pessoa belicosa e destrutiva.

Dê a impressão de que está dos dois lados ou de lado nenhum

Você terá mais chances de conquistar apoio se as pessoas ao redor acharem que você age em prol de um interesse coletivo *que as inclui*. E elas não vão achar isso se considerarem que suas ações só beneficiam um grupo específico ou parte da organização. Levar um problema para fora da companhia é o melhor exemplo disso. Uma vez que você denuncia a instituição, as pessoas tenderão a achar que você está contra elas. Quando isso acontece, você vai ter muita dificuldade de se recuperar porque a reação emocional delas a quem consideram "desleal" ou um "traidor" não só é negativa como também é intensa.[10]

O segredo da persuasão é levar os outros a acreditar que você é capaz de fazer críticas construtivas ao mesmo tempo que se importa com as necessidades e interesses deles. E isso é válido mesmo quando você é o chefe e precisa conquistar a adesão de seus seguidores. As pessoas têm mais chances de ouvir se acharem que você faz parte do grupo, ou seja, que compartilha da mesma identidade ou tem os mesmos objetivos que o time.

Vejamos o exemplo de Blake, diretor de uma unidade funcional de sua empresa no Canadá. Quando ficou claro que algumas questões internas da cadeia de suprimentos estavam prejudicando o relacionamento com os clientes, ele criticou outras unidades em um encontro estratégico da empresa por sua "taxa de progresso decepcionante" em promover as melhorias e os investimentos necessários para resolver o problema. O discurso de Blake pareceu insolente para os líderes seniores. O que eles não sabiam era que Blake tinha perguntado, de antemão, aos outros diretores de unidade se eles também estavam frustrados (eles estavam) e se concordavam que a situação só poderia melhorar se todos tivessem uma conversa franca na reunião de estratégia (o que acabou acontecendo). As conversas dele com vários colegas o ajudaram a estruturar sua mensagem para refletir a opinião de todos e as necessidades da alta administração. Em consequência, o grupo pôde destrinchar as questões que Blake teve coragem de levantar no encontro de estratégia. Com base nos diálogos antes do encontro, ele constatou que o time estava disposto a encarar os próprios pontos fracos e criar um plano para melhorar.

Também é importante tentar ser sempre justo ou, em outras palavras, demonstrar vez após outra que usa os mesmos padrões para todos. Não faz diferença se eles fazem parte do grupo que está pressionando por mudanças ou do que está resistindo a elas, se fazem parte da sua equipe ou de alguma outra. Se o seu objetivo for chegar a um impasse, basta dizer aos outros que eles precisam "ser mais objetivos", "se dispor a fazer cortes" ou "exigir padrões mais elevados" e deixar de fazer isso quando é difícil ou desagradável para você ou sua equipe.

George vem de uma família muito unida e contratou um sobrinho para trabalhar na loja que gerencia. Ele seguiu à risca os procedimentos da empresa, evitando qualquer tipo de favorecimento na maneira como seu sobrinho foi treinado e tratado. Só que ele logo percebeu que o rapaz não fazia muita questão de se empenhar no trabalho: vivia fazendo intervalos não autorizados para fumar e conversar com os colegas, deixava tarefas inacabadas e fazia outras coisas que atrapalhavam o fluxo da unidade. Quando ameaçou demitir seu sobrinho, George enfrentou a ira de sua irmã. Ela disse com todas as letras que demitir seu filho teria graves consequências no relacionamento entre os dois e que ela nunca mais conseguiria confiar em George.

George passou muitas noites em claro pensando no ultimato de sua irmã. Ele sabia que poderia encobrir os erros do sobrinho, passar mais tempo dando treinamento e oferecer outras oportunidades sem que seus superiores ficassem sabendo. Mas George não admitia comprometer sua ética e o valor que atribuía à eficiência, à diligência e ao moral de sua equipe. Ao fim do período de experiência de três meses do sobrinho, George sugeriu que ele fosse demitido. A família inteira de George condenou a decisão, e sua irmã passou anos sem falar com ele. Mas ele reforçou ainda mais o apreço e a confiança de seus funcionários. "Eu fiz o que fiz porque as regras se aplicam a todos", disse George, "incluindo a família". Esse é um excelente exemplo de "colocar seus valores em prática", ou seja, fazer algo mesmo quando tiver de pagar um custo alto pela sua ação.

Se as pessoas o virem como uma pessoa justa com todos — especialmente quando isso implica colocar-se em risco ou arcar com um custo —, elas saberão que você também será justo com elas.

Otimize sua autonomia

Há outras atitudes que talvez não aumentem suas chances de gerar mudanças, mas pelo menos lhe permitem fazer o que você acredita ser certo sem ter tanto medo de sofrer consequências financeiras, sociais ou psicológicas inaceitáveis. Vamos dar uma olhada em algumas dessas estratégias para "otimizar sua autonomia".

Maximize sua segurança e mobilidade profissional

Se você tiver alguma estabilidade no emprego, será muito mais fácil contestar os detentores de poder. Mas, a menos que esteja na rara posição de não poder ser demitido — o que tende a ser o caso apenas de servidores públicos, acadêmicos, sócios de escritórios de advocacia e consultorias ou membros de sindicatos extremamente fortes —, você pode colocar seu emprego em risco se tentar fazer uma revolução no trabalho. Por outro lado, você pode se tornar tão valioso para seus chefes ou organização que eles teriam muita dificuldade de afastar você só porque os contestou ou pressionou por mudanças. Você pode, por exemplo, investir continuamente em desenvolver conhecimentos ou habilidades particularmente valiosos, elementos que criariam um vácuo enorme e afetariam muito a rotina caso você fosse demitido. Pode ser difícil encontrar um substituto para você no mercado ou levar muito tempo treinar outra pessoa para ocupar seu cargo.

Seu valor único para a empresa não envolve necessariamente um salário alto ou um cargo pomposo. Você pode ser a única pessoa capaz de fazer máquinas complexas voltarem a funcionar em pouco tempo ou que entende os bugs malucos de um sistema de computador crucial. É mais do que ser "apenas" competente no que faz. Afinal, muitos funcionários competentes podem ser facilmente substituídos. O que estou sugerindo é que você não precisará se preocupar tanto se oferecer um valor sem igual que dificulte a sua demissão.

Pessoas com alta demanda ou habilidades relativamente raras também tendem a desfrutar de uma boa mobilidade profissional. Elas sabem que suas competências são muito valorizadas em outras organizações e podem se dar ao luxo de ficar menos paralisadas pela perspectiva de ofender alguém na empresa. Engenheiros de software, pesquisadores científicos e outros especialistas técnicos, por exemplo, costumam receber ligações semanais de organizações rivais e headhunters. É possível que essa realidade contribua para a cultura inovadora e contestadora do Vale do Silício, já que é muito mais fácil discordar de políticas, práticas ou pessoas específicas se você souber que tem muitas alternativas de emprego e não se sente forçado a se omitir ou ser submisso.[11]

Lilly se viu exatamente nessa posição quando trabalhou para um homem que volta e meia tinha acessos de raiva. Ele já havia passado anos recebendo todo tipo de advertência e orientação, mas a alta administração nunca quis demiti-lo. Lilly finalmente decidiu que não aceitaria mais a situação depois de um incidente em que ele questionou sua competência e lançou agressivos ataques verbais. Enquanto os outros se sentiam impotentes para fazer qualquer coisa, Lilly sabia que era considerada uma funcionária de alto potencial e todos os envolvidos entendiam que ela estava disposta a pedir demissão para trabalhar em um ambiente mais saudável. Quando ela procurou a alta administração para explicar como ela e seu trabalho estavam sendo afetados pelo comportamento de seu chefe — e que ela pediria demissão se o problema não fosse resolvido —, eles pareceram prestar atenção. No entanto, seu chefe não foi demitido, enquanto ela não teve dificuldade em encontrar um bom emprego e hoje trabalha com um líder muito melhor.

Por outro lado, vejamos o exemplo de Jeremy, um assistente de vendas do departamento de vestuário de uma grande varejista de Nova York. Um dia, um executivo, que era famoso na organização por ser rude e verbalmente abusivo, itou com Jeremy quando este teve dificuldade de entender um pequeno detalhe de uma tarefa de análise de dados. Magoado e furioso, Jeremy decidiu sair da empresa. No dia seguinte, ele foi almoçar e nunca mais voltou. Ele nem chegou a ligar para o escritório avisando que não voltaria. Ele sabia que não era uma atitude profissional, mas na hora lhe pareceu a única maneira de defender sua dignidade. Contudo, quando Jeremy foi procurar um novo emprego, o RH da nova empresa ligava para a anterior a fim de pedir referências e era informada de como ele tinha saído. Jeremy ainda acha que o que fez foi corajoso, mas também diz que foi uma "burrice" ter sido tão impulsivo. Ele deveria ter preparado o terreno antes de sair em defesa de seus princípios e, como se isso não bastasse, a empresa anterior se recusava a lhe dar boas referências devido à maneira como ele se posicionou.

Evite as algemas financeiras

Você já deve ter ouvido falar das "algemas de ouro" que as empresas usam para desestimular seus funcionários mais bem pagos e valiosos de sair. Ao estudar as razões que levam as pessoas a não dizer o que pensam no trabalho, descobri que até os colaboradores de altíssimo status e com salários generosíssimos às vezes preferem se omitir e se recusam a sair da organização mesmo sabendo que tem algo de muito errado ou que a situação é insatisfatória. O problema é que, mesmo se não tiverem um acordo financeiro do tipo "sair é perder", eles se sentem aprisionados à empresa por acreditar que não conseguiriam um emprego equivalente em outro lugar. Em resumo, eles dizem que estão presos.

Não dá para negar que a vida adulta traz muitas responsabilidades e obrigações, mas também é verdade que às vezes somos nós mesmos que tecemos as teias que nos aprisionam. Todos nós conhecemos pessoas que recebem um aumento todos os anos e imediatamente incrementam suas despesas fixas no mesmo montante ou até mais. Elas passam a ganhar mais, mas não estão mais livres da dependência salarial do que no ano anterior. Eu mesmo já estive nessa situação em muitas ocasiões ao construir minha carreira e família.

Requer muita disciplina colocar-se em uma posição diferente. Quando Franco Bernabè assumiu como o CEO de uma grande empresa italiana, ele recusou muitos benefícios atrelados ao cargo. Ele sabia que esse gesto facilitaria assumir riscos porque, "se eu perdesse o emprego e tivesse de voltar para um emprego mais discreto e menos glamoroso... bem, isso não mudaria a minha vida".[12] Ele sabia que não só conseguiria um emprego em outro lugar como ficaria menos restrito pelas amarras do cargo de CEO. "Os riscos não pareciam tão assustadores", ele disse, porque "eu não tinha nada a perder".

Você não precisa ser um executivo com um salário astronômico para empregar esse princípio. Ele se aplica a pessoas de qualquer nível dispostas a criar uma rede de segurança e um plano B aceitável e capazes de fazer isso. Não é só uma questão de ter outras opções profissionais, mas também de dispor de dinheiro suficiente no banco para sustentar a si mesmo e à família pelo tempo necessário para a transição. E você precisa deixar claro para a sua família que está disposto a sacrifícios caso decida pedir a demissão ou seja demitido. Esses são os tipos de coisas, segundo os ouvidores de empresas, que diferenciam os que se posicionam sobre um comportamento inaceitável dos que não o fazem.[13] E são os tipos de coisas que aumentam a disposição das pessoas a ser seguidoras corajosas em vez de cúmplices.[14]

Darren, por exemplo, era um professor de ciências na escola de uma pequena cidade que se viu tendo de tomar uma decisão importante poucos anos depois de começar a dar aulas. Ele era apaixonado pelo trabalho e passava horas pesquisando como os alunos aprendem, a psicologia comportamental dos estudantes e como apresentar as lições de maneira a instigar a curiosidade dos adolescentes. Seus problemas começaram quando os administradores da escola sugeriram, sem muita sutileza, que ele deveria ser mais aberto a apresentar perspectivas "bíblicas" e não só "científicas" da biologia. Darren objetou, argumentando que um curso de ciências do ensino médio não era o lugar para ensinar perspectivas não científicas da biologia.

Foi quando ele teve de tomar uma decisão. Uma das melhores atletas da escola, que também era a filha do presidente do conselho escolar, entregou um trabalho que tinha sido cerca de 90% copiado e colado da Wikipédia. Darren deu à aluna uma nota zero pela tarefa, fazendo sua média na disciplina despencar. O superintendente e os membros do conselho escolar sugeriram enfaticamente que ele reconsiderasse a decisão. Darren não recuou.

Poucos meses depois, o diretor da escola informou a Darren que não recomendaria a renovação de seu contrato e era quase certo que o conselho escolar apoiaria a decisão. Em vez de comprar a briga, Darren pediu demissão no fim do ano. "Eu estava livre para fazer o que eu acreditava ser certo e honesto porque eu não precisava do emprego nem da renda para sobreviver", Darren explicou. "Eu ensinava porque queria ensinar." Ele e a esposa, que ganhava mais, puderam viver só com o salário dela enquanto ele ficava em casa com os filhos e pensava no que fazer em seguida.

Saiba o que é o mais importante

Por fim, é importante notar que o que lhe dá liberdade para agir pode não ser a realização ou a segurança financeira, mas saber que há coisas mais importantes na vida do que seu cargo, salário ou outras coisas que seu emprego pode lhe dar. Por exemplo, se souber com clareza que seu tempo com a família é mais importante para você do que o dinheiro recebido para gastar com eles ou que defender certas causas é mais importante para você do que apenas "estar de corpo presente" na sala de reuniões — onde essas causas não serão abordadas —, pode ser mais fácil agir como "maria vai com as outras" e fazer de tudo para não irritar os detentores de poder. Se você souber com clareza que o que mais importa para você são os relacionamentos, pode desenvolvê-los *fora* do ambiente corporativo para reduzir seu medo de expor-se a perdas sociais no trabalho. Em suma, saber que as partes mais importantes de sua identidade ou a sua segurança não estão completamente atreladas à aprovação das pessoas pode ser muito libertador.

Jeanette, por exemplo, foi informada de que sua divisão seria desmembrada e que ela só poderia manter o posto se aceitasse ser transferida para uma nova função em outra cidade. Em muitos aspectos, era o emprego ideal para Jeanette: uma promoção com um salário bem mais alto para trabalhar no cargo perfeito para suas habilidades e interesses profissionais. O problema era que Jeanette tinha noivado recentemente e já tinha se comprometido a mudar-se para outro estado com o noivo. Quando ela perguntou se poderia trabalhar a distância, a empresa disse que não. Não foi fácil escolher, mas Jeanette acabou colocando sua vida pessoal e felicidade acima de suas ambições profissionais e recusou a oferta. Na opinião dela, os empregos vão e vêm, mas os primeiros anos de casamento com o marido só viriam uma vez. Foi a maior decisão que ela tinha tomado na vida e ela se orgulha de ter estabelecido sua prioridade e traçado e respeitado esse limite. (Para sua surpresa, a empresa mudou de ideia quando ela recusou a oferta. Em menos de 24 horas, o chefe do gerente de contratação ligou e fez uma oferta ainda melhor para Jeanette. Ela já foi promovida duas vezes... e, ainda por cima, trabalhando remotamente.)

Um exemplo em ação: Catherine Gill

Catherine Gill, ex-vice-presidente sênior de arrecadação de recursos e RH da Root Capital, assumiu a missão de diversificar a equipe de liderança da organização sem fins lucrativos. As funcionárias mulheres sentiam que era mais difícil para elas do que para os homens ter sucesso na Root. Parecia que elas tinham menos chances de ser promovidas, precisavam se defender duas vezes mais para serem ouvidas e não eram consultadas da mesma forma que seus colegas homens. Gill sabia que o fato de os executivos homens terem idades e formações parecidas os ajudava a transitar naturalmente entre trabalho e amizade, mas ela e outras funcionárias da Root se sentiam excluídas por isso. Elas tinham a impressão de que o "mundo era dos homens e ponto final".

Em 2014, Gill e algumas colegas tomaram uma atitude corajosa, decidindo, no calor do momento, fazer uma "chamada à ação" para os executivos homens em um retiro de funcionários fora do local de trabalho. Por ser a pessoa com mais tempo de casa do grupo improvisado, Gill tinha plena consciência de que o CEO poderia responsabilizá-la pelo que talvez parecesse um motim ou, no mínimo, uma discussão muito pública sobre vários problemas culturais pelos quais ele, como o CEO e fundador, seria considerado mais responsável do que os outros.

E ela estava certa. O CEO ficou atordoado por ter sido pego de surpresa. Por sorte, ele se pôs imediatamente a refletir e, com coragem e franqueza, reconheceu os problemas da organização. Apesar de ter ficado chocado na hora, ele chegou à reunião na manhã seguinte energizado e empenhado em tomar as medidas necessárias para melhorar.

E as medidas de fato foram implementadas. A equipe criou cinco princípios de liderança, buscando promover mudanças de comportamento efetivas. As funcionárias mulheres da América Central passaram a sentir-se mais livres para confrontar os homens sobre estereótipos de gênero bem como comentários e gestos sexistas. Esses princípios, de acordo com uma funcionária, "nos deram carta branca para nos posicionar e falar abertamente". Outra relatou que as pessoas passaram a ter uma postura mais ativa em momentos difíceis porque agora elas têm um ponto de referência. Os homens também promoveram ativamente as mudanças.

Gill deve seu sucesso à sua cordialidade e competência. Ela escolheu bem suas batalhas, demonstrou habilidade nos momentos mais importantes e garantiu que as pessoas cumprissem suas promessas. Mas o mais notável foi a maneira como ela se preparou para conseguir o que queria como uma diplomata, não como uma revolucionária. Ela trabalhou incansavelmente para entender e apoiar os que desejavam mudanças e para conquistar o respeito dos que representavam o status quo (ou seja, as pessoas que não viam problema com a discriminação de gênero na empresa). Ela se posicionou como quem "conhece os limites das possibilidades e sabe promover mudanças sem ser expulsa da ilha". Por mais que as pessoas lhe deem os créditos por questionar a autoridade, ela também é respeitada por ter dito que "não é uma questão de gênero" quando os dados não confirmaram a narrativa de que salários, promoções ou outras oportunidades eram piores para as mulheres na Root. Além disso, seu empenho no trabalho e o fato de ela ser excelente no que faz lhe conferiram a confiança e o respeito das autoridades que ela estava confrontando. E ela foi uma grande fonte de inspiração para os colegas. Como disse uma delas:

> Catherine poderia muito bem ter ficado de braços cruzados em sua posição de poder e ignorado as dificuldades das colegas do escalão inferior no que diz respeito às questões de gênero na empresa, mas ela optou por agir. Ela foi a primeira a se posicionar em alto e bom som para todo mundo ouvir e deu, a todos nós, um exemplo de coragem e tato ao falar abertamente... O exemplo que Catherine nos deu fez com que essas conversas (sobre o gênero, mas também sobre muitas outras questões) passassem a ser possíveis e até celebradas na empresa.

Lembre-se

- Você aumenta suas chances de as pessoas verem seu ato corajoso como bem-intencionado e digno de ser levado em consideração ao dedicar um tempo para demonstrar sua cordialidade e competência com antecedência.
- Embora você use sua inteligência intelectual para justificar a lógica de suas ações, sua inteligência emocional é um dos fatores mais importantes (se não o mais importante) que determinam o resultado de seus atos corajosos. Da mesma forma, ser visto como justo e capaz de enxergar os dois lados é provavelmente mais importante do que ser a pessoa mais inteligente ou mais assertiva porém inflexível.
- Considerando que é impossível controlar a reação das pessoas aos nossos atos corajosos, é difícil eliminar todos os riscos. Portanto, é aconselhável tomar medidas para mitigar o tamanho ou o impacto desses riscos, fazendo coisas para maximizar nossa segurança no

emprego e nossa mobilidade profissional (nossa possibilidade de encontrar outra colocação).

- Adotar medidas para não nos sentir financeira ou emocionalmente presos em nosso emprego atual nos possibilita agir em alinhamento com nossos valores e objetivos, mesmo correndo o risco de incomodar pessoas que têm poder sobre a nossa situação financeira atual.

Capítulo 6

Escolha as suas batalhas

Allison, uma gerente sênior de marketing e vendas, não gostou nem um pouco dos comentários de alguns membros de sua equipe sobre uma candidata interna a promoção. "Estou estranhando que ninguém tenha mencionado o que aconteceu na festa ontem à noite porque sei que não fui o único que notou", disse um dos subordinados de Allison. "A Felicia subiu no palco e começou a cantar no karaokê feito uma louca. Me disseram que ela fechou o bar. Acho que pegou mal para uma gerente do nosso setor, ainda mais uma mulher com filhos, ter esse tipo de comportamento." Outro membro da equipe concordou que muita gente reparou no comportamento de Felicia, mas observou que nenhum cliente tinha visto. "Mesmo assim", disse o primeiro, "não sei se posso confiar nas decisões dela sabendo que ela se comporta assim". Alguns outros concordaram com a cabeça.

Depois de mais alguns minutos de discussão, o líder da equipe quis encerrar a reunião. Mas Allison, a gerente sênior do grupo, estava incomodada. Ela não gostou do tom da conversa sobre o comportamento de Felicia e principalmente a menção ao fato de ela ter filhos. Mas, antes da reunião, ela prometeu a si mesma que deixaria a equipe decidir quem contratar. Será que ela deveria falar alguma coisa?

Allison está numa saia justa. Ela sempre encorajou os membros de sua equipe a falar abertamente, mas, neste caso, essa liberdade levou a comentários sobre o fato de Felicia ser mãe (e, implicitamente, o fato de ela ser mulher) que poderiam afetar a decisão de contratação. Você diria algo a respeito? Você acha que valeria a pena ou deixaria quieto?

Ficamos diante de escolhas como essa de várias formas em nossa vida profissional. Se encararmos todas as batalhas — independentemente do contexto, da importância, do momento ou lugar —, seremos vistos como os chatos que criticam todas as ideias e que as pessoas tentam evitar em vez de ouvir, o que reduzirá nossa influência positiva. Por outro lado, se sempre acharmos que não vale a pena enfrentar o problema ou que o momento não é certo, nunca nos manifestaremos sobre nada e seremos, como disse Aristóteles, covardes. Mas como tomar essa decisão? Quais são bons indicativos para decidirmos quando agir e quando deixar de agir? É o que veremos neste capítulo.

Será que essa questão é mesmo importante o suficiente?

Não faltam, na nossa vida profissional, coisas que nos irritam, nos enfurecem, nos frustram ou nos decepcionam e também nos empolgam sobre o que nossa organização poderia fazer de mais ou melhor. Mas não podemos tentar resolver todos os problemas se quisermos evitar uma síndrome de *burnout* ou uma demissão. A ideia é esclarecer quando é melhor nos envolver e quando é melhor deixar passar.

Não é fácil atingir essa clareza, que, ainda por cima, varia de pessoa para pessoa. O que é importante o suficiente para levar *você* a agir, apesar das possíveis consequências negativas, provavelmente será diferente para outro. Desse modo, não adianta tentar definir critérios objetivos para julgar a importância de uma questão. O que encontrei, contudo, são algumas perguntas que indivíduos competentemente corajosos parecem (implicitamente) fazer a si mesmos e responder antes de entrar em ação.

Quais são meus principais valores e objetivos?

"A coragem não é a ausência de medo, e sim a consciência de que alguma outra coisa é mais importante do que o medo", disse Ambrose Redmoon.[1] Você sabe dizer o que é mais importante para você do que o medo das consequências financeiras ou sociais de falar o que pensa ou se posicionar no trabalho? Você sabe com clareza quem você é, ou deseja se tornar, e como quer ser lembrado quando se for? São perguntas difíceis, mas, se não souber respondê-las, você não terá critérios para orientar suas decisões sobre quais oportunidades buscar e quais deixar passar.

As virtudes de obituário

As pessoas admiráveis que estudei têm mais facilidade demonstrando aquilo que David Brooks chamou de "virtudes de obituário" — virtudes como bondade e honestidade que as pessoas vão elogiar quando morrermos —, mesmo às custas das "virtudes de currículo", mais relacionadas com conseguir empregos ou promoções.[2] É uma façanha e tanto. Gostamos de pensar que as virtudes de obituário são mais importantes do que as virtudes de currículo, mas quantos de nós realmente praticamos essa crença na nossa vida?

Esclarecer seus principais valores e objetivos ajuda a priorizar as ações. Sua obrigação ou dever de agir — o entendimento de que "Isso é o que uma pessoa como eu deve fazer!" — pode vir das normas de uma profissão (como o juramento de Hipócrates que os médicos fazem) ou de uma base filosófica ou religiosa. Por exemplo, um estudo sobre denúncias de comportamentos inaceitáveis a um *ombudsman* constatou que as razões mais comuns para se posicionar incluíram variações de "Eu ganho para isso" (*Eu sou responsável; Devo prestar contas pelo acontecido; É meu dever*) e "É uma obrigação moral" (*Preciso fazer isso devido a meu código moral, à minha religião*).[3] Os professores Myron e Penina Glazer encontraram motivações parecidas em delatores dos setores industrial e público que afirmaram estar cientes da censura que provavelmente sofreriam ao denunciar problemas envolvendo clientes ou a segurança pública. A identidade moral dessas pessoas era tão central e integrada à sua vocação profissional e a seu conceito de quem são que elas se sentiram obrigadas a ir em frente apesar de ser quase certo que teriam de arcar com consequências negativas.[4]

Foi o que aconteceu com Bryant, um dos denunciantes de uma prática contábil maliciosa em uma das maiores empresas de energia do mundo. Embora tivesse dois filhos pequenos e soubesse que provavelmente sofreria graves danos à sua reputação e empregabilidade, seu senso de certo e errado o forçou a seguir. Bryant passou dez anos enfrentando batalhas jurídicas e dificuldades financeiras. Tudo o que ele queria era limpar o nome, e não conseguir um acordo em troca de uma fortuna. Quando finalmente venceu a ação judicial, segundo a pessoa que me contou essa história, ele se satisfez em saber que tinha feito a coisa certa e que seus princípios tinham sido validados.

Nossa criação e valores familiares também são importantíssimos para determinar nossa reação em momentos decisivos. Byrne Murphy, o CEO de enorme sucesso da Kitebrook Partners e presidente do conselho e fundador da Digiplex, enfrentou repetidas vezes o desafio de ser um empreendedor americano que tentava exportar para países europeus os conceitos de outlets, clubes residenciais privados (que dão a possibilidade de comprar parte de uma casa de férias de luxo com o direito de usá-la algumas semanas por ano) e centros de dados. Ele sofreu tentativas de extorsão, interferência da máfia, traição por parte de políticos e todo tipo de dificuldades sociais e culturais. Oportunidades — e, em alguns casos, pré-requisitos — de escolher o caminho do mínimo esforço para avançar fizeram parte de seu mundo por anos.

Recusar-se a comprometer seus valores teve consequências concretas sobre ele e as pessoas de seu convívio. Sua saúde foi prejudicada pelos sacrifícios que fez para concretizar suas visões empreendedoras e, ao mesmo tempo, não se desviar de seu código moral. Quando perguntei a Murphy por que ele nunca aceitou jogar conforme as regras dos diferentes países a fim de facilitar as coisas, ele falou sobre sua infância. "Cresci aprendendo com a minha família", explicou, "que não podemos comprometer a ética e ponto final". Murphy sabe que distintas nações do mundo têm normas diferentes e que os padrões do seu país não são os únicos do mundo. Mas ele também sabe que pode ser muito complicado relativizar as coisas para justificar o "quando em Roma, faça como os romanos". Quando perguntei se seu sucesso prova que valeu a pena ater-se a seus valores ou se foi só uma questão de sorte, ele respondeu: "Qualquer que seja a resposta, eu durmo bem à noite".

Mas não se engane: viver de acordo com suas virtudes de obituário pode ter um custo. Juan, o CEO de uma empresa colombiana, foi informado de que seu diretor operacional havia assediado sexualmente uma jovem estagiária. Na época, esse diretor vinha liderando, havia vários anos, um grande upgrade tecnológico e a expansão de uma das principais instalações industriais da empresa, de maneira que era considerado um dos funcionários mais importantes. A companhia, segundo um funcionário, "deixou nas mãos dele a maior parte de seu crescimento". Mesmo assim, quando Juan ficou sabendo do assédio, ele demitiu o diretor operacional em menos de 24 horas.

Apesar dos custos da decisão, Juan tinha em mente um cálculo diferente: "Do ponto de vista moral, eu não podia me dar ao luxo de ter, na organização, alguém com tanto poder e responsabilidade se comportando desse jeito". E Juan também teve de pagar o preço pela decisão. Ele precisou se mudar para a cidade da instalação industrial, que ficava no interior, longe de sua casa, e passar dois meses trabalhando incansavelmente no lugar do diretor operacional para garantir o sucesso da implementação das mudanças.

Nunca deixe de seguir seus valores

Conhecer com clareza seus valores e objetivos também ajuda a saber quando você deve agir, porque você diz: "Isso é o que *eu* sou!", no sentido de "isso é o que me define". Nós nos sentimos obrigados a seguir nossos próprios princípios e não apenas os requisitos de um código moral ou profissional. Agimos sabendo que, se não defendermos nossos valores, nossa identidade ou nossa humanidade, ninguém fará isso por nós. Sabemos com clareza que temos de agir porque é a única maneira de sermos autênticos, de nos orgulharmos de quem somos e não nos sentirmos uma fraude.

Sheldene Simola observa que os exemplos morais que ela estudou evitam se autodenominar corajosos apesar do grande risco pessoal que assumiram. Para eles, suas ações não passaram de uma extensão natural *de quem eles são*.[5] Joseph Badaracco também descreve a importância de usar os momentos decisivos de nossa vida para escrever nossa história. Fazendo referência ao filósofo Nietzsche, Badaracco nos exorta a decidir se queremos viver uma vida honrada e escrita por nós mesmos ou simplesmente fazer parte do "rebanho" de pessoas que vivem a vida como se fossem mercadorias descartáveis e facilmente substituíveis.[6]

Para escolher nosso próprio caminho nesses momentos cruciais, não podemos olhar para trás nem para fora, mas para o futuro, perguntando-nos como o problema em questão, e nossa reação a ele, se encaixa na pessoa que queremos ser e não necessariamente na pessoa que fomos no passado ou até que somos no presente.[7]

Dara Richardson-Heron, ex-CEO da YWCA (Young Women's Christian Association, no Brasil a Associação Cristã Feminina), contou como foi importante para sua carreira encontrar e efetivamente assumir sua voz nos momentos cruciais.[8] Richardson-Heron sabe que não pode comprar todas as batalhas e aconselha as mulheres a serem estratégicas ao defender o que é realmente mais importante para elas. Desse modo, quando um funcionário homem comentou que o jeito dela de se vestir ("séria" demais) deixava as pessoas pouco à vontade — um comentário que ela acha que nunca seria feito sobre um colega homem —, ela não ficou calada. "A partir de agora, eu quero que você me julgue pelo meu desempenho, não pela minha aparência", ela disse. Ele nunca mais passou dos limites.

Para Richardson-Heron, aquele foi um momento decisivo: "Você precisa poder se olhar no espelho e dizer: 'Isso está de acordo com os meus valores. Isso está de acordo com quem eu quero ser e com o legado que eu quero deixar'". Ela sabe que muitas pessoas preferem ficar em silêncio temendo as consequências de se posicionar. Mas, se não se posicionar, ela argumenta, você terá de pagar um preço ainda maior porque não terá como dizer a si mesmo: "Isso é o que eu sou".

Não fuja dos riscos

Viver a história de "quem você é" pode exigir várias mudanças e sacrifícios. Wendy se formou em engenharia mecânica e seu primeiro emprego foi em uma empresa de engenharia da indústria de petróleo e gás. Em pouco tempo, ela percebeu que não se sentia conectada nem satisfeita com esse tipo de trabalho. Ela disse que não tinha como continuar naquela profissão porque, nas palavras dela: "Eu queria usar os meus talentos e habilidades em um trabalho que fosse uma verdadeira expressão de quem eu sou". Apesar da resistência da família, dos amigos e dos colegas, que se perguntavam por que ela trocaria um emprego bem remunerado pela incerteza de um sonho vago, ela pediu demissão. Ela mergulhou em todo tipo de atividade criativa e artística, o que reavivou sua paixão por fazer bolos. Wendy se matriculou em um instituto de culinária e em um programa de microempreendedorismo. Em seguida, ela abriu uma loja de bolos, onde pôde trabalhar administrando e criando seus próprios doces. Wendy conta que, além dos desafios empolgantes (e estressantes) de fundar e administrar uma empresa, ela criou para si um trabalho que "representa a minha essência".

Só para esclarecer, nada impede você de agir mesmo achando que não vai ter sucesso. Você pode sentir-se compelido a dizer a verdade mesmo sabendo das consequências. Como Vann Newkirk disse bem, talvez simplesmente seja hora de anunciar a sua humanidade aos quatro ventos.[9] Ou talvez você opte por fazer ou dizer algo sabendo que não vai ter sucesso agora, mas na esperança de pelo menos chamar a atenção e ser um exemplo para as pessoas. Todas essas razões são absolutamente válidas, contanto que seja uma escolha sua, não um ato irrefletido.

Kenny, supervisor de um restaurante, sabia bem quais eram seus princípios e estava disposto a defendê-los. Havia uma funcionária de longa data do restaurante com paralisia cerebral. Quando foi instituída uma nova política de confrontar os clientes que pareciam estar se servindo do *dispenser* de refrigerantes sem ter pagado pela bebida, Kenny recebeu a ordem de demitir essa funcionária devido a suas dificuldades de comunicação. Ele se recusou a cumprir a determinação, informou seu chefe que qualquer discriminação por deficiência era proibida por lei e que procuraria o RH e os pais da funcionária se ela de fato fosse demitida. "Aquilo foi três anos atrás", Kenny me contou, "e ela ainda trabalha aqui".

Quando perguntei o que o inspirou a se colocar em risco para defender sua funcionária, Kenny disse que sua irmã tinha necessidades especiais muito mais graves. "Essa é uma questão muito delicada para mim", ele disse. *"Isso é quem eu sou. Eu cresci aprendendo a defender essa causa e acredito nela do fundo da minha alma."*

Como já vimos, nada do que discutimos aqui fica automaticamente mais fácil à medida que você avança. É verdade que as oportunidades de realizar uma ação corajosa diferem, mas não importa quanto poder você tenha ou quão pomposo seja o seu cargo na organização, você ainda poderá ser pressionado para agir contra os valores que mais preza, e suas respostas serão esmiuçadas ainda mais de perto e de todos os ângulos pelas pessoas. Se você passou anos comprometendo seus valores para subir na hierarquia, relativizando as coisas para justificá-las, talvez tenha se distanciado ainda mais dos seus valores e ideais iniciais do que as pessoas abaixo de você. Por sorte, alguns executivos seniores conhecem os próprios valores e propósitos com clareza e fazem de tudo para defendê-los.

Howard Schultz é um desses líderes. Como vimos no capítulo 3, ele se recusou terminantemente a cortar os benefícios dos funcionários durante uma recessão mesmo diante da enorme pressão dos investidores. Esse era o grau de comprometimento de Schultz em manter os benefícios de saúde de seus funcionários devido ao que viveu na infância. Quando ele tinha 7 anos, seu pai quebrou a perna no trabalho. Como o emprego de seu pai não oferecia licença médica nem qualquer tipo de seguro contra invalidez, a família ficou tão pobre que tinha dificuldade de colocar comida na mesa. Aquele foi um momento decisivo para Schultz. Com base naquela experiência, ele decidiu que "faria de tudo para ajudar as pessoas [oferecendo um plano de saúde ou outros benefícios] se um dia estivesse em posição de fazer uma contribuição".[10] Schultz diz que seu maior sucesso foi ter criado o tipo de empresa na qual seu pai nunca teve a chance de trabalhar.

Bill George, ex-CEO da gigante de dispositivos médicos Medtronic e hoje *professor of practice* — título oferecido a pessoas que não têm trajetória acadêmica, mas que compensam com experiência prática na área — da Faculdade de Administração de Harvard, também sabe equilibrar muito bem seus princípios morais e as demandas externas para ser um líder excelente. Apesar da pressão dos investidores para atingir ou superar as expectativas do mercado financeiro, ele se recusou a manipular os lucros da empresa. Embora tenha sido muito criticado por se negar a maquiar os resultados (que, de qualquer maneira, foram excelentes), ele foi inflexível em sua decisão. "A maior prova de liderança", disse ele mais tarde, "é ignorar as vozes externas e aprender a dar ouvidos à sua voz interior... São muitas as que clamam por sua atenção. Seu trabalho é encontrar a própria voz".[11]

Estou usando minhas emoções para me guiar ou sendo controlado por elas?

Manter em vista seus princípios e valores motiva você a agir apesar dos riscos.[12] Mas você aumenta as chances de se orgulhar de suas decisões e ações se souber quando e como usar essa motivação. Se você reagir sem pensar a toda e qualquer violação dos seus valores, pode acabar sem fazer nada. Ou pode se iludir achando que está agindo em defesa dos outros quando na verdade está protegendo seus próprios interesses.[13]

Se você tende a se incomodar com coisas pequenas, uma maneira de reduzir os riscos é evitar agir no calor do momento. No meu caso, por exemplo, fui aprendendo com o tempo que nem todo lampejo de raiva, sofrimento ou repulsa que sinto é um sinal de que há algo importante em jogo. Na maioria das vezes, essas emoções refletem traumas pessoais, baseados em minhas experiências da infância e na minha identidade. Elas não são necessariamente um sinal de problemas ou questões importantes a ponto de valer a pena usar meus créditos de idiossincrasia.

Como o simples fato de eu saber disso não reduz a intensidade dessas emoções iniciais, aprendi a usar técnicas para me controlar no momento. Por exemplo, gosto de usar a funcionalidade de adiar o envio de e-mails para deixar todas as mensagens que escrevo na caixa de saída por sessenta minutos antes de mandar. Uma hora pode bastar para eu decidir se disse as coisas certas — ou se não seria melhor simplesmente deixar quieto. Essa técnica me dá tempo para conversar com alguém sobre o que aconteceu e como estou me sentindo e ver se de repente não estou levando a coisa para o lado pessoal. Além disso, o simples fato de conversar a respeito com outra pessoa tende a minimizar o problema para mim. Assim, posso ser mais racional ao decidir o que fazer ou dizer antes que seja tarde demais para voltar atrás.

Para avaliar a importância de um problema, uma boa pergunta é: "Eu preciso mesmo dramatizar a situação e demonizar os outros para me dar uma injeção de energia?". Em seu excelente livro sobre a raiva, Dale Olen explica que nossa reação negativa inicial a uma situação resulta de uma diferença entre o que achamos que deveria acontecer e o que realmente está acontecendo. Por exemplo, você vai sentir uma pontada de raiva se tiver uma regra pessoal que diz: "Todas as pessoas — independentemente de status social, riqueza, cargo etc.— devem ser tratadas com o mesmo respeito" e vir uma pessoa com mais poder destratando alguém em posição inferior. De acordo com Olen, você não tem muito o que fazer para evitar essa pontada inicial de raiva quando se vir diante de uma lacuna como essa, entre "o que deveria acontecer e o que de fato aconteceu ou está acontecendo".[14]

Você não tem como evitar esses lampejos de raiva porque eles são automáticos. Mas tem uma escolha. É possível alimentar a fogueira emocional justificando-a, sustentando-a e aumentando sua indignação. Ou provocar conscientemente um curto-circuito nesse ciclo de pensamentos negativos e tomar providências para apagar as chamas.

Pense na última vez que você teve uma reação emocional imediata a alguma coisa que alguém disse ou fez. Você, na linguagem da psicologia comportamental, catastrofizou, generalizou a situação ou pensou em termos de tudo ou nada? Ou você optou pelo processo muito mais difícil de procurar razões para explicar que o comentário ou comportamento pode *não* ter sido mal-intencionado, pode *não* ter sido tão ruim ou pode *não* ter causado tantos danos quanto você imaginou inicialmente?

Se você precisa dramatizar uma situação ou demonizar as pessoas para sustentar sua reação emocional e, portanto, sua motivação para (re)agir, corre um grande risco de se arrepender depois. Não estou dizendo que nunca devemos agir quando estamos com raiva. Pelo contrário, acho que esse sentimento pode ser um dos motivadores mais importantes para superar o medo. Mas, se você só conseguir sustentar sua raiva distorcendo a realidade, talvez esteja colocando em risco a si mesmo e aos outros. Kenny, por exemplo, ficou com raiva quando seu chefe o mandou demitir uma funcionária com necessidades especiais e sabia que era importante lutar por seus princípios para conseguir se olhar no espelho no dia seguinte. Mas ele não teve de dizer que seu chefe "*nunca* faz *nada* certo", era "*um completo* idiota" ou estava "*destruindo todo senso de decência moral da humanidade*" para saber que defender sua funcionária com paralisia cerebral era a coisa certa para ele fazer.

O que ganhamos e perdemos com isso?

Quando somos tomados por emoções negativas, nosso cérebro se foca no problema em questão.[15] Podemos ter dificuldade de ser racionais e ver a situação como um todo, incluindo o que podemos ganhar e perder no futuro como resultado de nossas ações agora. Só para esclarecer, quando eu sugiro "Pense antes de agir!", não estou dizendo que você *nunca* deve fazer nada. É só um lembrete de que comprar todas as brigas pode ser um tiro no pé e levar a mais problemas do que soluções. Se você se preocupa com as consequências, o que imagino que seja o caso, você quer ser o que Debra Meyerson, professora da Universidade de Stanford, chama de um radical *equilibrado*, não só um radical.[16] Para isso, você precisa ponderar as recompensas e os riscos relativos tanto ao que você faz quanto ao que deixa de fazer agora e como isso afetará sua capacidade de agir no futuro.

Em algumas situações, a ação mais corajosa é não fazer nada. Essa decisão nem sempre é fácil, porque a inação pode ter alguma desvantagem e a ação pode ter alguma vantagem. Mesmo assim, optar pela inação não é necessariamente um sinal de covardia. Decidir não agir pode refletir o que William Miller, professor de direito da Universidade de Michigan, chamou de a "sabedoria prática" de saber quando não é a melhor hora, o melhor lugar ou a melhor batalha a comprar.[17] É possível que inação reflita a decisão de que fazer alguma coisa só vai piorar o problema ou a estimativa de que o mal resultante de sua ação será maior do que quaisquer benefícios.

As pessoas competentemente corajosas parecem ser especialmente capazes de diferenciar uma batalha isolada da guerra como um todo e evitar investir em batalhas que, mesmo se vencidas, podem dificultar a realização de sua missão.[18] Por exemplo, ficar com vontade de largar um cliente em defesa de um tratamento mais respeitoso ou de melhores condições ou se recusar a vender um produto com algumas imperfeições apesar de ser totalmente seguro e funcional. Essas ações podem tanto ser corajosas como reduzir sua capacidade de atingir seus objetivos mais amplos de ter uma base de clientes diferenciada ou um produto melhor porque você terá diminuído os lucros necessários para alcançar essas metas.

Vamos dar outra olhada na decisão de Allison, que vimos no início deste capítulo: será que ela deveria ter deixado passar o comentário do membro de sua equipe ou pontuar que levantar o fato de a candidata ter filhos era irrelevante e inadequado para decidir quem promover? Allison optou por confrontar educadamente sua equipe, sugerindo que eles precisavam ficar atentos para os preconceitos que poderiam estar pesando na decisão. Ela sugeriu que eles avaliassem a "adequação" de Felicia ao cargo mais com base em sua capacidade profissional do que naquilo que eles acreditavam ser o comportamento certo e errado de mulheres ou mães. Por ser uma das poucas mulheres da equipe, era comum Allison ouvir comentários preconceituosos envolvendo a raça, o sexo ou a etnia das pessoas. Por exemplo, ela duvidava que alguém na reunião teria descrito o comportamento de dançar até tarde da noite no evento da empresa como inadequado "para um pai" se o candidato fosse um homem, não uma mulher.

Allison sabia que precisava escolher suas batalhas. Se ela saísse atirando para todos os lados, sua equipe deixaria de ouvi-la e hesitaria em dizer o que pensa na frente dela. Ela também poderia ganhar fama de ser "a chata do rolê", e os colegas poderiam começar a antipatizar com ela, consequências que muitas mulheres enfrentam por se posicionar sobre esse tipo de problema.[19] Nesse caso, contudo, Allison se dispôs a abordar um assunto delicado e arriscar se indispor com seus subordinados diretos por acreditar que era importante evitar os efeitos danosos e de longo prazo dos preconceitos tácitos nas decisões de contratação e promoção. Afinal, como ela argumenta, que diferença fará para o avanço das mulheres e minorias posicionar-se contra todas as microagressões preconceituosas se o avanço em si não for baseado no mérito?[20]

Para Allison, agir para garantir que as mulheres e as minorias sejam promovidas com base no mérito é uma virtude de obituário que vale muito a pena praticar.

Esta é a hora certa?

As pessoas competentemente corajosas são muito atentas à hora certa de agir. Elas sabem que até o comentário ou a ideia mais sensata e apresentada da maneira mais construtiva possível talvez não dê em nada ou saia pela culatra se dita na hora errada. Apesar de ser necessário lidar imediatamente com certas situações de crise ou conversas difíceis, muitos problemas podem ter uma solução mais eficaz se você esperar o melhor momento. Costuma valer a pena pensar na melhor hora do dia ou no melhor dia da semana para ter uma determinada conversa ou até pensar em um prazo mais longo, como meses ou anos, para fazer uma mudança.

Não estou sugerindo esperar até que o risco seja zero e que fique fácil resolver a situação. Se você pensar assim, pode acabar justificando a inação *para sempre*. Como observa Mary Gentile, criadora do Giving Voice to Values ("Dando voz a valores", em tradução livre) — um treinamento de liderança — e *professor of practice* da Faculdade de Administração Darden da Universidade da Virgínia, talvez *nunca* pareça o momento certo para lidar com conflitos de valores ou outras questões difíceis. Você sempre terá razões para se convencer de que não é o momento certo. Por outro lado, para alguns temas que você considera muito importantes, pode nunca ser o momento errado.[21]

Se tem uma coisa que meus dados mostram repetidamente, é o seguinte: nunca fica fácil. Pode passar todo tempo do mundo e você chegar ao topo da pirâmide, mas ainda vai ter de responder a alguém, ainda vai ter medo de ser socialmente banido e ainda vai hesitar em contestar as normas. Então, cuidado para não se deixar levar por desculpas do tipo: "Farei alguma coisa a respeito quando for promovido".

Até no mundo acadêmico, em que ser promovido a professor de uma instituição de ensino superior significa que o cargo será seu pelo resto de sua vida, tenho visto um padrão bastante claro: as pessoas sempre conseguem encontrar razões para evitar riscos. Os professores assistentes preferem ficar em silêncio argumentando que gostariam de se pronunciar, mas temem ter a estabilidade negada quando chegar a hora. Quando o professor associado conquista a estabilidade, ele se mantém em silêncio e evita contestar a autoridade por medo de reduzir suas chances de ser promovido a professor titular e de ser rejeitado pelos colegas com quem vai passar décadas trabalhando. E, mesmo quando conquista esse cobiçado cargo, ele prefere manter a postura cautelosa para não irritar as pessoas e correr o risco de não ganhar a cátedra (concedida a apenas alguns titulares). Além disso, se quiser ocupar um cargo de liderança em seu departamento, faculdade ou universidade, você não vai querer irritar muitas pessoas sob o risco de não ser selecionado. Vejo justificativas como essas sendo usadas por pessoas de muitas outras áreas, como consultoria e direito, para citar apenas duas.

Voltando à nossa discussão do capítulo 5, às vezes "o momento errado" só quer dizer que você ainda não conquistou a credibilidade das pessoas certas nem coletou dados suficientes para ter sucesso se agisse no momento. Foi nessa situação que Mandy se encontrou quando entrou no departamento de produção e desenvolvimento de produtos de uma empresa de acessórios e vestuário como gerente de produto. Assim que assumiu o cargo, ela começou a ter problemas com um dos parceiros de fabricação da companhia. Os funcionários do parceiro eram desonestos e manipuladores, tinham o hábito de destratar os colegas de Mandy e entregavam produtos medíocres. Eles usavam materiais mais baratos e de qualidade inferior em vez dos especificados no contrato, e a organização de Mandy só ficava sabendo quando os clientes devolviam os itens defeituosos. Além disso, eles se recusavam a ser transparentes sobre seus custos e fornecedores. Mas esse parceiro trabalhava com a empresa de Mandy desde o começo, tendo passado anos atuando como seu único fornecedor de importantes linhas. Considerando esse histórico, a administração relutava em fazer uma mudança temendo que os clientes notassem a diferença. Além disso, a amizade entre executivos importantes das duas instituições parecia estar por trás da tolerância a aumentos de preço injustificados, baixa qualidade e atrasos na entrega dos produtos.

Ao se dar conta de tudo isso, Mandy optou por não "botar a boca no trombone" imediatamente. Ela passou meses pesquisando alternativas, chegando a trabalhar com outros fabricantes para provar que eles eram capazes de igualar ou superar a qualidade e o preço do atual parceiro. Ela elaborou uma proposta meticulosa, detalhando como a empresa poderia realizar a transição sem afetar os prazos de entrega aos clientes. Foi só então que ela fez sua apresentação diretamente para o vice-presidente de seu departamento, arriscando prejudicar sua reputação com os gestores de quem ela passou por cima. Ao ver que os argumentos tinham uma base sólida em dados e que a solução apresentada era viável, o vice-presidente de Mandy encerrou o relacionamento com o parceiro de longa data.

Também pode acontecer de você estar na situação oposta, ou seja, você tem a credibilidade e os dados ao seu lado, mas é melhor não tentar mudar as coisas ainda porque você usou muitos créditos de idiossincrasia não muito tempo atrás.[22] Por exemplo, se acabou de obter mais recursos para um projeto ou convenceu seus superiores a melhorar alguma coisa. Nesse caso, se agir cedo demais, você corre o risco de ser conhecido como o chato que vive batendo na mesma tecla ou um inimigo da equipe, o que talvez leve você a ser ignorado ou até pior. Os líderes podem começar a evitá-lo porque não têm tempo nem energia para lidar com o próximo problema que você vai levantar ou porque acham que você têm mais interesse em discutir novas ideias do que em arregaçar as mangas e implementar as já aprovadas.[23]

E pode acontecer de você não ter controle algum sobre o momento certo para agir com coragem. Talvez esse seja o melhor ou pior dependendo de algum fator do ambiente interno ou externo à organização. Como Sue Ashford, professora da Faculdade de Administração Ross da Universidade de Michigan, e eu relatamos em 2015, os melhores "vendedores de ideias" tendiam muito mais a avaliar o contexto para decidir se deviam agir do que os que não conquistavam apoio para a causa defendida.[24] Por exemplo, o diretor-executivo da divisão de luxo de uma holding equatoriana esperou dois anos para sugerir a entrada em um mercado inexplorado no Peru. Quando teve a ideia em 2007, esse país estava saindo de um período de agitação civil, e a divisão dele ainda tinha espaço para crescer no mercado doméstico. Diante desse contexto, ele decidiu esperar para vender sua proposta internamente. Já em 2009, "o Peru tinha o melhor desempenho do mundo no mercado de ações", disse o diretor. Em vista disso, ele começou a explorar seu projeto de forma mais sistemática até concluir que o Peru estava pronto para o investimento. A nova conjuntura do país vizinho, aliada a um mercado interno agora mais saturado, fez com que aquele se tornasse o momento certo. O diretor buscou e obteve aprovações internas e abriu duas lojas no Peru em 2010. Nos três anos seguintes, uma dessas sozinha respondeu por 40% dos lucros da divisão.

As condições macroeconômicas ou políticas podem ser dois fatores para decidir se é o instante adequado para promover sua ideia. Também é importante verificar a existência de dinâmicas favoráveis à mudança que você está defendendo ou se eventos internos ou externos sugerem que agora é a sua melhor chance de chamar a atenção e viabilizar a ação. Billy, por exemplo, já tinha visto alguns líderes acima dele intimidar e assediar as pessoas por algum tempo. Ele não se orgulhava de ter ficado em silêncio, mas suspeitava que nenhum executivo sênior estaria disposto a ouvir enquanto os resultados financeiros continuassem bons. Quando a organização se viu em uma crise, ele calculou que era sua chance de chamar a atenção para o que ele considerava um padrão de comportamento antiético e impróprio. Correndo o risco de perder o emprego, ele e alguns colegas aproveitaram a oportunidade e confrontaram em público os superiores que abusaram do poder.

Ficar atento aos "ciclos de atenção" — um termo usado pela primeira vez para descrever o processo no qual as questões surgem e permanecem ativas no contexto das políticas públicas — é uma boa maneira de avaliar o melhor momento de agir.[25] Para a maioria das questões, o ciclo de atenção segue o roteiro a seguir. Tudo começa com a fase do "pré-problema", na qual os tomadores de decisão nem chegam a estar cientes do problema nem estão prestando atenção a ele. Algum evento catapulta a situação aos olhos do público e segue-se um período de energia e entusiasmo por fazer algo a respeito. Com o tempo, os "elementos dramáticos" necessários para sustentar essa energia arrefecem, e a atenção se volta a algo novo. Se mudanças suficientes forem feitas e institucionalizadas até então, as chances de um verdadeiro progresso ocorrer são grandes. Caso contrário, o momento ideal foi perdido.

Pensando nisso, as pessoas que agem com mais eficácia tendem a escolher com muito critério a ocasião adequada. Elas esperam até as pessoas certas estarem prontas para levá-las a sério, mas também não deixam o momento ideal passar.

De acordo com a historiadora Doris Kearns Goodwin, o notável senso de oportunidade de Abraham Lincoln foi importantíssimo para ele se tornar, na opinião de alguns, o melhor presidente dos Estados Unidos. Lincoln não perdia tempo comprando brigas antes da hora nem esperava que eventos externos o arrastassem para a ação. Por exemplo, ele tinha redigido a Proclamação de Emancipação dos escravos bem antes de promulgá-la. "Estou convicto de que", explicou ele mais tarde, "se a proclamação tivesse sido promulgada apenas seis meses antes do que foi, ela não teria sido aceita pelos cidadãos americanos".[26] E ninguém pode duvidar do valor dessa decisão.

Um exemplo em ação: Tachi Yamada

Tachi Yamada nasceu um debilitado bebê com menos de um quilo e meio em uma Tóquio devastada pela guerra. Mantendo-o embrulhado em um cobertor na gaveta fechada de uma cômoda, seus pais temiam que ele não sobrevivesse. Mas ele resistiu, o que fez dele uma "criança predestinada" aos olhos do pai.

Ao longo de sua carreira notável, que inclui passagens como presidente de P&D da GlaxoSmithKline (GSK) e do Programa de Saúde Global da Fundação Gates, Yamada usou seus talentos e posições de influência para causar o maior impacto positivo possível no mundo. Como médico e líder, isso significa nunca esquecer que ele é responsável pela saúde e pela vida das pessoas, um lembrete de que quaisquer riscos para si mesmo resultantes de agir com coragem são triviais em comparação.

No comando do P&D da GSK, ele pressionou o conselho de administração da empresa a apoiar a criação de um laboratório para o tratamento de doenças do mundo em desenvolvimento — uma decisão que tinha pouca ou nenhuma probabilidade de gerar retorno financeiro, mas que mesmo assim era a coisa certa a fazer.

Na época, muitas pessoas da GSK estavam descontentes com o processo judicial que a empresa abriu contra Nelson Mandela e o governo da África do Sul por permitir que companhias desse país contornassem a lei internacional de patentes para fabricar medicamentos baratos para o HIV em um momento em que um em cada nove sul-africanos era soropositivo, e a maioria não tinha condições de pagar por tratamentos de empresas como a GSK. "Para quem, como eu, trabalhava lá porque queria fazer uma diferença na vida das pessoas, foi um choque", disse Yamada. "Agora vamos processar pessoas que não podem comprar nossos remédios?" O que ele fez foi procurar uma situação na qual todos sairiam ganhando, ou seja, uma maneira de lidar com o descontentamento que muitos da organização passaram a sentir e ao mesmo tempo mostrar ao conselho de administração que ele estava ciente da necessidade de tomar boas decisões financeiras. Ele precisava mostrar ao conselho que, para os pesquisadores que ele representava, a motivação e o comprometimento com a empresa vinha da possibilidade de trabalhar salvando e prolongando vidas. Essa, em resumo, era a essência da resposta de seus cientistas à pergunta: "O que uma pessoa como eu faz?".

Yamada encontrou a solução em um laboratório espanhol que estava para ser fechado devido a uma fusão recente. Ele não tinha como justificar manter a instalação aberta do ponto de vista do P&D, mas ela ainda atendia a fins comerciais e poderia fazer algo para mostrar às pessoas da GSK e ao público em geral que a grande indústria farmacêutica também se preocupava com medicamentos para a população vulnerável. Ele convenceu o conselho a apoiar sua missão para aquela unidade: o laboratório continuaria aberto na condição de concentrar-se no tratamento de doenças do mundo em desenvolvimento e obter fundos por meio de alianças com pessoas e instituições, como a Fundação Gates, que estão focadas nessa missão. "Consegui transmitir minha crença [ao conselho]", disse ele, "de que isso mostraria ao nosso pessoal que somos capazes de fazer mais e melhor".

A manobra valeu a pena. Além de salvar os empregos dos funcionários do laboratório espanhol, a decisão mostrou ao pessoal de P&D que a empresa de fato se importava. Segundo Yamada, muitos colaboradores de todo o mundo pediram transferência à Espanha para trabalhar nesses medicamentos. Nos anos seguintes, o laboratório fez avanços importantes no desenvolvimento de novas terapias para a malária. Melhor ainda, segundo Yamada, o laboratório serve "como um símbolo do compromisso da indústria farmacêutica em fazer algo pelas pessoas do mundo em desenvolvimento".

O sucesso de Yamada dependeu em parte de seu profundo entendimento de como vincular diferentes questões e convencer as pessoas *no momento certo*. Ele sabia que o conselho da GSK tinha um senso de urgência devido às críticas externas e à insatisfação interna. E essa não foi a única vez que ele usou seu conhecimento de crise iminente para promover mudanças. Por exemplo, a fusão entre a Glaxo e a Smith Kline Beecham — sendo que ambas tinham problemas de pipeline na época — apresentou uma oportunidade para ele reestruturar toda a função de P&D em torno de áreas de pesquisa de doenças em vez dos silos verticais tradicionais (por exemplo, desenvolvimento de medicamentos, estudos pré-clínicos, questões regulamentares) apesar da grande resistência inicial que enfrentou dos dois lados.

Hoje com quase 80 anos, Yamada ainda é motivado pela crença de seu pai de que ele era uma criança predestinada. O homem que chegou a se perguntar por que decidiu estudar medicina e se a ciência realmente faz alguma diferença no mundo conta como tudo ficou claro para ele: "Quando comecei a atender pacientes, percebi que, se eu não tivesse um profundo conhecimento da ciência, estaria colocando em risco a vida das pessoas. Foi um momento de grande despertar e vergonha para mim. Eu estava fazendo corpo mole, levando tudo na brincadeira, querendo tomar atalhos quando o que eu precisava era de uma profunda concentração e foco". Essa clareza de propósito — o que ele deveria fazer da vida — impeliu Yamada por mais de quatro décadas e o impele até hoje. Sua paixão por aliviar o sofrimento humano levou Yamada a assumir riscos calculados em defesa de causas dignas. Em outras palavras, a ser corajoso nos momentos certos.

Lembre-se

- Se você quiser causar um grande impacto, não pode agir a cada oportunidade. Oriente-se esclarecendo seus principais valores e objetivos e escolhendo as chances mais alinhadas com quem você é e deseja ser.
- Seja guiado, não controlado, por suas reações emocionais. Sempre que possível, use estratégias para se distanciar um pouco da

situação e reduzir a intensidade de suas emoções antes de decidir se deve ou não agir.

- Esclareça se uma oportunidade de agir representa apenas uma batalha isolada ou a guerra como um todo. Se for uma batalha, pergunte-se antes se os possíveis benefícios de sua ação podem ajudar ou dificultar no alcance de seus objetivos (vencer a guerra).
- Preste atenção ao timing. Às vezes vale a pena esperar até conquistar mais credibilidade ou reunir mais evidências para sustentar seus argumentos; outras vezes, as dinâmicas ou as oportunidades de sucesso geradas por eventos internos ou externos requerem ação imediata para não deixar passar o auge do ciclo de atenção.

Capítulo 7

Administre a mensagem

Melinda, gerente sênior de produto de uma grande empresa de bens de consumo, estava com um pepino nas mãos. Com base em novas descobertas científicas, a equipe de P&D rebaixou o ingrediente-chave de um produto importante da empresa para sua menor classificação, o que significava basicamente que esse item não deveria mais ser usado. O P&D tinha gastado milhões de dólares nos últimos seis meses em busca de um alternativo que fosse mais seguro e igualmente eficaz, mas sem sucesso. Melinda não tinha muito tempo. Como o relatório anual de segurança do produto deveria ser entregue em um mês e seria compartilhado com o público, ela precisava recomendar um plano para a equipe sênior.

Na opinião de Melinda, ela tinha três opções de orientação: (1) manter o produto existente por enquanto, apesar de conter a substância indesejável (porém legal), (2) indicar um novo produto, sabendo que era inferior, porém sem dúvida mais seguro ou (3) remover o produto existente do mercado até o P&D encontrar uma alternativa mais segura e eficaz.

Nenhuma dessas opções era ideal. Manter o existente parecia violar o compromisso da empresa com produtos seguros. Usar o novo, porém inferior, poderia indispor os clientes e levar alguns a parar de usar os artigos da empresa. Retirá-lo do mercado até que uma alternativa melhor fosse encontrada implicava abrir mão de cerca de 5% do faturamento total da empresa.

Depois de dias de muita preocupação, Melinda e sua equipe decidiram propor a segunda opção: substituir o produto existente por uma alternativa mais segura, porém menos eficaz. Ela sabia dos riscos, já que o histórico de outras trocas por opções mais seguras era inconclusivo. Em alguns casos, as vendas continuaram iguais ou até aumentaram; em outros, elas definitivamente caíram no começo. Com esses dados, Melinda teve de encontrar uma boa maneira de apresentar sua recomendação ao CEO e à alta administração. Como ela poderia convencer aquela variedade de pessoas de que essa seria a melhor (ou a menos pior) maneira de manter o alinhamento com os valores da empresa e ao mesmo tempo minimizar as desvantagens financeiras?

Melinda decidiu sua recomendação, mas ainda precisa decidir *como* divulgá-la. Quem (se for o caso) ela deve convidar para acompanhá-la nessa tarefa? Quais dados ela usará e que tipo de apresentação fará? Como formular a mensagem para convencer os executivos? Ela deve começar com os valores culturais que corroboram seu parecer ou se concentrar nas implicações financeiras de curto e longo prazo? Ela deve descrever sua proposta como uma oportunidade a ser buscada ou uma ameaça a ser enfrentada? Ela tem como ajudar os executivos a ver a situação como uma oportunidade de promover os próprios interesses em vez de apenas um grande problema?

Como Melinda, você também tem uma série de opções quando precisa convencer alguém. Por exemplo, convidar outras pessoas para ajudar na argumentação, usar os dados certos da maneira certa e aplicar várias estratégias que meus colegas especialistas em "venda estratégica de ideias", voz e persuasão encontraram para aumentar a eficácia da iniciativa.[1] Naturalmente, se o seu objetivo for só extravasar, talvez você não se importe tanto com a eficácia. Mas, presumindo que essa não seja sua única meta, vale a pena pensar com um pouco mais de tática sobre quem, onde e como dizer o que tem a dizer.

Prepare-se

Vou começar por uma coisa óbvia, mas que costuma ser ignorada na prática: a razão para levar um problema ou uma ideia a um ou mais alvos é justamente que você precisa da ajuda ou aprovação deles. Se você tiver isso em mente, também deve ficar claro que é indispensável entender a visão de mundo *deles*. Não estou dizendo que seus valores, crenças, preferências e prioridades não importam. O que estou dizendo é que conhecer os valores, crenças, preferências e prioridades de seus alvos é igualmente importante (ou até mais). Melinda, por exemplo, tem uma opinião sobre o que a empresa deve fazer, mas, se não conseguir convencer os gestores seniores a aceitar sua recomendação, sua opinião é irrelevante.

O problema é que tendemos a apresentar nossos argumentos da maneira como *nós* consideramos mais convincente. E aí ficamos frustrados, furiosos ou chateados quando não conseguimos os resultados que desejávamos. "Minha apresentação foi tão convincente", dizemos a nós mesmos (e a quem quiser ouvir). E foi mesmo... mas para *você*.

Se você já fez uma apresentação usando dados robustos e uma excelente argumentação, mas não pensou em como suas novas ideias poderiam alimentar temores ou criar mais trabalho e dificuldades para as pessoas, o resultado provavelmente foi algo como se segue. As pessoas resistiram, rejeitaram suas propostas e fizeram perguntas que você não tinha previsto. Você ficou na defensiva e tentou fazer as (boas) interrogações parecerem absurdas ou idiotas. No fim, as suas visões (apesar dos méritos) acabaram morrendo na praia.

Para evitar situações como essa, tente ver os interesses de seus alvos como "moedas" que você pode usar para negociar.[2]

Peça ajuda se necessário

Pode acontecer de as pessoas simplesmente não levarem você tão a sério quanto levariam alguma outra pessoa, mesmo se você disser a mesma coisa da mesma maneira. Especialmente quando você está defendendo a si mesmo ou a outros membros de um grupo com o qual se identifica.[3]

Por exemplo, em sua pesquisa de doutorado na Universidade de Washington, Benjamin Drury descobriu que, quando vítimas de preconceito (mulheres e negros, em seus estudos) confrontaram o agressor (homens ou brancos), elas foram levadas menos a sério do que quando o confronto foi feito por outros homens ou brancos.[4] Seja porque é mais fácil dizer que a pessoa ou grupo ofendido "está exagerando" ou "levando para o lado pessoal", o fato é que as questões costumam ganhar mais força quando contam com o envolvimento de quem não é associado a elas (pelo menos não na visão dos outros). Assim, por mais que uma questão seja importante para você, vale a pena checar se uma coalizão mais ampla que não seria facilmente relacionada ao tema e rejeitada se disporia a agir com você — ou até por você.

Convencer os outros a promover sua causa pode ser ainda mais útil quando as consequências potenciais são maiores. Por exemplo, as pessoas que denunciam um comportamento antiético ou ilegal observam que é mais fácil agir quando provam que muitas outras têm a mesma opinião sobre a situação e ficarão ao lado delas. Não se trata apenas da segurança relativa de saber que sua organização provavelmente não pode ou não vai demitir todos vocês (algo temeroso se você agir sozinho), mas, se souber que outras pessoas pensam como você, sua confiança em seu posicionamento e sua motivação vão aumentar.[5] Essa "prova social" também aumenta as chances de algo efetivamente mudar.[6]

Mesmo se os outros não se dispuserem a travar sua batalha em público, suas tentativas de envolvê-los ainda podem ajudar. Você vai ter uma ideia melhor de quantas pessoas pensam como você, o que está por trás do medo ou das preocupações delas, se elas conhecem informações relevantes e o que sabem sobre as melhores maneiras de abordar seu alvo. Isso pode ser particularmente importante quando você não tem muito tempo na organização ou não sabe muito sobre quem pretende influenciar. Como observou a professora Mary Gentile, as pessoas podem informar sobre o que levou a mudanças no passado e o que levou a reações extremamente negativas.[7] Por exemplo, talvez alguém saiba que seu alvo responde melhor a histórias tocantes do que a dados e análises.

Apesar de as pessoas concordarem com você entre quatro paredes, não se esqueça de que elas podem agir de outra maneira sob pressão. Cheryl estava desanimada porque a empresa raramente dava aumentos, e seus colegas lhe disseram que também andavam descontentes. Mas, quando Cheryl se posicionou em uma reunião com todos os funcionários e o presidente perguntou se alguém mais se sentia da mesma maneira, todos ficaram em silêncio. Diante disso, o presidente limitou-se a explicar que a economia estava difícil e que ele daria uma olhada nisso. Nada mudou, tirando o fato de Cheryl ter recebido uma avaliação de desempenho ruim naquele ano. Apesar de os colegas de Cheryl terem expressado seu apoio em particular, ela não garantiu o compromisso de que eles também a apoiariam em público. Ela não pediu que eles se comprometessem a se manifestar na reunião ou demonstrar outros tipos de apoio em público nem que assinassem uma carta para documentar o posicionamento deles. Portanto, quando todos ficaram em silêncio na reunião, ela foi a única a sofrer as consequências. Decepcionada com a administração e com os colegas, Cheryl saiu da empresa.

Escolha o melhor contexto

Ninguém gosta de sentir que caiu numa emboscada nem que está sendo pressionado por um grupo. Assim, se você falar com cada pessoa em particular — pelo menos na primeira vez —, aumentará as chances de sua mensagem ser bem recebida. Jake, por exemplo, me disse que entrar em uma discussão em público com seu presidente narcisista e teimoso só gerou reações explosivas que não levaram a nada. Mas, se um único funcionário lhe dissesse a verdade em particular, apresentando fatos e com muita diplomacia, o presidente reagia com mais calma. Uma conversa privada dava ao presidente a chance de manter as aparências podendo informar-se dos pontos de desacordo ou das novas propostas antes de as coisas serem discutidas em público.

Kelly soube escolher o lugar e a hora certos e acabou obtendo bons resultados. Como fazia parte de uma equipe que incluía o diretor financeiro e líderes de operações, Kelly participava de uma negociação para vender a empresa. Em um determinado momento da reunião, que exigia sua expertise, Kelly tomou a palavra e se manteve respeitosamente firme quando os potenciais compradores voltaram a defender uma posição insustentável. No meio de uma frase, o diretor financeiro cutucou a perna de Kelly várias vezes a fim de fazê-la parar de falar, o que todos puderam ver, e tomou a palavra para si.

Kelly ficou pasma. Ficou em silêncio, com o rosto vermelho. Ela queria continuar falando ou pelo menos mandar uma mensagem pelo WhatsApp dizendo ao diretor financeiro que estava furiosa. Mas ela se conteve e o deixou terminar a reunião com os compradores potenciais.

No dia seguinte, Kelly foi à sala do diretor financeiro. Ela disse que o considerava um amigo e que o respeitava muito. Mas que se sentiu desrespeitada com o que ele fez na reunião. Ela achava que o incidente também deu a impressão errada ao comprador potencial, porque fez com que ela parecesse descontrolada quando ela só estava fazendo sua parte na negociação. "Se você achar que estou soando agressiva", ela disse, "não deixe de me dizer, mas de algum outro jeito. Eu queria que você soubesse que estou aberta ao feedback construtivo". Passado o estresse da negociação, o diretor financeiro admitiu que não devia ter feito aquilo, pediu desculpas a Kelly e agradeceu o feedback.

É claro que, em algumas situações, faz sentido levantar uma questão na frente de outras pessoas. Por exemplo, algumas decisões só são discutidas uma vez em público, e, se você não usar essa oportunidade para se posicionar, não terá outra chance. Você também pode decidir se manifestar em público, com outras pessoas como testemunhas, para tentar convencer o alvo a se comprometer a agir.

Leve dados e soluções

Na maioria das vezes, os problemas sobre os quais queremos alertar os outros não são urgentes e, de qualquer maneira, as pessoas com poder para resolvê-los não os considerarão tão prementes quanto nós. É por isso que você precisa convencê-las. De acordo com minhas pesquisas, apresentar dados e sugerir soluções pode fazer uma grande diferença.[8]

Só para dar um exemplo: um gestor sênior de uma empresa da *Fortune 50* acreditava na existência de um grande potencial em um segmento de mercado inexplorado. No entanto, o presidente da divisão passou anos discordando e impedindo a organização de perseguir essa oportunidade. Sabendo que jamais venceria a batalha só com base em sua opinião, especialmente porque outros membros da equipe de liderança hesitavam em contestar o presidente, o gestor sênior decidiu compilar uma série de análises para respaldar sua recomendação. Com os dados em mãos, ele finalmente conseguiu convencer o presidente a aprovar um pequeno piloto. Quando o piloto gerou evidências empíricas incontestáveis para sustentar a ideia, o presidente finalmente concordou. O segmento de mercado tornou-se uma prioridade global e gerou algumas das maiores margens de lucro para a empresa. Além disso, o gestor sênior foi um dos mais jovens da história da empresa a ser promovido ao próximo nível de gestão.

Levar dados e soluções pode ser especialmente útil ao lidar com os tipos mais graves de delito, como comportamento ilegal, antiético ou extremamente impróprio. As pessoas podem se convencer da importância de mudar ou parar de fazer alguma coisa ou simplesmente ver que terão (ainda mais) problemas se o ignorarem ou tentarem se vingar de você.[9]

Além disso, é comum as pessoas enfiarem a cabeça na areia quando estão com medo e não conseguirem ver uma saída, de modo que lhes apresentar soluções significa uma enorme diferença.

Escolha os dados

Não se esqueça de que os dados e as soluções que mais importam são aqueles que o seu alvo, e não você, considera convincentes. Lembre-se também de que os dados que você coletou e as soluções nas quais pensou não são *os únicos* existentes. Você pode ter alguns mostrando que as pessoas de sua unidade estão insatisfeitas com alguma coisa. Mas os líderes seniores podem ter outros indicando um problema ainda maior em outra parte da organização que requer recursos ou a atenção deles imediatamente.

Otis, líder de equipe de uma pequena empresa farmacêutica, mostrou que sabe muito bem escolher e usar dados para embasar uma argumentação. Ele sabia que sua única chance de contestar o diretor médico de sua empresa sobre o melhor caminho para desenvolver um produto era apresentar uma proposta alinhada com os objetivos da organização. Otis também sabia que o diretor de marketing descartaria sua ideia imediatamente como uma mera questão de opinião, de modo que incluiu vários dados científicos para corroborar sua proposta, como precedentes clínicos e resultados de modelos de simulação. Diante do tipo de evidência que ele próprio usava com frequência para embasar seus argumentos, o diretor de marketing não teve outra escolha a não ser aceitar a proposta de Otis.

Embora seja importante usar o tipo de dado que o(s) alvo(s) específico(s) de sua ação considera(m) convincente, também vale a pena prestar atenção àqueles que têm mais peso em sua organização como um todo. Em algumas companhias, o que mais vale é a lógica do "não foi inventado aqui", ou seja, se você não puder mostrar dados internos ou soluções criadas internamente, só estará desperdiçando saliva. Você apresentará um exemplo espetacular de como sua ideia funciona em alguma outra organização e a resposta será: "Tudo bem, mas nós não fazemos esse tipo de coisa" ou "Não é assim que fazemos as coisas". O que pode acontecer é que sua tentativa de melhorar as coisas por sua própria conta e risco — algo que me parece ser um ato de verdadeira lealdade — talvez leve as pessoas a questionar se você se encaixa bem na organização ou se é um membro leal dela.

Por outro lado, nas empresas que acreditam que "as melhores ideias vêm de fora", é melhor você encontrar dados e histórias de outra, mesmo se quem teve a ideia foi você ou algum colega da empresa. Em uma empresa farmacêutica que estudei, por exemplo, os cientistas me contaram: "Contratamos os melhores talentos do mundo, mas parece que após alguns anos somos todos inevitavelmente considerados inferiores aos cientistas de outras empresas". Em consequência, quando os pesquisadores quiseram obter o apoio dos superiores para continuar explorando possíveis avanços, eles apresentaram evidências ou teorias de empresas concorrentes e outros acadêmicos para serem levados a sério pelos líderes seniores de P&D.

Por fim, não se esqueça de que bons dados ou soluções viáveis não contam, por si só, uma história ou um caso convincente. Como os professores de liderança Noel Tichy e Warren Bennis explicaram, esses elementos normalmente só são persuasivos quando você os atrela a uma narrativa existente ou a um novo enredo.[10] Se você tem suas dúvidas, pense um pouco sobre o mundo da política. Seja qual for sua inclinação ideológica, é comum se expor a informações e ideias que não ressoam seu ponto de vista e que você acaba minimizando ou rejeitando por completo. O que ressoa são aquelas propostas que se encaixam na narrativa com a qual você já está comprometido e na qual provavelmente já confia. O truque, na linguagem das ciências sociais, é ajudar as pessoas a superar seu forte "viés de confirmação" apresentando evidências contrárias de uma forma que não sejam ignoradas ou rejeitadas de imediato.[11] Para fazer isso, você vai precisar ponderar muito bem a maneira como quer apresentar sua proposta.

Reforce a sua argumentação

Formular bem sua mensagem implica convencer os outros da existência de um terreno em comum entre o que você está fazendo ou dizendo e a maneira como eles veem o mundo, o que valorizam e o que desejam ou esperam que aconteça. Como Jay Conger, professor de liderança da Universidade Claremont McKenna, explica em "The

Necessary Art of Persuasion" ("A necessária arte da persuasão", em tradução livre), trata-se de ajudar os outros a ver que *eles* podem se beneficiar ao aceitar o que você está dizendo.[12]

Vejamos algumas maneiras específicas de fazer isso.

Defenda o crescimento, não a destruição

Na maioria dos casos, você está propondo uma mudança — uma estratégia de crescimento, um novo direcionamento, um comportamento diferente — porque algo que está acontecendo não é o ideal. Você acha que o comportamento de alguém poderia ser melhor, que os recursos poderiam ser alocados de forma mais lucrativa ou que um processo poderia ser mais eficiente. Independente do jeito que você apresentar seu argumento, sua mensagem sempre carregará uma crítica implícita ao status quo. A ideia, portanto, é dizer coisas que não façam os outros acharem que você está criticando suas decisões ou comportamentos anteriores ou atuais. Uma maneira de fazer isso é apresentar sua proposta em termos de "o próximo passo". Com isso, você estará usando a linguagem do crescimento e da melhoria e não da rejeição ou da destruição.

Mary Gentile aconselha: ajude as pessoas a ver que as decisões tomadas no passado foram válidas e produziram benefícios.[13] Se você conseguir isso, mesmo que o benefício não tenha passado de uma lição aprendida, será mais fácil para as pessoas aceitarem os próximos passos propostos sem achar (talvez inconscientemente) que precisam admitir e reconhecer seus erros. Lembre-se de que seu objetivo é conquistar apoio para seguir em frente, não forçar as pessoas a admitir que erraram ou pisaram na bola nem a abrir mão de tudo o que vinham fazendo até agora ou de tudo que acreditam.

Mostre que a sua intenção é vencer juntos

Outra coisa que pode parecer óbvia, mas é muito ignorada na prática: as pessoas terão uma reação muito melhor se o fato de aceitar seu ponto de vista ou sugestão também não significar que elas estão erradas, são incompetentes ou correm o risco de ficar isoladas.

Bill, gerente de projeto de tecnologia da IBM, usou sua influência para melhorar muito o relacionamento com um cliente, o que seus antecessores não tinham conseguido. Quando Bill herdou o programa, já havia um longo histórico de desavenças sobre o orçamento e os prazos e uma grande insatisfação sobre a maneira como as pessoas atuavam e interagiam. Ele reuniu representantes da IBM e do cliente e explicou com clareza o que eles precisariam mudar para obter resultados melhores. Juntos, eles definiram novas metas, regras de prestação de contas e consequências para os dois lados ao não cumprir essas novas obrigações. Bill disse que deu certo porque ele abordou a situação em termos de uma verdadeira colaboração, estabelecendo metas em conjunto, de modo que as duas únicas opções eram que tanto a sua organização quanto o cliente sairiam ganhando ou ambos sairiam perdendo.

Uma maneira de evitar que seu alvo fique na defensiva é adotar a "postura do *e*", um método descrito por Douglas Stone e seus colegas no excelente livro *Conversas difíceis*.[14] Comece descobrindo como a pessoa vê a situação e ajude-a a enxergar como você acha que as coisas poderiam mudar. Eu e meus colegas David Webster e Bobby Parmar chamamos isso de "use a empatia e depois resolva". Se a pessoa não sentir que você realmente se importa com o que ela pensa e que ela pode se abrir para trabalhar com você nas mudanças, são poucas as chances concretas de ela abraçar a sua proposta.

Raul demonstrou esse tipo de empatia quando teve de dar um feedback a Pete, um de seus subordinados. Ele precisava dizer a Pete que vários superiores achavam que ele não estava comprometido e não dava a mínima para o trabalho. Como Raul não queria que Pete ficasse com vergonha ou com raiva e saísse da empresa, ele "abordou o problema de um lugar de colaboração", dizendo a Pete algo como: "Eu também recebi um feedback parecido no início da minha carreira e foi um dos melhores que já tive porque foi uma lição que ficou gravada na minha memória e me ajudou muito depois". Em vez de ficar na defensiva ou ignorar o conselho, Pete aceitou a avaliação, e sua atitude melhorou muito.

Por outro lado, você corre um grande risco de as pessoas se fecharem quando você usa muito a conjunção "mas" nas suas frases. "Dou muito valor a tudo o que você faz, *mas*..." Quando as pessoas ouvem esse tipo de coisa, elas automaticamente descartam tudo o que você disse antes do "mas". Se Melinda, ao fazer sua recomendação sobre o dilema descrito no início deste capítulo, disser à equipe sênior que "os lucros são importantes, *mas* precisamos priorizar a segurança do cliente", pessoas como o diretor financeiro e o diretor de marketing podem muito bem sair da reunião pensando: "Melinda não se preocupa com a lucratividade". Ela terá mais chances de convencê-los sem prejudicar sua reputação se usar a "postura do *e*", dizendo algo como: "É um privilégio enorme para mim trabalhar numa empresa que reconhece os lucros como necessários e importantes *e* em que a segurança do cliente é ainda mais importante".

Conecte-se às prioridades deles

Imagine a seguinte situação: você tem alguns talentos na sua equipe e corre o risco de perdê-los se não conseguir lhes dar algum projeto novo e empolgante para trabalhar. O problema é que sua área não está crescendo — nem chega a ser vista como especialmente alinhada com as prioridades atuais da organização. O que você faz?

Você identifica as áreas da companhia com as quais a alta administração está mais empolgada no momento. Por exemplo, você pode sugerir que seus talentos recebam projetos especiais nesses setores. Talvez seus chefes não tenham tempo nem energia para se preocupar com o desenvolvimento dos seus subordinados, mas toda ajuda é bem-vinda nos departamentos que eles consideram prioritários.

Quando Tachi Yamada teve a ideia de salvar aquele laboratório de pesquisa da GlaxoSmithKline na Espanha, ao ver que não conseguiria justificar sua proposta com base em pesquisas tradicionais e dados financeiros, ele propôs convertê-lo em um laboratório que se focaria no tratamento de doenças do mundo em desenvolvimento. Era exatamente o tipo de prova tangível à qual as grandes empresas dão mais ouvidos do que enriquecer ainda mais os acionistas e da qual os líderes seniores da GSK precisavam para neutralizar a reação negativa gerada com o processo contra Nelson Mandela e o governo da África do Sul por produzir versões mais baratas dos medicamentos anti-HIV protegidos por patentes. Em resumo, o projeto vinculava a proposta de Yamada a algo em que seus superiores estavam focados no momento.

É comum que deixemos de nos posicionar por temer que a questão que queremos levantar não seja vista como importante o suficiente. Nesse caso, é interessante "agrupar" sua questão com outros problemas ou programas relacionados que, juntos, mostram que as consequências podem ser maiores do que se imagina.[15] Se, por exemplo, você estiver preocupado com a possibilidade de perder algumas mulheres de sua equipe e sua organização estiver tentando resolver antigos problemas de retenção e promoção de mulheres talentosas, seria interessante atrelar sua questão ao problema da organização.

Fale em termos de oportunidades, não de ameaças

É melhor apresentar seu problema como uma oportunidade ou uma ameaça? Em algumas situações, a resposta é óbvia. Se você tiver de demitir funcionários, ninguém quer ouvir que os cortes são uma oportunidade para a empresa ser mais lucrativa. Será melhor apontar para ameaças competitivas ou macroeconômicas reais, mostrando que foi difícil tomar a decisão mas que ela teve de ser tomada para evitar um número muito maior de demissões.

Em muitas situações, contudo, sua abordagem deve depender mais do seu alvo do que do problema em questão. Algumas pessoas são orientadas à promoção, o que significa que elas se dispõem a assumir riscos e fazer algo novo se virem vantagens suficientes. Outras são orientadas à prevenção e, portanto, mais propensas a mudar quando são informadas do que pode dar errado ou ser perdido.[16] Você aumenta suas chances de sucesso simplesmente descobrindo se o seu alvo tende a reagir melhor a oportunidades ou a ameaças e alinhando a maneira como você apresenta seu problema ou ideia.

Afinal, o que você está tentando é *motivar* alguém, chamar a atenção e gerar interesse para que a pessoa se sinta compelida a fazer algo. Portanto, não deixe de vincular sua questão a uma oportunidade ou ameaça que seu alvo considera de extrema importância.

Ted, por exemplo, trabalhava em um acampamento de férias infantil e viu um de seus colegas sendo desrespeitoso com as crianças que supervisionava. O colega era rude e negligente com os acampantes e falava mal deles pelas costas. Ele também destratava Ted por conta de sua identidade sexual a ponto de ameaçá-lo com violência. Diante da situação, Ted pediu demissão e escreveu uma carta detalhada ao diretor explicando suas razões. Ainda muito magoado, Ted se concentrou quase exclusivamente na maneira como tinha sido tratado pelo colega. O diretor do acampamento não se motivou a fazer alguma coisa em defesa de um ex-funcionário que pediu demissão e nada foi feito com relação ao colega. Se Ted tivesse focado na ameaça que o colega representava *para as crianças* e, portanto, nos riscos legais de inação por parte da administração do acampamento, poderia ter convencido o diretor a agir.

Argumente em termos instrumentais ou culturais

Suponhamos que você acha que as pessoas devem começar ou parar de fazer alguma coisa devido a suas implicações nos negócios *e* porque é a coisa certa ou errada a fazer de acordo com alguns princípios importantes. A questão é qual desses argumentos tem mais chances de convencer as pessoas que você precisa influenciar.

Embora longe de ser uma regra universal, a argumentação "instrumental" muitas vezes é mais eficaz do que a argumentação "cultural", apesar de essa também ser muito eficaz (especialmente em organizações muito orientadas a propósitos).[17] Por exemplo, Karla, que atuou em uma empresa de construção, se preocupava com os funcionários que trabalhavam tempo demais ao sol sem intervalos. Karla sabia que a prática da companhia era antiética e incompatível com sua postura em relação à segurança dos colaboradores, mas evitou mencionar isso. Ela achou que a gerência se sentiria acusada de insensível e negligente (e talvez até hipócrita). Karla evitou totalmente a argumentação cultural e usou a instrumental para descrever os custos e os benefícios dos intervalos que estava recomendando. Ela disse que os operários ficavam tão exaustos com o calor que acabavam desacelerando o trabalho e cometendo mais erros. A empresa teria resultados melhores, ela alegou, se adicionasse alguns intervalos nos dias mais quentes. Essa linha facilitou que seus supervisores concordassem com a proposta.

Uma boa regra é começar com razões instrumentais e só depois entrar nas culturais como uma justificativa adicional para sua argumentação não soar como um ataque à ética das pessoas. Ethan, por exemplo, queria que sua empresa se baseasse mais em evidências ao trabalhar para os clientes. Mas ele conduziu seu argumento dizendo que a abordagem da empresa era "antiética", o que levou seu chefe a ficar na defensiva e recusar qualquer mudança. Se tivesse começado com uma argumentação instrumental, sugerindo que uma abordagem mais científica atrairia novos clientes e ajudaria a reter os existentes, ele poderia ter neutralizado a postura defensiva do chefe e só depois acrescentaria que as mudanças propostas se encaixavam perfeitamente com a cultura da empresa de "entregar mais do que os clientes esperam".

Um exemplo em ação: Mel Exon

A Yeo Valley — marca familiar de laticínios orgânicos do Reino Unido — era uma candidata improvável para uma campanha publicitária descolada e inovadora no início da era das mídias sociais, mas Mel Exon, executiva da agência de publicidade Bartle Bogle Hegarty (BBH), achava que valeria a pena tentar. Como a marca enfrentava uma acirrada concorrência das gigantes globais de alimentos que promoviam cada vez mais suas próprias linhas de produtos "100% naturais" e, ainda por cima, o público tendia a ver os alimentos orgânicos como superfaturados e elitistas, Exon estava convencida da necessidade de uma campanha inovadora. A diretora de marketing da Yeo Valley concordou. Em vez de seguir pelo caminho mais seguro, como muitas empresas do setor teriam feito, Exon e sua equipe decidiram arriscar tudo.

O comercial que eles produziram foi absolutamente inusitado: um videoclipe ambientado na fazenda da Yeo Valley, com os fazendeiros cantando um rap sobre o orgulho que tinham de seus produtos, da agricultura sustentável e da terra. Aumentando ainda mais a aposta, eles investiram quase todo o orçamento de mídia em um único anúncio de TV que foi veiculado por dois minutos durante o primeiro episódio do *X Factor* no Reino Unido.

Se a enorme audiência da TV não se interessasse pelo comercial e ninguém visitasse as plataformas que eles construíram na internet, a BBH provavelmente teria sido dispensada pela Yeo Valley, o que teria sido um tiro no pé para a equipe de Exon. (A diretora de marketing da Yeo Valley também corria o risco de perder o emprego.) E a reputação da BBH sem dúvida seria afetada. Na comunidade de marketing, todo mundo sabe qual foi a agência responsável por uma campanha, e a imprensa especializada não demora a apontar os fracassos. Como lembra uma colega, Rosie Arnold, Exon poderia facilmente ter sido nomeada "A Mancada da Semana" em uma revista especializada do Reino Unido.

O diretor executivo de criação da agência queria que Exon convencesse o cliente a não embarcar no projeto. "Ele simplesmente odiou a campanha", ela e Arnold lembram. O diretor executivo de criação e outros (incluindo o diretor da agência no Reino Unido) acharam que o rap era cafona e brega e não queriam levar o projeto adiante. A principal preocupação de Exon e Arnold não era ser demitidas (elas duvidavam que isso acontecesse), mas elas temiam macular sua reputação profissional. Arnold explicou: "Você passa sua carreira inteira sendo julgado pelo seu último trabalho. Mesmo assim, normalmente você segue confiante, porque todo mundo que trabalha na área sabe disso". Com tantos céticos na BBH, o risco à reputação parecia ainda mais claro. Além de todo o medo que elas já tinham sentido nos meses que antecederam o lançamento, era ainda mais duro saber que não contavam com o respeito dos principais líderes criativos, que elas consideravam mentores. Exon passou muitas noites em claro, em uma montanha-russa emocional que oscilava entre a empolgação e o medo. "Era só uma propaganda", Exon sabia, mas as reputações da BBH, da Yeo Valley e dela estavam em jogo.

Exon e sua equipe insistiram. Como você acha que ela convenceu seus superiores a comprar a ideia da campanha (que acabou sendo um sucesso estrondoso)? Ela "nunca dava a impressão de que estava fazendo qualquer coisa em benefício próprio", disse outro colega, Saneel Radia. Ela mostrou que "vestia a camisa da BBH", de modo que "ninguém duvidava de suas intenções". Exon lembra-se de um comentário do fundador e CEO da BBH, Nigel Bogle, que exemplifica como o comportamento dela é visto na empresa. "Você conhece o DNA da BBH", ele disse, "e tenta incorporá-lo e melhorá-lo em vez de mudá-lo".

Exon também formulou seus argumentos de maneira a torná-los convincentes, ou pelo menos aceitáveis, para as pessoas de cujo apoio ela precisava. Radia diz que Exon domina a arte de falar "nos termos da pessoa com quem ela está falando", não importa qual seja a área de especialização ou ponto de partida de seu alvo. Ela via a situação do ponto de vista dos outros e adequava suas mensagens para mostrar aos colegas que estava do lado deles ao mesmo tempo que os forçava a sair de sua zona de conforto. Ela ajudou o pessoal da BBH a ver que esse tipo de inovação tinha tudo a ver com a cultura da empresa e que todo mundo sairia ganhando com qualquer aprendizado resultante da campanha. No projeto da Yeo Valley, e em outros casos ao longo de sua carreira, o sucesso de Exon se explica, em parte, pelo fato de ela ser uma mestre em administrar a mensagem.

Lembre-se

- Além do conteúdo (*o quê*) de sua mensagem, a pessoa que a transmite (*quem*) e o contexto no qual ela é transmitida (*onde*) podem fazer uma grande diferença na maneira como é recebida. Considere chamar outras pessoas para ajudar e pense bem no melhor lugar e momento para apresentar sua proposta.
- Mostrar dados e soluções costuma ser melhor do que se limitar a apontar problemas ou ideias sem evidências. Lembre-se de que os melhores dados e soluções são aqueles que os alvos, e não você, consideram mais convincentes. E também que os dados por si só raramente são convincentes; o que convence é a narrativa que os acompanha.
- A mesma mensagem pode ser apresentada de maneira a reduzir as chances de ofender os alvos e aumentar as chances de eles se identificarem com sua proposta. As pessoas têm mais probabilidade de aceitar sua mensagem quando acreditam que você tem a intenção de aproveitar o que elas já fizeram, incluí-las nos planos para o futuro e ajudá-las a alcançar as próprias prioridades.
- Algumas pessoas são mais inspiradas pelas oportunidades enquanto outras respondem melhor a ameaças. Algumas são motivadas a proteger e promover valores próprios ou organizacionais enquanto outras respondem melhor a objetivos instrumentais no trabalho. Estudar as reações que seus alvos tiveram no passado o ajuda a formular suas mensagens de maneira a aumentar as chances de convencê-los a agir.

Capítulo 8

Controle suas emoções

Depois de passar dois meses trabalhando com Steve, Reyna, enge-
nheira de projetos de uma empresa de bens de consumo, estava frustrada com o estilo de trabalho do colega. Ao contrário de Reyna e
outros da equipe, que preferiam adiantar as demandas para administrar suas cargas de trabalho e seus níveis de estresse, Steve deixava para
entregar as tarefas em cima da hora. Ele concordava com qualquer
prazo proposto e normalmente conseguia fazer as coisas no último
minuto. Só que em geral ele não deixava tempo para que seus colegas
de equipe revisassem o que ele tinha feito e sugerissem ou fizessem
alterações.

Apesar de nunca ter se manifestado diretamente sobre seus sentimentos, crenças nem as razões para sua insatisfação, Reyna tentou
conversar com Steve sobre seu estilo de trabalho e dizer como esse
comportamento incomodava a equipe.

Como Steve queria que todos gostassem dele, ele tendia a evitar
conversas difíceis e procurava terminá-las pedindo desculpas e prometendo melhorar.

Mas nada mudava.

Na última conversa com ele, depois de uma corrida especialmente
estressante para cumprir um prazo, Reyna se irritou com Steve e disse
que estava cansada de ele "estragar tudo com sua procrastinação" e
"tentar ocultar sua falta de profissionalismo e de compromisso com a

equipe alegando que 'cada um tem seu jeito de trabalhar'". Steve ficou furioso e respondeu quase aos gritos: "Você é uma chata mesmo. Tudo tem que ser do seu jeito. Não aguento mais viver sob a sua ditadura. O único problema da equipe é você!". Os dois se encararam com raiva e cada um saiu para um lado.

Como você acha que Reyna poderia ter lidado melhor com a situação? O que *você* tenderia a fazer se estivesse no lugar de Reyna — frustrado com o comportamento de um colega e vendo que seus toques e indiretas não estão levando a mudança alguma? Você estaria disposto e seria capaz de dizer alguma coisa antes de chegar ao ponto de Reyna, que acabou sendo dominada pela raiva? Você seria capaz de falar de maneira a levar Steve a se abrir para uma mudança em vez de deixá-lo furioso e na defensiva?

E o que dizer de Steve? Se você estivesse no lugar dele — pego de surpresa por um ataque verbal de uma colega —, como acha que reagiria? Você conseguiria manter a calma sem atacá-la de volta? Você conhece as táticas e tem as habilidades certas para transformar essa conversa em um diálogo produtivo em vez de uma disputa para ver quem grita mais alto?

Costumamos ter muita dificuldade de lidar com esse tipo de situação. Não sabemos ao certo o que dizer nem como dizer e temos muito medo de tudo o que pode dar errado. Não importa se nossa tendência sob estresse seja lutar (confrontar as pessoas com raiva), congelar (ficar tão paralisados que não conseguimos responder nada na hora) ou fugir (evitar conversas difíceis como essa), é comum acabarmos dando um tiro no pé ao lidar com situações emocionalmente intensas.

Saber administrar as próprias emoções não garante que as pessoas reajam bem, mas, como é o caso das outras competências que discutimos até aqui, aumenta as chances de transmitir sua mensagem segura e produzir algo positivo para os outros. Vamos dar uma olhada em algumas estratégias para isso.

Administre as emoções

As emoções fazem uma grande diferença nos resultados dos atos corajosos. De acordo com meus estudos, a capacidade de administrá-las — as próprias e as de seus alvos — foi um grande fator determinante dos casos de sucesso.

Quando você está calmo e tranquilo, é capaz de levar em conta a visão de mundo de seu alvo e decidir a melhor maneira de apresentar seus argumentos. E, com tempo e tranquilidade suficientes, você tem como pensar nos aliados que podem ajudá-lo quando for levantar a questão e na melhor hora e lugar. Mas todo mundo sabe que pode ser difícil e complicado controlar ou esconder nosso medo e raiva e administrar as emoções dos outros.

O medo pode jogar por terra todos os nossos planos de ação. Ninguém duvida que congelar ou surtar em uma emergência física pode levar a um desastre, mas já ouvi incontáveis histórias sobre o medo prejudicando a capacidade das pessoas de agir, ou agir bem, em todo tipo de situação que não envolve risco físico. Em muitos cenários, o medo é a principal razão pela qual as pessoas deixam de se posicionar ou pela qual elas recuam assim que sentem uma reação negativa dos interlocutores.

E, além do medo, também podemos sentir raiva. Um sentimento com grande potencial motivador, uma emoção "recrutada para combater o medo" que muitas vezes nos detém diante de oportunidades de agir com coragem.[1] Se o medo nos congela ou nos faz fugir, a raiva muitas vezes provoca em nós o ímpeto de lutar. No trabalho, essa raiva e inclinação para "revidar" podem resultar de ver pessoas que importam para nós sendo maltratadas ou lesadas ou de ver a organização, ou seus valores, prejudicada por algum comportamento problemático.[2] Esse forte desejo de corrigir um erro que a raiva evoca diante de um comportamento antiético, inapropriado ou danoso foi o que motivou o psicólogo Jon Haidt a chamar a raiva de "a emoção mais subestimada".[3]

O problema é que ela pode reduzir nossa capacidade de pensar com clareza e agir com eficácia. Pesquisas demonstram que pessoas com raiva sentem-se mais otimistas e no controle do caso, mais propensas a correr riscos que não correriam de outra forma.[4] Quando estamos com raiva, tendemos a falar mais alto, em tom mais agressivo e em termos mais polarizados (mais "preto no branco"), sendo que todos esses comportamentos tendem a colocar as pessoas na defensiva. Vejamos o exemplo da interação entre Reyna e Steve. A raiva dela o deixou com raiva também, e ela acabou mais longe da solução do que estava antes de falar. Pode ser um ciclo vicioso.

Administre suas próprias emoções... antes de agir

"A raiva e a tensão", disse-me um gerente, "podem contaminar uma conversa antes mesmo de começar". Um funcionário desse gerente o procurou com um pedido bastante razoável: comprar ações da empresa. Mas o funcionário chegou furioso, a conversa acabou se desviando do foco, e o pedido — que de outra forma provavelmente teria sido aprovado — acabou não dando em nada.

Compare isso com o exemplo a seguir. Rita ficou furiosa quando soube de uma nova política que reduziria consideravelmente o salário líquido para ela e seus colegas. A primeira coisa que pensou em fazer foi invadir a sala de seu gerente e exigir que a decisão fosse revertida. Mas ela se segurou e conversou com os colegas para se acalmar. Depois de esfriar a cabeça, ela se informou e descobriu que a decisão não tinha sido de seu gerente. Ela escreveu uma carta ponderada na qual detalhava suas preocupações, evitando palavras e emoções negativas, e a enviou à matriz. Como os professores Robin Ely, Debra Meyerson e Martin Davidson descreveriam, Rita aprendeu a ver sua raiva como um "sinal, não como um trampolim para a ação".[5] Todos nós podemos aprender essa lição. Com o tempo, podemos usar táticas para controlar nossas reações e evitar nos prejudicar.

A preparação emocional diante de uma situação difícil pode render outro livro, mas eu gostaria de compartilhar aqui uma lição de enorme valor: se quiser aprender a controlar suas emoções em vez de ser controlado por elas, você precisa identificar e admitir a distinção entre sua reação imediata e instintiva e o que você faz a seguir. Feito isso, você precisa reconhecer que o que acontece a seguir depende de *você*, não da pessoa que você acha que está causando sua reação.

Suas reações instintivas — aqueles lampejos imediatos de medo ou raiva — são em grande parte programadas e automáticas, com base no que o neurocientista Joseph Ledoux, da Universidade de Nova York, chama de "circuito de defesa" do nosso cérebro.[6] Se você continuar no piloto automático, tem grandes chances de alimentar o fogo emocional inicial. O problema é que é justamente esta a nossa tendência: nos engajar em padrões mentais que jogam mais lenha na fogueira sem reconhecer que agora somos *nós* (não o gatilho inicial) a causa de nosso sofrimento e incapacidade de reagir bem à situação. Mas você pode tomar medidas para apagar o fogo que foi aceso em seu corpo trabalhando para interpretar conscientemente o que está acontecendo para se acalmar.

Vejamos um exemplo disso. Imagine que você investiu um bom tempo e energia preparando uma proposta para seu chefe. Quando você tem a chance de apresentar sua ideia, ele só diz: "Obrigado, mas não acho que este seja o momento certo para isso" e passa para o próximo item da pauta. Você sente imediatamente os sinais da raiva: seus músculos se contraem, seu rosto fica vermelho, seu coração dispara e você passa o resto da reunião furioso.

Você volta à sua sala e marca uma reunião individual com seu chefe no mesmo dia para voltar à questão. Neste ponto, você tem uma escolha. Fazer alguma coisa para reduzir a raiva que está sentindo e, assim, aumentar as chances de falar com seu chefe com mais tranquilidade ou continuar alimentando essa sensação e acabar falando com a mesma raiva que sentiu quando ele rejeitou sua ideia. Acontece muito de fazermos a escolha errada aqui. Sem pensar, alimentamos nossa reação inicial, sustentando nossa raiva com pensamentos como: "Ele *sempre* faz isso", "Estamos *totalmente ferrados* por causa dele", "Ele é o chefe mais incompetente *do mundo*" ou "Ele vai *me matar* se eu insistir no assunto". Ao usar esses tipos de distorção cognitiva (por exemplo, catastrofizar, generalizar ou pensar em termos de tudo ou nada), continuamos com raiva (e podemos até ficar com medo também) e, assim, reduzimos nossas chances de conduzir bem a conversa.[7]

Se, por outro lado, nos dermos conta de que estamos jogando lenha na fogueira emocional, também podemos escolher uma história diferente que nos acalme e nos permita agir menos movidos pelas emoções.[8] Esse é, basicamente, o objetivo da terapia cognitivo-comportamental. Por exemplo, em vez de aceitar os pensamentos negativos listados aqui, você poderia dizer a si mesmo: "Ele tem essa tendência de reagir assim, mas costuma se abrir às ideias quando deixamos claro que não estamos tentando empurrar mais trabalho para ele", "Será uma pena se ele não estiver pronto para esta proposta, mas temos muitas outras coisas boas acontecendo" ou "Ele pode se irritar comigo por um tempo se eu insistir, mas vai continuar me respeitando se eu mantiver a calma".

O objetivo de escolher estas últimas alternativas não é só que elas provavelmente são mais precisas (porque na maioria das vezes não estamos na esfera do "sempre faz isso", "totalmente ferrados", "mais incompetente do mundo" ou "me matar"). A ideia é que você tem muito mais chances de se acalmar se puder ver a situação dessa maneira e, portanto, ter o resultado desejado na interação com seu chefe. Será menos provável você dizer coisas que seu chefe interpretaria como ataques ou insultos.

Se você acha que estou errado quando digo que *você*, e não a pessoa a quem você está reagindo, é a fonte de seu estado emocional, responda à seguinte pergunta: "Por que em algumas situações eu fico com medo ou com raiva enquanto outras pessoas parecem passar pela mesma situação sem ter qualquer sentimento negativo?". A equipe inteira ouviu o chefe fazer aquele comentário desrespeitoso ou anunciar aquela decisão aparentemente injusta ou insensata, mas eles não estão nem aí enquanto você está surtando. Se *o chefe* está causando sua reação, como é possível que nenhuma das outras pessoas que testemunharam o comportamento dele esteja se sentindo exatamente do mesmo jeito? Fica claro que cada pessoa processa os estímulos externos (como o comportamento do chefe) de uma maneira diferente. Temos algum controle sobre isso e também somos totalmente responsáveis. Se não admitirmos esse fato, provavelmente passaremos a vida inteira culpando os outros pela nossa incapacidade de lidar com situações emocionalmente intensas.[9]

Administre suas próprias emoções... enquanto age

Tudo bem, você se colocou no estado emocional certo. É um bom começo, mas não basta. Se entrar em pânico ou perder a calma assim que a interação começar, é provável que você só piore as coisas para as pessoas a quem está tentando ajudar. Foi o que Robby fez quando "tentou ser um cavalheiro" ao defender uma colega de trabalho que foi alvo de comentários depreciativos de outro companheiro. Ele fez tanto estardalhaço ao confrontar o colega que os sócios da empresa se envolveram. Robby estava tentando ajudar, mas só piorou a situação quando todo mundo no escritório ficou sabendo do que tinha sido dito sobre a colega que ele quis ajudar.

O mesmo vale para qualquer pessoa com quem você interage. Você pode com a mesma facilidade se afastar de seus objetivos e prejudicar sua reputação aos olhos dos subordinados se perder a calma. Gritos e outros comportamentos que causam medo nos subordinados podem até funcionar na hora. Como consequência, você também estará incentivando seu pessoal a fazer corpo mole, um comportamento contraproducente difícil de identificar, e a evitar você como o diabo foge da cruz. Dave admitiu que isso aconteceu quando ele se descontrolou com um subordinado direto que o frustrava repetidamente com sua atitude desrespeitosa. O resultado do que Dave descreve como a "falta de profissionalismo" de sua parte na troca de gritos que se seguiu foi que os dois nunca mais voltaram a se dar bem no trabalho. Dave continuou sendo o chefe, mas perdeu a capacidade de influenciar seu subordinado com um relacionamento de confiança e respeito mútuos. O mesmo aconteceu com William, gerente sênior de uma empresa de engenharia, quando ele não soube conduzir uma reunião com seus engenheiros. A equipe estava envolvida em uma discussão técnica e, ao ver que eles não estavam chegando a um consenso, William esbravejou, frustrado: "Vocês só precisam fazer o que eu estou mandando porque quem manda aqui sou eu". Seus engenheiros se espantaram em silêncio com o descontrole... e William ganhou má fama entre os profissionais "decepcionados e insatisfeitos" que saíram contando a história pelos corredores do escritório.

É importante manter a calma, ou pelo menos parecer estar calmo, mesmo se você estiver apavorado ou furioso por dentro. Quando defendemos os nossos princípios sem perder a calma, aumentamos muito a probabilidade de gerar resultados positivos. Foi exatamente o que Terrence, um jovem negro, fez quando confrontou seu chefe branco, bem mais velho, sobre comentários racistas no trabalho. Foi uma decisão ousada denunciá-lo em público, dada a natureza hierárquica da empresa e o fato de haver "muitas pessoas racistas trabalhando lá em cargos mais altos". Apesar das fortes emoções que sentiu na situação, Terrence não demonstrou qualquer raiva. Ele foi firme, porém equilibrado e respeitoso, ao falar, demonstrando compaixão e desejo de ajudar a empresa a melhorar em vez de criticar ou repreender seu chefe. O chefe se deu conta de como sua atitude era indelicada e ofensiva e, segundo um colega de Terrence, parou com esse tipo de comportamento.

O mesmo princípio é válido até quando a questão em si não é tão potencialmente explosiva quanto uma conversa sobre racismo ou outro comportamento antiético ou ilegal. Por exemplo, Erik era um gestor que tinha como objetivo promover o crescimento da unidade de energia solar de uma das maiores empresas do mundo. Em repetidas ocasiões, ele teve de dizer verdades nem um pouco populares aos executivos das unidades de negócios tradicionais da empresa e enfrentou críticas e resistência ao apresentar suas análises: "Nós não fazemos esse tipo de coisa" e "Isso nunca daria certo aqui" eram as reações instintivas dos líderes, que se colocavam imediatamente na defensiva. Apesar da frustração, Erik resolveu "*não* se engajar em discussões emocionalmente carregadas" e se aprofundar em como ganhar dinheiro no setor. Ele se forçou a ver as críticas de seus superiores como sinais de medo do desconhecido, não ataques pessoais, e conseguiu continuar com calma o que considerava ser uma campanha educacional interna. Ele acabou conquistando o apoio dos executivos, que aprovaram suas recomendações de estratégia.

Estou dando esses exemplos não para convencer você de que manter o controle emocional é uma garantia de resultados positivos. O chefe de Terrence, por exemplo, poderia muito bem ter ficado na defensiva e até tentar puni-lo, apesar de parecer tranquilo. Mesmo assim, vale a pena manter duas coisas em mente. Você vai se sentir muito melhor consigo mesmo sabendo que fez tudo o que pôde mesmo correndo o risco de o outro lado reagir mal. Você se arrependerá menos do "como" de sua ação. Além disso, alguns aspectos positivos podem se revelar só mais tarde. Erin, por exemplo, teve uma conversa bem chata com seu vice-presidente durante a sessão de considerações finais depois de um dia de treinamento. Quando Erin disse que queria ser uma boa líder em vez de apenas dar ordens, seu chefe respondeu com arrogância: "Você foi contratada para ser chefe". Erin retrucou tranquilamente que eles deviam ter conceitos diferentes de liderança. Apesar de ele "continuar sendo um grosso" com ela durante a sessão, ela defendeu seu posicionamento sem perder a calma. Nos dias que se seguiram ao treinamento, muitas pessoas procuraram Erin para elogiá-la por sua postura ao mesmo tempo firme e elegante. E o vice--presidente deve ter aprendido alguma coisa sobre Erin, porque passou a ser muito mais respeitoso com ela.

Por outro lado, se você se deixa dominar pelas emoções, pode se enrolar no calor do momento e até criar consequências negativas que perdurem por um bom tempo. Jenna, por exemplo, trabalhava em uma startup com uma supervisora rude, que tratava alguns subordinados com favoritismo, dava ordens contraditórias e tinha expectativas pouco realistas sobre o desempenho de seu pessoal. Jenna preparou uma compilação detalhada dos incidentes de comportamento problemático e marcou uma reunião com a supervisora e o chefe dela. Quando Jenna começou a apresentar os exemplos, sua supervisora ficou furiosa e a atacou dando exemplos triviais de dias em que Jenna tinha chegado atrasada ou deixado de cumprir um ou outro prazo. Jenna mordeu a isca e ficou com tanta raiva que perdeu o controle. Desviando-se dos fatos que tinha anotado, ela começou a fazer ataques pessoais à sua supervisora. O líder sênior se ocupou de acalmar as duas, e a reunião acabou não dando em nada. Jenna ficou tão desanimada que pediu demissão. Não muito tempo depois, outros três funcionários pediram demissão ou foram demitidos pela mesma supervisora. Apesar das evidências coletadas e das melhores intenções de Jenna, a supervisora manteve o emprego.

Um último esclarecimento: "bom controle emocional" *não* é o mesmo que "não mostrar emoções". Ao discutir sobre a inteligência emocional com gestores, ouvi muito a noção equivocada de que os bons líderes não se emocionam. Acho que esses gestores viram tantas pessoas demonstrando mal suas emoções que acabaram acreditando que elas são perigosas e só levam a consequências negativas. Mas dizer que devemos (ou podemos) deixar de sentir emoções no trabalho não poderia estar mais longe da verdade (ou ser mais impossível). Afinal, você já se sentiu influenciado ou inspirado por alguém que mais parecia um robô? É claro que não. Você não está sendo emocionalmente competente se não demonstrar sentimentos em situações nas quais essas reações são normais e esperadas. A ideia é encontrar, como escreveu o professor Jay Conger, o delicado equilíbrio entre parecer emotivo demais e emocionalmente distante.[10]

Administre as emoções de seus alvos

Certo, então você já tem suas emoções sob controle. Agora vamos lidar com as dos outros.

Para começar, você precisa entender o que motiva o sentimento dos outros e, no mínimo, se abrir para conhecer o ponto de vista deles. Por exemplo, Rhonda estava sendo assediada por um colega e marcou uma reunião com seu novo vice-presidente para denunciar o colega. Embora estivesse com raiva (e com razão) e quisesse uma ação imediata e rigorosa por parte do vice-presidente, ela também fez questão de conhecer o ponto de vista dele. Ela esperava que a reação do vice-presidente fosse afetada pelo fato de ele ser novo na empresa e ser homem. E, como era de se esperar, ele ficou visivelmente constrangido quando ela levantou a questão. Ele tentou minimizar o problema para não ter de fazer nada a respeito e tentou mudar de assunto. Mas Rhonda estava preparada para isso e pediu com tranquilidade que ele explicasse a situação do ponto de vista dele. Quando ele disse que seria difícil fazer algo a respeito de um funcionário que não conhecia bem e que ele não queria que esse fosse um de seus primeiros atos na empresa, Rhonda reconheceu que as preocupações dele eram válidas. Ela o lembrou dos riscos legais da inação, o que poderia causar problemas ao RH. Dito isso, ela lhe propôs um prazo para pensar em um plano. O respeito que ela demonstrou pelo ponto de vista dele o ajudou a reagir bem à questão.

Você também deve deixar claro que só está apresentando *um* ponto de vista — não *o único* ponto de vista nem *os únicos* fatos relevantes.

Evite, na sua argumentação, expressões como "*a* explicação…", "está *na cara* que o problema é…" ou "*todo mundo* sabe que…". Quando falamos nesses termos, estamos sugerindo não só que há apenas um ponto de vista como também que o único válido é *o nosso* e que as pessoas que não veem isso só podem ser burras ou cegas. Os psicólogos chamam isso de *realismo ingênuo* porque não se trata de uma visão precisa do mundo.[11] Cair na armadilha do realismo ingênuo pode ser especialmente danoso quando a situação envolve questões éticas, já que transmitir a mensagem de que "eu sou melhor do que você" é quase uma garantia de provocar raiva (e outras emoções negativas) nas pessoas.[12]

Mesmo pequenas mudanças para neutralizar essa tendência ajudam muito. Em vez de dizer que algo "é o…", diga "é *um*…". Parece um ajuste sutil demais para fazer qualquer diferença. Mas faz. Falar em termos menos definitivos implica reconhecer que você também só tem uma visão parcial da realidade.[13] É reconhecer que você só está compartilhando o seu ponto de vista, não *a única* maneira aceitável ou verdadeira de ver a situação ou sentir-se a respeito dela. Essa atitude demonstra humildade e abertura e reduz suas chances de ofender o outro ou colocá-lo na defensiva.

Outra dica: mantenha o foco e seja específico. Em outras palavras, só mencione o comportamento ou a política que você considera problemática, evitando suposições sobre as razões das ações ou atitudes do outro. Por exemplo, ao dizer: "Fiquei magoado quando você comentou X", você só está especificando o comportamento e revelando o que sentiu a respeito. Por outro lado, falar: "Você nem pensou que poderia me magoar quando comentou X" especifica não só o comportamento e os seus sentimentos como também expressa uma suposição que você faz sobre o outro, ou seja, que ele não é uma pessoa boa ou sensível o suficiente para se importar com a possibilidade de você ficar magoado. Talvez não seja isso que você queira dizer, mas é isso que o outro provavelmente ouvirá. Ele possivelmente tentará se defender em vez de abordar o problema em questão. Assim, a menos que você realmente queira discutir se o outro é bom ou mau, inteligente ou burro, atencioso ou insensível, atenha-se ao comportamento ou problema que deseja melhorar.

Também é interessante dar exemplos específicos logo de cara. Digamos que você está com raiva ou chateado porque seu chefe não parece ouvir você ou lhe dar os créditos pelas suas contribuições. Por exemplo: "Quando eu disse que 'acho que deveríamos fazer X' na nossa última reunião, você descartou a ideia, mas dez minutos depois, quando John falou a mesma coisa, você respondeu que era uma boa ideia. Eu fiquei achando que você não me dá valor". Ser específico não só reduz as chances de seu chefe pensar que você está atacando seu caráter como também evita toda uma discussão na qual ele provavelmente negará a sua alegação ou pedirá mais exemplos (que, se você esperar muito para falar, ele não vai conseguir lembrar).

Eu e minha esposa levamos anos aprendendo essa lição. Sempre quisemos ser respeitosos e reconhecer nosso comportamento um ao outro. Mas acontece muito de fazermos acusações genéricas — como "Você não me ouve", "Você está me criticando" ou "Você está me culpando pelos seus sentimentos" — e acabamos entrando em uma discussão sobre a verdade da generalização. Foi só quando aprendemos a especificar, na hora, o comportamento que levava à generalização que fomos mais capazes de realmente ouvir um ao outro e pedir desculpas imediatamente ou conversar sobre o assunto sem entrar na defensiva. Em suma: as pessoas se abrem muito mais a admitir que precisam melhorar um comportamento específico do que se dispõem a aceitar um feedback que soa como: "Ele está dizendo que sou uma *pessoa* má".

Então, concentre-se apenas no comportamento. Seja específico. E, uma última sugestão, converse pessoalmente. Parece que, a estas alturas, eu nem precisaria dizer isso, mas as pessoas insistem em mandar e-mails com cópia para uma batelada de gente ou usar outros fóruns on-line a distância para falar sobre situações difíceis. Podemos fazer isso porque queremos constranger ou envergonhar em público a pessoa que estamos confrontando, o que provavelmente mostra que as emoções estão assumindo o controle e nos levando a fazer algo que só vai nos prejudicar. Ou fazemos isso movidos por uma história que contamos a nós mesmos para nos convencer de que é melhor não falar pessoalmente — por exemplo: "Eu fico muito nervoso falando pessoalmente e consigo ser mais racional escrevendo um e-mail". Não estou dizendo que não seja bom anotar as coisas para ter mais clareza — você pode organizar seus pensamentos e avaliar o que deve ou não dizer —, mas você não precisa *enviar* o que escreveu usando o que, na teoria da riqueza de mídia, é considerado um "meio de comunicação enxuto", como e-mails ou mensagens instantâneas.[14]

Os meios de comunicação rápidos simplesmente não são bons em transmitir a *intenção* das mensagens. Eles não permitem que o destinatário de sua mensagem veja que você se importa, ouça na sua voz que, apesar de magoado, você não está atacando ou faça perguntas que podem esclarecer o que você quer dizer e tranquilizar a pessoa. Assim, não importa a história que você esteja usando para se justificar, evite mandar uma mensagem escrita em vez de conversar pessoalmente. Use suas anotações para se preparar e até leve-as consigo se necessário. É importante escrever os próximos passos que vocês definiram juntos e documentar o que foi dito (especialmente se você estiver preocupado com a possibilidade de retaliação, negação ou distorção), mas um e--mail ou mensagem instantânea dificilmente é uma boa maneira de começar uma conversa.

Uma última dica sobre como controlar as emoções dos outros: preste atenção aos sinais não verbais. Muitas vezes o que as pessoas dizem, ou até a maneira como dizem, expressa menos o que elas de fato estão sentindo do que a linguagem corporal delas. Por exemplo, você pode estar apresentando uma ideia ou relatando um problema e achar que está indo bem porque seu chefe está dizendo "Sei...", "Interessante" ou "Prossiga". Mas, se ele estiver recostado na cadeira como que para se afastar de você ou com o corpo virado para outra direção que não a sua, talvez ele não esteja realmente interessado. Se seus lábios estiverem contraídos, suas sobrancelhas, franzidas ou os músculos da mandíbula, tensos, é bem possível que, apesar das palavras de incentivo, ele esteja incomodado. E, se ele estiver de braços cruzados sobre o peito ou com os punhos cerrados, você tem razões para suspeitar que ele está um pouco na defensiva. Como Carol Goman, autoridade no impacto da linguagem corporal no trabalho, descreveu, essa é a "linguagem silenciosa" dos líderes — a miríade de maneiras não verbais com as quais as pessoas, sem querer, transmitem o que realmente estão sentindo.[15] Enquanto muitos de nós aprendemos a controlar nossas reações verbais — sabendo, por exemplo, que é a norma na maioria dos contextos suprimir os sinais *orais* de raiva ou tédio —, poucos de nós sabemos mascarar as reações corporais que acompanham essas emoções.

Pense em como esse conhecimento pode ajudá-lo. Se você apenas prestar atenção às palavras de seu chefe, quando ele diz que está entendendo e pede para você prosseguir, talvez você continue falando com base na suposição de que está com a situação sob controle. E comece a elaborar sobre o problema ou ideia, envolvendo-se emocionalmente na conversa, até que se surpreende quando parece que ele fica na defensiva "de repente". Mas, se você estivesse prestando atenção à linguagem corporal dele, teria percebido muito antes que ele estava incomodado. Você poderia ter usado esses sinais não verbais para tranquilizá-lo e evitar uma situação volátil.

Um exemplo em ação: Anthony Wedo

Na manhã do dia anterior ao lançamento do produto mais importante de sua carreira, Anthony Wedo, o vice-presidente de 30 anos de idade de uma das cinco divisões da KFC nos Estados Unidos, saudou 250 gerentes de loja no último encontro antes do evento. A preparação para apresentar o novo frango assado em um grande mercado de teste tinha sido um processo apressado e difícil, e Wedo queria começar com um tom otimista e enérgico.

Ele ficou surpreso com o que aconteceu no encontro. Ao se dirigir ao grupo de gerentes e funcionários de loja, ele notou que eles estavam distraídos e não demonstravam o entusiasmo de sempre. Ao passar os olhos pela multidão, ele percebeu que alguns dos gerentes regionais que o apoiaram desde que ele assumiu a divisão também estavam alheios ou só de corpo presente.

Wedo continuou a apresentação, pensando que talvez os gerentes regionais estivessem apenas ansiosos, como ele. Mas nada mudou. A plateia, de quem o lançamento — e, em consequência, sua carreira — dependia, continuou olhando para ele com o rosto inexpressivo. Wedo começou a passar de "nervoso, porém confiante" para "totalmente apavorado".

Tinha alguma coisa acontecendo. Dava para sentir. Então, em vez de continuar a apresentação e quem sabe até piorar as coisas, ele parou de falar e fez um intervalo improvisado.

Wedo encontrou o diretor de RH, que parecia perturbado, no corredor e os dois entraram em uma sala para conversar em particular. O que o diretor de RH contou foi ao mesmo tempo chocante e trágico: à meia-noite, poucas horas antes, três funcionários de um restaurante local mais o filho adolescente de uma gerente querida por todos morreram em decorrência de uma colisão frontal com um motorista bêbado.

A gerente geral que perdeu o filho era parente de pelo menos 25 funcionários que participariam do mercado de teste e tinha treinado a maioria dos gerentes da região. Os funcionários reunidos no auditório estavam arrasados com a perda sofrida por uma colega que eles viam como a matriarca de uma grande família. O próprio Wedo ficou consternado. Ele havia desenvolvido um relacionamento especial com a gerente geral depois de eles terem passado os três últimos meses se preparando para o lançamento. Ela, sua equipe e seu conhecimento sobre os gerentes de loja e os consumidores da região foram cruciais para o processo. Ele acreditava que, sem o apoio daquela gerente geral, o lançamento do produto estaria condenado naquela região.

Wedo se recompôs como pôde, respirando fundo para evitar o pânico. Ele sabia que precisava controlar suas emoções e não ser controlado por elas. Estavam todos olhando para ele em busca de orientação. Ele precisava decidir o que fazer e teria de implementar sua decisão sozinho, já que seu chefe só chegaria no dia seguinte.

Wedo instruiu o diretor de RH a estender o intervalo por mais meia hora e priorizou as ligações que precisaria fazer antes de voltar ao palco. Ele não ligou imediatamente para a gerente geral porque sabia que ficaria muito emocionado com a conversa, o que não o ajudaria a tomar sua decisão. Em pouco tempo, Wedo concluiu que não seria sensato fazer o lançamento no dia seguinte.

Quando voltou ao auditório, ele expressou sua mais profunda solidariedade e deixou que o grupo visse como a notícia o deixou triste e abalado. Ele disse a todos os presentes que o lançamento seria adiado por uma semana e cancelou o restante do dia de encontro. Ele passou a tarde conversando com a sede da empresa e trabalhando para minimizar as várias perdas associadas ao atraso (como contratos de publicidade e relações públicas). No total, os custos diretos do atraso foram estimados em mais de US$ 1 milhão, incluindo manter os restaurantes afetados fechados na tarde do funeral do filho da gerente geral.

A decisão de Wedo não foi bem recebida pela maioria da sede. Sua postura só validou a percepção de que Wedo, uma década mais jovem do que todos os colegas e o único que não era formado em uma universidade de primeira linha, não se encaixava no perfil. Ele foi informado de que sua resolução de adiar o lançamento era uma "ofensa passível de demissão".

Por que você acha que ele se indispôs com quase todas as pessoas acima dele e colocou milhões de dólares em risco? Porque, segundo Wedo, era a coisa emocionalmente inteligente a fazer. É bem verdade que ele poderia ter mantido a data do lançamento para o dia seguinte. Mas ele sabia que o estado emocional dos funcionários da linha de frente faz toda a diferença na experiência dos clientes. Ele também sabia que colaboradores tristes ou com raiva tinham mais chances de cometer erros, fazendo com que o primeiro contato dos clientes com o novo produto fosse insatisfatório. E sabia que, na comunidade étnica extremamente unida daquela região, os danos que ele provocaria no moral e no comprometimento dos funcionários por se comportar como mais um executivo engravatado da sede que não se importava com o luto deles teriam um custo muito mais alto no longo prazo. Em resumo, ele sabia que respeitar as necessidades emocionais dos trabalhadores não era uma questão de escolher entre a compaixão e a lucratividade, e sim um caso no qual o sucesso da empresa dependia de entender e respeitar os sentimentos dos indivíduos. "O lançamento simplesmente não teria sucesso considerando o estado daquelas pessoas", acredita Wedo até hoje.

Na semana seguinte, o lançamento foi um sucesso estrondoso. A KFC e Wedo viraram heróis locais por "fazer a coisa certa" depois da tragédia. As vendas aumentaram 22% e as transações, mais de 25% no mercado de teste em comparação com a média de 3% a 5% dos lançamentos de novos produtos. Em geral, aquele foi considerado o lançamento de produto de maior sucesso da história da marca.

Lembre-se

- Aprender a reconhecer os primeiros sinais de nossas próprias emoções e a separar esses sentimentos automáticos do que escolhemos fazer a seguir pode evitar arrependimentos resultantes tanto de uma ação quanto da inação.
- Inteligência emocional *não* é a ausência de emoções. Sem elas, é impossível fazer conexões humanas ou convencer alguém de qualquer coisa, de modo que o objetivo não é eliminá-las. O objetivo

é usar suas emoções como uma motivação para agir e não para definir *a maneira como* você se comporta.

- Abrir-se para entender o ponto de vista das pessoas é mais do que uma coisa "legal" de se fazer. Essa postura demonstra respeito, aumenta nosso entendimento e nos ajuda a apresentar nossa própria perspectiva de maneiras que aumentam as chances de nossa proposta ser aceita.
- Mantenha o foco no comportamento, seja específico e converse pessoalmente. Generalizações que sugerem que estamos criticando a pessoa por quem ela é tendem a não ser bem recebidas, especialmente quando esperamos demais para dizer o que temos a dizer. Atenha-se ao comportamento específico, sem incluir suposições sobre a intenção da pessoa, e converse pessoalmente assim que possível para facilitar o entendimento do conteúdo e da intenção de sua mensagem.

Capítulo 9

Após o ato, continue agindo

Sarah estava frustrada com Patrick. Desde que foi promovida a sócia, ela começou a passar mais tempo orientando associados juniores, liderando iniciativas internas e trabalhando no planejamento estratégico da empresa, enquanto Patrick, que também tinha acabado de ser promovido a sócio, muitas vezes saía do trabalho mais cedo, parou de comparecer a muitas reuniões e não tinha trazido muitos novos clientes. Além disso, os associados juniores a quem Patrick deveria orientar se sentiam abandonados e estavam pedindo ajuda a Sarah. Ela sabia que Patrick tinha filhos pequenos e era casado com uma pessoa que trabalhava muito, mas não queria continuar sobrecarregada só porque ele estava tentando dar conta de tudo.

Na esperança de melhorar a situação, Sarah decidiu levantar a questão na reunião trimestral de sócios e sócios seniores. Ela não queria criticar Patrick, mas chamar a atenção para o fato de que a cultura da empresa tendia a sobrecarregar as pessoas que tinham filhos. Ela sabia que alguns colegas pensavam do mesmo jeito. Ela também sabia o que outras companhias estavam tentando fazer para equilibrar as necessidades da organização e dos funcionários. Ao falar, ela detalhou as maneiras nas quais a cultura da organização estava estressando as pessoas, o que, por sua vez, colocava-a em risco de perder pessoas importantes e, em consequência, prejudicava o desenvolvimento de talentos e o desempenho dos negócios. Os sócios seniores ouviram com atenção e fizeram várias perguntas.

Durante a discussão, um líder sênior perguntou a Sarah se outras pessoas também estavam estressadas e frustradas com isso. "Sim", ela respondeu, "não sou só eu que se sente assim. O problema afeta muitas pessoas, de um jeito ou de outro". Dito isso, ela retomou o que vinha dizendo sobre a necessidade de fazer ajustes sistêmicos e tomou o cuidado de nunca citar quaisquer nomes. Mesmo assim, ela viu com o canto dos olhos que Patrick estava furioso. A discussão continuou por mais alguns minutos, até que o líder que conduzia a reunião disse: "Tudo bem, vamos em frente. Essa é uma questão importante, Sarah. Obrigado por trazê-la ao nosso conhecimento".

Quando a reunião passou para o próximo item da pauta, Sarah viu que uma colega tinha rabiscado uma mensagem em seu bloco de notas. "Bom trabalho!", dizia. "Mas você está ligada que agora o Patrick odeia você, certo?"

———

Sarah acabava de levantar uma questão que era importante para ela e, em sua opinião, para a organização toda. E usou as táticas discutidas nos capítulos anteriores — ela usou dados, tentou apresentar a questão de maneira a aumentar suas chances de convencer os líderes seniores e não deixou sua raiva controlar o que ela diria ou como diria. Tudo bem, mas e agora? Se você estivesse no lugar Sarah, o que faria depois da reunião? Você iria conversar com Patrick?

Se Sarah for como a maioria de nós, depois do estresse de ter defendido sua posição na reunião trimestral com colegas e superiores, ela tenderia a se isolar e ficar quieta por um tempo. É compreensível, mas essa costuma ser a pior coisa a fazer se você quiser que sua ação produza resultados positivos. Na verdade, o resultado líquido pode até ser negativo. Como a alta administração não se comprometeu com os próximos passos, é improvável que eles implementem alguma mudança. E agora Patrick sabe como Sarah se sente. Ele deve ter achado que Sarah o criticou na frente dos outros sócios. Se Sarah não conversar com Patrick, é certo que seu relacionamento com ele ficará abalado.

Como veremos neste capítulo, o que fazemos *depois* de um ato corajoso muitas vezes é mais importante do que o grande momento em si. Dito de forma simples, é imprescindível executar o follow-up de seu ato corajoso, bem como ser realista sobre o tempo e o esforço adicionais que serão necessários para realizar as mudanças que você espera. A coragem competente envolve encarar quaisquer emoções negativas ou danos a relacionamentos que você pode ter causado sem querer, agradecendo e dividindo os créditos com as pessoas que o ajudaram até agora e confirmando os próximos passos com os principais interessados. Também envolve persistência. Ou seja, em vez de desistir quando os resultados de seu ato de coragem não forem ideais, você vai precisar tratar as consequências de sua ação como oportunidades de aprender e coletar informações sobre como continuar avançando.

Faça o follow-up de seu ato de coragem

Não importa se você acha que sua primeira tentativa foi um sucesso estrondoso ou o mais completo desastre, normalmente você tem como melhorar as coisas optando por não parar por aí. Muitas vezes, esses outros atos também são corajosos.

Consolide os próximos passos

Em meu estudo comparando os atos corajosos, as pessoas que tiveram resultados positivos apresentaram muito mais chances de ter feito o follow-up com seus alvos para discutir os próximos passos e agradecer às pessoas que as ajudaram no momento.

Como Douglas Stone e Sheila Heen, da Faculdade de Direito de Harvard, observaram, se terminarmos uma conversa sem definir planos de ação, métricas e benchmarks explícitos, são boas as chances de nos decepcionarmos com os acontecimentos.[1] Seus alvos vão voltar a se ocupar com seu trabalho e esquecerão o que foi discutido enquanto as pessoas que não estavam tão insatisfeitas com a situação reverterão ao status quo.

É verdade que isso costuma acontecer. Mas, se você não conseguir fazer com que as pessoas se comprometam com os próximos passos na primeira vez que levantar uma questão, nada te impede de fazer o follow-up, ou seja, dar seguimento a seu ato corajoso. Você pode marcar outra reunião o mais rápido possível com o propósito explícito de definir as tarefas seguintes. Se os seus chefes pareceram gostar da sua ideia, mas não se comprometeram com a ação na primeira vez que você a mencionou — como aconteceu com Sarah —, você pode especificar os próximos passos. Se seu colega finalmente pareceu dar ouvidos ao que você queria que ele mudasse, mas vocês não chegaram a um acordo sobre os encaminhamentos específicos nem quando vocês voltarão a se falar sobre o assunto, você pode pedir para conversar com ele de novo tendo isso em pauta.

Ao buscar compromissos definidos, pode ser interessante fazer a distinção entre metas e métricas de resultados — o desempenho final que você pretende alcançar — e as de processo — etapas que você acredita ser indispensáveis para alcançar esses resultados. Por exemplo, imagine que você fez uma apresentação sobre o aumento da representatividade em sua empresa. Suas metas de resultados, como "representatividade igualitária entre homens e mulheres em todos os níveis gerenciais", são de extrema importância. Mas, se o seu follow-up envolver convencer os gestores seniores a se comprometer com chegar a "50% em três anos" sendo que a empresa só tem 10% hoje, há uma boa chance de você sair de mãos vazias. Se, ao contrário, você pedir que eles se comprometam com metas e métricas de processo específicas, como "pelo menos cinco eventos de recrutamento direcionados por ano", "um programa específico de desenvolvimento de liderança para cem mulheres de alto potencial" e "um processo de promoção utilizando a tecnologia para ajudar a reduzir os vieses", você pode ter mais sorte em conquistar o comprometimento deles.

Não ignore as reações negativas

É possível que você tenha apresentado sua proposta com maestria, mas mesmo assim tem boas chances de alguém sair magoado, com raiva ou confuso. Afinal, qualquer proposta de mudança diz implicitamente que algo que está acontecendo agora é um problema. Você pode ignorar os sentimentos das pessoas, esperando que elas simplesmente superem com o tempo, mas deixar essa energia negativa se agravar pode dificultar as mudanças que você quer fazer.[2] E não costuma ser uma boa ideia ignorar os sentimentos das pessoas se você quiser manter seu relacionamento com elas. Em resumo, vale a pena abordar os sentimentos negativos delas — se você souber ou só desconfiar deles —, mesmo se isso lhe parecer mais um ato de coragem.

Quando Catherine Gill decidiu, no calor do momento, lançar um "chamado à ação" para promover a mudança cultural na Root Capital durante um retiro de liderança (como vimos no capítulo 5), ela sabia que pegou o CEO desprevenido e que ele poderia ter se sentido acusado ou criticado. Em vista disso, Gill fez questão de falar com ele em particular no mesmo dia. Sim, ela queria uma mudança. Ela também se importava com o CEO e sabia que o apoio dele seria indispensável. Gill lhe garantiu que ninguém estava tentando culpá-lo nem duvidando de suas intenções. E ninguém estava tentando começar uma revolução. Na verdade, tudo o que eles queriam era fazer parte da evolução da empresa. O CEO admitiu que ainda estava processando o que tinha acontecido na reunião, mas que queria, sim, continuar a conversa.

Em outros casos, mesmo se você tem as melhores intenções ou não dispõe de outra alternativa razoável, estará claro que alguém ficou magoado ou irritado com o que você disse ou fez. Por mais constrangedor que possa ser, você só tem uma boa escolha: lidar com os sentimentos das pessoas e tentar melhorar as coisas pelo menos um pouco.

Foi o que Marin decidiu fazer. Marin tinha participado ativamente em um processo de fusão que estava causando muitos transtornos e incertezas. Alguns membros de sua equipe corriam o risco de perder o emprego. A situação não era boa. Mas Marin não se esquivou. Ela fez questão de conversar com esses funcionários e se ofereceu para ajudá--los a encontrar oportunidades melhores — na empresa resultante da fusão ou em alguma outra. Para o desgosto do RH e de outros líderes seniores, Marin se reunia semanalmente com os membros de sua equipe. Ela os ajudou a desenvolver as habilidades necessárias para trabalhar no novo ambiente e também incentivou e apoiou os que preferiram buscar outras oportunidades. "Segui as ordens da gestão e me mantive alinhada com os objetivos da empresa", disse Marin, "mas também segui o que meu coração mandava. Deixei claro que não estava representando a companhia ao tratá-los como seres humanos e ajudá-los a lidar com suas emoções". Alguns saíram, mas muitos ficaram por lealdade à escolha de Marin de lidar com o sofrimento deles, em vez de ignorá-lo.

Pode acontecer de você contrariar alguém sem saber por quê. Foi o que aconteceu quando Jack anunciou o lançamento de uma força--tarefa para explorar a reorganização de alguns departamentos com o objetivo de atender melhor os clientes. Apesar de ter garantido a seus funcionários que nada tinha sido definido ainda e que esperava que as propostas da força-tarefa fossem baseadas em uma análise meticulosa de dados provenientes de muitas fontes (incluindo das pessoas presentes na reunião), um membro de sua equipe fez vários comentários sarcásticos.

Jack decidiu não ignorar a reação negativa e foi à sala do funcionário meia hora depois do fim da reunião. Ele preferiria não ter de fazer isso, mas achou que o constrangimento valeria a pena se ele pudesse entender a resistência ou o ressentimento do colaborador e reduzir ou eliminar esse sentimento de cara. Jack foi direto: "Você pareceu bem chateado quando anunciei a força-tarefa. Você pode me ajudar a entender por quê?". Jack descobriu que o funcionário também achava que as coisas podiam melhorar muito e apoiava a missão da força-tarefa. Mas a menção da "economia potencial" como um dos pilares foi um gatilho para o funcionário, que disse não ter conseguido processar mais nada do que Jack disse. Bastou Jack esclarecer que o principal objetivo era propor as mudanças mais eficazes, mesmo se essas não reduzissem os custos, para o colaborador se sentir melhor. O follow-up levou menos de cinco minutos, mas converteu um importante membro da equipe de um "bloqueador" a um grande apoiador.

Não deixe de agradecer e dividir os créditos

Se você pediu ajuda, precisa agradecer às pessoas que o auxiliaram — mesmo se não conseguiu convencer seu chefe ou domar a intimidação. No mínimo, elas não te deixaram sozinho e merecem sua gratidão. E um simples gesto pode bastar para que elas voltem a ficar ao seu lado em outras ocasiões.

Quando as coisas correrem bem, não deixe o sucesso lhe subir à cabeça a ponto de se esquecer de dividir ou dar os créditos aos outros. Isso não é só a coisa certa a fazer. De acordo com Rosabeth Moss Kanter, professora da Faculdade de Administração da Harvard, também é importante para motivar as pessoas a voltar a se empenhar por você no futuro.[3] Quando Theodore Roosevelt conseguiu resolver a maior crise inicial de seu mandato como presidente dos Estados Unidos — uma grande greve de mineradores de carvão em 1902 —, ele imediatamente dividiu os créditos em público pelo resultado. Ele escreveu cartas de agradecimento a cada membro de sua equipe e outros grupos importantes, como o banco JP Morgan.[4] Se o presidente dos Estados Unidos tem tempo para agradecer, é razoável presumir que nós também temos e que seria sensato fazê-lo.

Lembre-se de que é uma jornada

Os resultados de algumas ações corajosas são imediatos — por exemplo, quando você intervém para evitar que um colega se machuque no trabalho ao ver que ele está correndo um risco físico. Mas acontece muito de levar um bom tempo para as possibilidades se concretizarem, e os melhores resultados só aparecem para as pessoas dispostas a continuar tentando e aprendendo por um longo período de esforço.

Seja persistente

É difícil refutar que, se você só estiver disposto a tentar uma vez, ou (1) desconhece o processo de mudança, ou (2) não está tão comprometido com o que está tentando realizar. Como Bertie Forbes, o fundador da revista *Forbes*, observou e John White documentou em seu livro *Rejection* ("Rejeição", em tradução livre), a história mostra que em geral os empreendedores mais notáveis tiveram de superar repetidos reveses antes de finalmente alcançar o sucesso. Os vencedores venceram, disse Forbes, porque "se recusaram a se deixar abater por suas derrotas".[5]

Obstáculos e contratempos são inevitáveis, especialmente no mundo dos negócios. Quando Cindy, gerente de uma imobiliária especializada em imóveis comerciais, tentou convencer os líderes seniores a comprometer-se formalmente com a sustentabilidade, sua ideia foi recebida com resistência. Mas ela persistiu e mudou de foco.

Em vez de defender a sustentabilidade em geral, ela viu que precisava mostrar que a empresa poderia ganhar dinheiro, não só gastar, com iniciativas sustentáveis. Ela inscreveu a empresa em um programa no qual alguns imóveis receberiam pagamentos regulares por se prontificar em caso de uma emergência na rede elétrica. E convenceu proprietários de vários outros imóveis a participar de um programa-piloto de eficiência energética que demonstrou economias de custo palpáveis. Com isso, ela pôde coletar dados internos para corroborar seu argumento. Mas ela não parou por aí. Como seus líderes seniores sempre davam muita atenção a um levantamento anual do setor que apresentava as novas tendências, ela passou um bom tempo convencendo a associação encarregada da pesquisa a focar nas questões relacionadas a sustentabilidade. Seus incansáveis esforços foram finalmente recompensados: hoje sua empresa conta com um comitê de sustentabilidade e o apoio do conselho de administração para iniciativas sustentáveis envolvendo a organização toda.

A persistência também conquista a admiração e o apreço dos colegas. É verdade que tentar uma vez costuma ser bem-visto. Mas, se você continuar tentando mesmo diante de contratempos e rejeições, vai realmente conquistar o respeito das pessoas ao seu redor.

Chuck, por exemplo, trabalhava para um gerente que vivia sendo agressivo com os membros de sua equipe. Como o gerente "puxava o saco de quem estava em cima e chutava quem estava embaixo", todos consideravam arriscado se manifestar sobre seu comportamento. Correndo o risco de perder o emprego, Chuck denunciou o gerente ao RH e ao chefe desse. O gerente levou só uma pequena reprimenda e melhorou por um tempo, mas acabou retomando seu estilo agressivo. Também nesse caso, ninguém quis se posicionar. A punição branda resultante da denúncia de Chuck só convenceu os outros de que não era seguro nem vantajoso tentar fazer alguma coisa. Apenas Chuck, que viu outro membro da equipe ficar com úlceras estomacais por trabalhar com o gerente, se recusou a desistir. Dessa vez, ele foi até o topo e relatou ao vice-presidente de RH as consequências do comportamento do gerente. Esse foi demitido, e o moral e a saúde da equipe de Chuck se recuperaram rapidamente. Como você acha que eu sei disso? Porque os colegas de Chuck me contaram.

Tente aprender sempre

Você tem duas escolhas quando se vir diante de algum contratempo: pode vê-lo como um resultado em si ou como uma chance de obter dados para aprender.

Se você olhar para as situações pela perspectiva que Carol Dweck, professora de psicologia da Universidade de Stanford, chama de *mentalidade fixa*, verá o primeiro sinal de fracasso como uma evidência de que você simplesmente não é capaz de realizar seu objetivo.[6] "As coisas são assim e ponto final", você diz a si mesmo. "Então não adianta gastar mais energia e me arriscar mais." Se, por outro lado, você olhar o mesmo contratempo inicial através da *mentalidade de crescimento* — e optar por aprender com o revés —, verá o que aconteceu como uma evidência do que não funciona, adaptará sua estratégia e usará o que aconteceu para se motivar a continuar trabalhando para alcançar seu objetivo.

Foi assim que Mike Krzyzewski (apelidado de "Treinador K"), da Universidade Duke, o treinador com o maior número de campeonatos vencidos da história do basquete universitário, viu a derrota de seu time na semifinal do torneio da Associação de Atletismo Colegial em 1989. A maioria dos técnicos teria jogado a toalha e voltado para casa com o rabo entre as pernas. Mas o Técnico K disse a seu time que eles ficariam para assistir à final do campeonato dois dias depois. Ele disse que era importante ver como era o sucesso que eles estavam buscando. Anos depois, ele refletiu sobre a decisão: "Às vezes, você pode usar uma derrota para preparar o terreno para a próxima vitória". Só para esclarecer, a ideia não era que sua equipe aprendesse a gostar de perder. Ele queria que eles soubessem que podiam aprender mais com a derrota do que com o desgosto que estavam sentindo. Para isso, eles teriam de abrir mão da *orientação ao desempenho* e adotar uma *orientação à aprendizagem.*[7] Com a primeira orientação, tudo o que a equipe teria feito seria autocriticar cada erro cometido. Já com a última orientação, eles analisaram os erros como oportunidades de crescimento. Nos dois anos seguintes, a Duke venceu seu primeiro e segundo campeonatos nacionais.

Parte do desenvolvimento de uma mentalidade de crescimento e da orientação à aprendizagem requer abrir mão do mito de que as pessoas de sucesso já nasceram melhores do que nós. Tentamos nos convencer de que essas são capazes de gerar mudanças ou alcançar a grandeza em sua área de atuação porque nasceram diferentes. É um jeito prático de nos livrar da responsabilidade, mas em geral não é verdade. Como Dweck nos lembra, Michael Jordan — talvez o maior jogador da história do basquete profissional — foi eliminado do time do ensino médio e não foi recrutado em sua primeira opção de faculdade (a Universidade Estadual da Carolina do Norte). Ele só conquistou seu sucesso porque usou cada contratempo como motivação para mudar e melhorar alguma coisa. Ele passou mais tempo treinando e se empenhou mais do que todos os colegas, concentrando-se em maneiras de aprimorar seus pontos fortes e reforçar seus pontos fracos.

Cientistas e empreendedores não podem ter sucesso sem uma orientação à aprendizagem. Os cientistas precisam se dispor a criar um experimento após o outro, aprendendo continuamente o que não funciona na esperança de descobrir o que funciona. É por isso que o processo de descoberta de medicamentos, por exemplo, leva muitos anos e consome bilhões de dólares. Quando alguma forma de um medicamento se mostra segura e eficaz em seres humanos, incontáveis alternativas fracassaram em algum ponto ao longo do caminho. O mesmo pode ser dito de aspirantes a empreendedores: se você não se dispuser a ver os fracassos iniciais como uma chance de aprender, e não como *a* prova de sua incapacidade de criar algo novo, o caminho do empreendedorismo provavelmente não é para você.

Mas não basta ver o que deu errado como uma chance de aprender. O passo adicional — e indispensável — é ter um bom processo para não deixar de aprender todo o possível com o evento. O que você precisa é de alguma forma de avaliação pós-evento (também chamada de "revisão pós-evento").[8] Você já pode ter ouvido falar de avaliações pós--evento sendo usadas depois de erros em hospitais, acidentes de avião, derramamentos de petróleo e grandes explosões ou incêndios. A ideia de usar uma versão pessoal e reduzida de uma avaliação pós-evento pode causar estranheza, especialmente porque tendemos automaticamente a culpar os outros pelo que aconteceu e aplicar outros mecanismos de defesa para nos livrar de nossas emoções negativas provocadas pelo evento. Mas é fundamental fazer esse tipo de análise se quisermos aprender com os erros.

As avaliações pós-evento podem assumir diferentes formas. Se Sarah — a sócia do escritório de advocacia que ficou frustrada com seu colega Patrick — pedisse o meu conselho, eu sugeriria começar sua avaliação pós-ação com um período de introspecção silenciosa. No começo, sua mente pode tender às chamadas "atribuições em causa própria" ("Eu não tenho culpa de o Patrick ser tão intratável") ou críticas autodestrutivas ("Eu estrago tudo sempre que tento me posicionar"), mas ela deve se forçar a superar essa fase e tentar encontrar outras explicações e perspectivas mais plausíveis. Sarah pode anotar coisas como: "Patrick poderia ter ficado menos bravo se eu tivesse avisado antes que pretendia levantar essa questão na reunião" ou "Teria sido melhor se eu tivesse levantado a questão numa reunião com menos gente".

Feito isso, Sarah precisa coletar informações de outras fontes — talvez fazendo gravações em áudio ou vídeo que ela possa revisitar. Só que é muito comum de os melhores dados disponíveis serem de natureza subjetiva, ou seja, o que as pessoas sentem sobre a situação e o que acham que poderiam ter feito de outra maneira. Sarah pode achar que não deu motivos para Patrick se sentir criticado pelo que ela disse, mas o que os outros colegas pensam? De que forma eles a viram — como alguém falando calmamente sobre um problema da organização ou alguém dando uma indireta para atacar Patrick? De que maneiras eles acham que o comportamento de Sarah contribuiu para o problema? Se ela estiver realmente interessada em aprender, vai conversar com Patrick e fazer perguntas como essas. A questão aqui é reconhecer que não temos como aprender muito se nos ativermos às nossas próprias lembranças do acontecido. Precisamos nos dispor a considerar outras fontes de informação que complementam e até contradizem nossa interpretação inevitavelmente limitada e tendenciosa. Lembre-se de que o objetivo de uma avaliação pós-evento pessoal é aumentar as chances de melhorarmos da próxima vez. Se você a usar só para confirmar sua posição inicial, o exercício todo não terá passado de uma grande perda de tempo.

Um exemplo em ação: Fred Keller

Percorrendo o chão de fábrica da Cascade Engineering, uma empresa de manufatura sediada em Grand Rapids, no estado americano do Michigan, o fundador Fred Keller e o funcionário Ron Jimmerson traçaram um plano para dar uma chance às pessoas que vivem de programas de assistência social. "Parecia a coisa certa a fazer", lembra Keller. "Nos idos dos anos 1960, eu acreditava que 'o sistema' não funcionava e me importava com a questão da pobreza intergeracional desde a minha juventude." Com base em seus valores, ele constatou: "Tenho uma empresa que pode ajudar. Por que não tentar fazer alguma coisa a respeito?".

Sua primeira tentativa de estabelecer um programa de profissionalização, no qual Jimmerson alugava uma van e procurava potenciais operários em um bairro de baixa renda da cidade, foi um fracasso. A Cascade ainda não estava preparada para ajudar os recém-contratados a ter sucesso. "A gente não tinha ideia de tudo o que não sabia", lembra um dos supervisores. Eles usaram uma abordagem de "amor firme" que simplesmente não funcionou.

Para Keller, o resultado inicial foi a coleta de informações. Como a primeira tentativa não deu certo, eles precisariam aprender antes de dar o próximo passo.

A segunda tentativa — em que potenciais operários da Cascade foram trabalhar primeiro em um Burger King da cidade por seis meses — também não deu certo. Parte do que Keller e outras pessoas não entendiam bem, por não ter um bom conhecimento da pobreza intergeracional e dos desafios de sair dessa situação, era que as barreiras para comparecer ao trabalho todos os dias e na hora e apresentar um desempenho regular continuavam sendo muito altas.

Depois de vários anos, a equipe de Keller conseguiu contratar dezenas de beneficiários de programas de assistência social. Mas a empresa estava com dificuldade de integrá-los. A rotatividade era muito mais alta para esse grupo de funcionários e estava causando frustração e raiva nos colegas e supervisores. Os funcionários do programa muitas vezes chegavam atrasados, eram distraídos no trabalho, precisavam sair mais cedo ou simplesmente não apareciam porque tinham adversidades com o transporte, a escola das crianças, problemas de saúde na família, dificuldade de encontrar quem cuidasse dos filhos e uma série de outros obstáculos da vida. Nesse contexto, era difícil separar as frustrações válidas dos estereótipos sobre pessoas em situação de pobreza. Quando os supervisores tentavam dar uma colher de chá aos novos funcionários, os com mais tempo de casa achavam injusto. Os gerentes de fábrica eram pressionados de todos os lados: eles precisavam se ater ao programa porque a alta administração queria e precisava atingir as metas de qualidade e quantidade apesar dos desafios impostos pela assiduidade e pelo desempenho inconsistentes dos novos funcionários. "Isso não vai dar certo", um supervisor de fábrica se lembra de ter pensado na época. Até o presidente regional do programa de assistência social se perguntava se aquilo não passava de uma "boa ideia que simplesmente morreria na praia".

Keller persistiu, participando de um treinamento sobre a pobreza intergeracional e exigindo que todos os funcionários que ocupavam uma posição gerencial passassem pela mesma capacitação. Munido de um entendimento melhor das "regras ocultas" da pobreza e de como as estratégias e respostas padrão da média e da alta gestão simplesmente não funcionam para esse grupo, Keller e sua equipe renovaram seu compromisso em encontrar soluções. Ele também continuou a ser um grande defensor da proposta, incentivando todos a ver o propósito maior da iniciativa. Mas, apesar de as crenças e atitudes estarem começando a mudar na empresa, as dificuldades persistiram. Mesmo com apenas alguns poucos operários do programa trabalhando um turno em qualquer fábrica, os problemas de assiduidade, produção e cultura continuavam. Estava claro que era preciso fazer mais para garantir o sucesso do programa.

Para resolver os problemas, Keller e Andy Zylstra, diretor do programa governamental Family Independence Agency (Agência de Independência da Família) de Michigan, firmaram uma nova parceria público-privada depois de chegar a uma conclusão ousada: eles precisavam colocar um assistente social do estado para trabalhar na fábrica de Cascade. Com isso, esse profissional poderia obter informações em tempo real e ajudar a resolver os problemas antes que se agravassem. Teoricamente, todo mundo sairia ganhando: se mais pessoas fossem atendidas, o governo poderia reduzir os custos; os funcionários participantes obteriam uma ajuda mais eficaz para suas dificuldades não relacionadas ao trabalho e seriam efetivados na empresa; e a Cascade reduziria a rotatividade, atingiria suas metas de produção e provaria que era possível ajudar a sociedade e ganhar dinheiro ao mesmo tempo.

Com a Cascade concordando em pagar a metade do salário do assistente social por vários anos (até os custos e os benefícios finais do programa serem coletados e avaliados), o estado aceitou essa proposta criativa. Não foi fácil, mas hoje o pessoal da Cascade considera que o treinamento sobre pobreza intergeracional e a alocação de um assistente social ao chão de fábrica foram os dois momentos decisivos do programa. Com esses pilares estabelecidos e uma cultura implacável de aprendizagem contínua disseminada de cima para baixo, o programa foi se consolidando aos poucos. Os gerentes, que passaram a acreditar no projeto, enfrentaram as dificuldades, ajustando os processos para facilitar a interação entre os funcionários e o assistente social, superando as percepções de que a empresa tinha dois pesos e duas medidas, recusando-se a ceder às ameaças de saída dos funcionários e até dispensando alguns cuja atitude estava interferindo no desempenho dos colegas participantes do programa.

O programa de profissionalização da Cascade existe até hoje, com taxas de rotatividade tão baixas para os funcionários participantes (que a maioria das pessoas da Cascade nem consegue identificar) quanto a geral da empresa (e a do setor de manufatura no estado). O programa da Cascade é amplamente estudado e ganhou fama. Ele é apresentado ao público pelo governador de Michigan como um modelo das iniciativas do estado para ajudar a tirar as pessoas dos programas de assistência social e levá-las para a força de trabalho. E serviu de modelo para o desenvolvimento gradual de outros programas ousados na Cascade, como o de reintegração de ex-criminosos e o de antirracismo. Esses projetos inovadores foram incorporados ao dia a dia da Cascade e são uma das razões pelas quais as pessoas querem trabalhar lá.

Nada disso teria acontecido se Keller tivesse jogado a toalha quando, na primeira, na segunda ou até na terceira tentativa, o estabelecimento desses novos modelos se mostrou extremamente difícil. E a Cascade não estaria onde está hoje se Keller não fizesse questão de dividir os créditos e não se encarregasse do follow-up de inúmeras maneiras que ajudaram as pessoas a sentir-se corresponsáveis pela criação dessa cultura sem igual. Keller precisou de muita coragem para tomar essas medidas, colocando em risco muito mais do que grandes recursos financeiros: ele se dispôs a mostrar sua vulnerabilidade ao admitir os problemas que encontrou ao longo do caminho, persistiu quando as pessoas diziam que ele tinha enlouquecido ou não sabia o que estava fazendo e se posicionou em defesa de um grupo da população que achava que a posição de privilégio do fundador da fábrica significava que ele jamais conseguiria entendê-los ou ajudá-los de verdade.

Lembre-se

- O que você faz *depois* de sua ação inicial também é parte crucial de ser competentemente corajoso. Fazer o follow-up para que as pessoas se comprometam com ações específicas, definir prazos e chegar a um acordo sobre metas e métricas particulares é indispensável para transformar seu ato corajoso em resultados importantes.

- Não se esquivar de estados emocionais negativos ou incertos também é um importante trabalho de follow-up. Nosso ato corajoso inicial pode requerer outro que envolve conversar com as pessoas que ficaram magoadas ou com raiva do que dissemos ou fizemos.
- É preciso persistir para concretizar qualquer mudança de comportamento sistêmica ou profunda. Se você só se dispuser a tentar uma vez, pode ser melhor nem fazer nada em muitos casos.
- Adotar uma orientação à aprendizagem, vendo os resultados iniciais de sua ação como lições a ser aprendidas, não uma prova de que seu objetivo não pode ser alcançado.

PARTE III

SUBA PELA SUA ESCADA DA CORAGEM

Capítulo 10

Cultive a coragem

Você ganha força, coragem e confiança a cada experiência na qual realmente para e encara o medo de frente. Você deve fazer aquilo que acha que não consegue fazer.

— Anna Eleanor Roosevelt

Seja questionando a autoridade, confrontando colegas ou subordinados ou realizando outras ações corajosas, todas as pessoas que estudei sabiam que estavam correndo um risco, e a maioria sentiu pelo menos algum grau de medo. É isso mesmo: como os milhares de militares que Stanley Rachman estudou, até aqueles indivíduos que pareciam tranquilos e serenos nas histórias que contei muitas vezes admitiram que estavam com medo.[1] Eles também passaram noites em claro preocupados com as consequências de suas ações. Mas agiram mesmo assim. Então, vamos deixar claro. O medo não é um sinal de que você não deve agir, mas significa que o terreno está preparado para a ação.

É hora de decidir: você vai começar a subir sua escada da coragem, um degrau de cada vez?

O caminho para a coragem competente

São três os caminhos para a coragem competente. O primeiro é mudar a forma como *pensamos*. Esse é o raciocínio por trás das técnicas cognitivo-comportamentais — identificar e mudar os pensamentos que não nos permitem adotar o comportamento desejado. O segundo é incluir itens ao nosso *kit de ferramentas comportamentais*, como técnicas específicas para conduzir conversas difíceis. Estamos falando de estratégias de comunicação como aprender a fazer a "venda estratégica de ideias", negociar em momentos de conflito e contestar sem ofender em situações com grande carga emocional. O terceiro caminho é mudar ou controlar melhor nossas *respostas fisiológicas*. Estamos falando de administrar os circuitos de defesa automática do nosso corpo para aprender a minimizar essas respostas ou nos comportar com habilidade apesar delas.

Vamos dar uma olhada mais de perto nos tipos de mudanças que você pode fazer.

Pense de maneira mais produtiva

Para pensar de maneira produtiva sobre os desafios que enfrentará, comece aceitando que a sua interpretação dos eventos da vida não é só sobre — nem principalmente sobre — o que acontece objetivamente. É sobre o que você *acha* que está acontecendo e a história que você imediatamente começa a contar a si mesmo.

Os eventos esportivos são um exemplo perfeito disso. Imagine que você está assistindo a um jogo de futebol com um amigo. É um jogo tenso. O tempo está acabando, o seu time está tentando virar o jogo e o meio de campo lança um passe perfeito para um atacante que avança pela lateral. Mas, pouco antes de a bola chegar ao atacante, um jogador do time adversário o empurra e joga a bola para longe. Você fica exasperado, gritando para a TV e pedindo por uma penalidade. Para você, foi uma falta escancarada. Mas seu amigo, que torce para o time adversário, discorda com veemência. Ele acha que foi uma jogada excelente e totalmente dentro das regras.

Vocês dois viram a mesma jogada, mas os dois acusam o outro de ser tendencioso. O que aconteceu objetivamente na jogada é irrelevante porque, como tantas coisas na vida, é o que vemos e dizemos a nós mesmos que define como nos sentimos e nos comportamos.

É por isso que os terapeutas cognitivo-comportamentais se concentram em ajudar as pessoas a identificar, questionar e substituir padrões de pensamento limitados e limitantes por outros mais úteis ou precisos.[2] Para ficarmos no exemplo do esporte, isso significa aprender a perceber quando você começa a — no jargão da psicologia — generalizar ("Os árbitros sempre ferram o meu time" [quando na verdade os árbitros podem errar com qualquer time]), catastrofizar ("Desse jeito nós nunca vamos ganhar um campeonato" [não faz sentido usar um incidente isolado como um fator preditivo do que vai acontecer eternamente]) ou rotular e tachar ("Os torcedores deles são um bando de..." [eles provavelmente não são nem mais nem menos tendenciosos ou maus do que os do seu time]).

Pode não valer a pena desenvolver todo um plano de autoaperfeiçoamento para lidar com nossas reações a um jogo de futebol. Mas com certeza vale a pena fazer isso para lidar com situações difíceis no trabalho. Nesse caso, nossa capacidade de reagir bem no calor do momento e nossa abertura a situações parecidas — em vez de tentar nos esquivar delas — no futuro podem fazer uma diferença enorme tanto para nós quanto para os outros. Aprender a ver as coisas de uma outra perspectiva e desenvolver a capacidade de nos contar histórias mais produtivas no momento em que as coisas estão acontecendo tem um valor incrível.

Como vimos, é muito difícil aprender a reconhecer e mudar pensamentos improdutivos sob estresse se você não praticar em circunstâncias menos estressantes. É por isso que os psicólogos recomendam aprender novas maneiras de ver uma situação e ensaiá-las vez após vez.[3] Foi o que John Lewis e seus colegas fizeram ao se preparar para resistir sem violência e é a base da abordagem de Mary Gentile para aprender a "dar voz aos valores" com competência no trabalho.[4] Por exemplo, você precisa *preparar* de antemão o lembrete que vai fazer mentalmente a si mesmo ao primeiro sinal de que está começando a distorcer os acontecimentos; precisa *pensar bem* no que vai dizer a si mesmo quando alguém começar a se fechar à sua mensagem; e precisa *ensaiar mentalmente* o que vai dizer ou fazer ao primeiro sinal de que sua ação não está funcionando.

Pode acreditar, eu estou longe de ter dominado essa prática. Eu ainda tendo a forçar demais as mudanças no trabalho e até hoje tenho dificuldade de pensar de forma produtiva em situações de estresse. Quando eu dou uma ideia que não é imediatamente recebida de braços abertos, muitas vezes sinto um lampejo de raiva e minha mente se põe a generalizar ("Ele *nunca* apoia a inovação") e a catastrofizar ("É por essas e outras que este país está *condenado* ao fracasso"). Como esses pensamentos são imprecisos e com certeza provocarão reações negativas se verbalizados, eu me preparo para neutralizar essas reações automáticas com pensamentos mais proveitosos. Por exemplo, escrevendo narrativas alternativas, como: "As reações iniciais dele costumam se atenuar quando dados são apresentados".

E você? Ao pensar em dar pequenos passos em direção ao topo de sua escada da coragem, quais pensamentos improdutivos você gostaria de aprender a identificar e mudar? Do lado esquerdo de uma folha de papel ou planilha, anote um ou dois padrões de pensamento que você costuma ter sob estresse e que considera improdutivos. Do lado direito, anote uma ou duas opções para cada um que você gostaria de dizer a si mesmo da próxima vez que tiver esse pensamento. Também anote em algum lugar como, especificamente, você vai se lembrar desses objetivos antes da próxima interação estressante.

Domine novas ferramentas de comunicação

Já falamos sobre a importância de apresentar suas ações de maneiras que sejam menos ofensivas e mais convincentes para as pessoas. Vamos dar uma olhada em outras ferramentas para lidar com conversas difíceis, incluindo alguns tipos de linguagem provocativa que devem ser evitados em situações já explosivas.

Imagine que você acabou de ser promovido e um de seus subordinados diretos é bem mais velho do que você. E que esse mesmo colega mais velho tinha sido seu chefe e mentor antes de você ser promovido. Você passou meses tentando conversar com ele para aliviar a tensão e para vocês encontrarem uma maneira de continuarem trabalhando bem juntos. Mas ele se recusa a conversar e continua agindo como se nada tivesse mudado. Isso está drenando sua autoridade diante de seus outros subordinados e causando confusão com os clientes.

O problema é o seguinte. Você está pensando: "O mínimo que você deve fazer por mim é mudar seu comportamento imediatamente", mas ele vê a situação de outro jeito: "Você me ferrou. O mínimo que você pode fazer agora é me deixar em paz". Se nenhum de vocês conseguir sair do impasse dessas declarações conclusivas — ou o que o finado professor de Harvard Chris Argyris descreveu como o degrau mais alto da escada de inferência cognitiva de cada pessoa —, é provável que vocês só joguem suas convicções com cada vez mais frequência e agressividade na cara um do outro.[5] Se você tiver mais poder (o que seria o caso nesta situação), pode parecer que "venceu" porque seu subordinado provavelmente recuará antes, motivado pelo medo. Mas o que você acha que saiu ganhando com isso? Você não entendeu melhor os sentimentos nem a lógica dele e ele não entendeu melhor os seus. Você até é capaz de impor alguma mudança visível e imediata da parte dele, mas só vai se indispor ainda mais com ele e aumentar as chances de ele não querer se empenhar por você e ainda continuar tentando enfraquecê-lo de maneiras sutis.

Superar esse tipo de impasse do "topo da escada" requer a boa utilização das táticas de "defesa" e "investigação".[6] A defesa vai além de apenas declarar sua *conclusão* (seu degrau mais alto) com mais veemência ou de forma mais articulada; trata-se de revelar o que está abaixo de sua conclusão em sua escada cognitiva. No nível mais baixo de todos, estão os *dados* que você usou para embasar sua conclusão. No nosso exemplo, você pode apontar fatos como: "Tentei conversar com você a respeito e lhe dei tempo para processar seus sentimentos e se adaptar" e "Não corrigi seu comportamento inapropriado nas reuniões da equipe".

Seu próximo passo é revelar seu *raciocínio* (que depende dos dados e das experiências às quais você dá mais atenção). Você pode, por exemplo, dizer: "Estou sendo paciente e tentando entender o seu lado e lhe dei tempo para se ajustar à nova realidade". Depois de apresentar seus dados e seu raciocínio, as bases para a sua conclusão ("É por isso que estou dizendo que preciso que você mude seu comportamento") ficam mais claras. Talvez ele ainda não goste dessa conclusão, mas pelo menos você começou a criar uma base para estabelecer um diálogo.

No entanto, mesmo se conseguir defender bem seu argumento revelando sua escada de inferência, você estará no máximo a meio caminho de um diálogo que pode levar a um resultado mutuamente satisfatório. Você também deve se engajar em um bom processo de investigação, que envolve levar seu novo subordinado a revelar o que está por trás da conclusão *dele* ("Não devo nada a você. Você deveria me deixar em paz"). Como já vimos, o número de fatos ou dados relevantes é enorme, e a maioria dos dados pode gerar muitas interpretações plausíveis. Assim, cabe a você investigar os dados e a lógica que seu subordinado está usando.

No caso, sua investigação pode envolver perguntas como: "Você pode me ajudar a entender por que você acha que eu ferrei você?" ou "Como você acha que a equipe vai se beneficiar de eu deixar você em paz e de deixarmos as coisas como estão?". Seu objetivo neste ponto não é questionar a conclusão dele, mas realmente tentar entender *por que* ele chegou a ela. Nós costumamos gostar da ideia de entender a perspectiva dos outros, mas isso requer uma habilidade com a qual não temos muita prática: ajudar as pessoas a nos revelar mais do que apenas suas conclusões.

Digamos que você fez boas perguntas e seu subordinado revelou dados como: "Passei anos orientando e desenvolvendo você", "Eu confiei em você em um milhão de ocasiões diferentes" e "Alguns dos nossos clientes ainda não se acostumaram com o seu estilo". Em seguida, ele revela seu raciocínio baseado nesses dados: "Você não é o amigo que achei que fosse" e "Você ainda precisa de mim".

Não seria fácil ouvir essas coisas. E será que você vai conseguir abrir um diálogo franco com ele agora que usou a defesa para revelar a sua escada cognitiva para ele e a investigação para convencê-lo a revelar a dele para você? É claro que não. Mas você aumentou as chances porque finalmente conseguiu entender melhor as razões do comportamento dele e o que será necessário para consertar esse relacionamento ou pelo menos torná-lo funcional no trabalho.

Não subestime a dificuldade de aplicar as técnicas de defesa e investigação da maneira descrita aqui. Crescemos aprendendo a forçar nossas conclusões com assertividade, revelando ou não nossos dados e nossa lógica (pense em debates no colegio ou na faculdade, cursos de comunicacao ou ate suas discussoes em casa na infancia e adolescencia). Aprendemos que a melhor maneira de "vencer" é impondo nosso ponto de vista. Por outro lado, poucos de nós aprendemos a conduzir um bom processo de investigação durante conversas difíceis. Essa noção equivocada de "vitória" leva, na melhor das hipóteses, a muitas vitórias que simplesmente não valem o custo — podemos até forçar as pessoas a desistir e fingir que aceitam nosso ponto de vista, mas isso está longe de significar que chegamos à melhor solução para os dois lados ou para o nosso grupo ou organização. Se o seu objetivo for chegar à melhor solução, você deve aceitar a ideia de que, depois de ouvir os dados e a lógica do outro, talvez a ideia dele seja melhor que a sua.

Descer as escadas da inferência usando as técnicas de defesa e investigação é uma ferramenta de comunicação extremamente eficaz. Mas isso não quer dizer que seja fácil ou natural. É comum nos pegarmos dizendo coisas como: "A solução para este problema é…" e "É melhor fazer isso porque…", ao passo que precisamos nos esforçar muito para falar algo como: "Você pode me ajudar a entender o que você sente ou pensa sobre isso?" e "Você pode me contar algumas experiências ou dados que confirmam o que você está dizendo?". Como a maior parte do que discutimos sobre o desenvolvimento da coragem competente, você precisa *praticar* o emprego das estratégias de defesa e investigação até conseguir usá-las de maneiras que pareçam autênticas para você e os outros.

Deborah Kolb, professora emérita da Faculdade de Administração Simmons em Boston, desenvolveu outro método — "ressignificar, problematizar e ancorar no propósito" — para ajudar as pessoas a repensar seu posicionamento atual e trabalhar juntas para encontrar soluções. Você começa com a *ressignificação*, que envolve apresentar uma construção ou interpretação alternativa da situação. Em seguida, você *problematiza* a situação, o que requer não só expor o problema como também articular com clareza a proposta de que o outro seja um parceiro ativo no processo de buscar uma solução mutuamente aceitável. Por fim, você tenta *ancorar-se em um propósito compartilhado* que pode ser promovido trabalhando juntos de maneira produtiva.[7]

Para ver como isso funciona, imagine uma discussão entre dois gerentes que não estão concordando sobre o que fazer diante de um concorrente que está tentando roubar clientes da empresa. Britt decide usar essa ferramenta para contestar Jerry, que defende uma abordagem do tipo "combater fogo com fogo", ou seja, "ir atrás daqueles ladrões" usando métodos de ética igualmente duvidosa. Britt começa ressignificando a situação para tirar o foco do comportamento do concorrente, dizendo: "Nosso maior problema, a meu ver, continua sendo o fato de não conseguirmos aprovação de nenhuma prefeitura para abrir nossas lojas, não o que o concorrente está fazendo". Em seguida, ele tenta problematizar o posicionamento de Jerry, dizendo algo como: "Você parece focado em revidar. Eu queria entender melhor por que você está concentrado nisso em vez de encontrar maneiras de trazer mais clientes sem colocar nossa empresa em risco". Observe que essa problematização envolve a investigação — ou seja, pedir para o colega revelar o que está por trás dessa conclusão em sua escada de inferência. Por fim, Brett tenta lembrar Jerry de que eles têm um propósito em comum: "Nós dois queremos ganhar dinheiro levando nosso conceito aos consumidores. Que tal encontrarmos juntos maneiras de fazer isso acontecer?"

Além de praticar técnicas específicas como as descritas acima, vale a pena tentar eliminar determinadas palavras ou expressões que, seja qual for a sua intenção, só tendem a provocar raiva, atitudes defensivas e negação. A Tabela 10.1 mostra algumas dessas palavras e expressões perigosas que devem ser evitadas e as razões pelas quais elas tendem a piorar ainda mais a situação. Por exemplo, é comum, quando estamos irritados ou quando nos importamos muito com alguma questão, usar palavras que denotam extrema (in)frequência, como "Você *sempre...*" ou "Você *nunca...*". Isso tende a ser um tiro no pé por duas razões. Sua alegação tem grandes chances de não ser verdade, já que são raras as coisas que realmente acontecem sempre ou nunca e esse tipo de exagero só reduz a sua credibilidade. Além disso, quando você diz a alguém que a pessoa sempre ou nunca faz alguma coisa, é muito provável que vocês acabem perdendo o fio da meada porque ela vai querer entrar numa discussão sobre a frequência. "Não é verdade", ela pode retrucar. "Eu só fiz isso naquele dia, naquela ocasião e naquela outra vez." Se a sua intenção for convencer alguém a começar ou parar de fazer alguma coisa, mantenha o foco nisso. E não na frequência em que a pessoa a faz ou deixa de fazer.

Não é fácil eliminar maus hábitos de linguagem, assim como não é fácil começar a usar novas ferramentas de comunicação. Mas é possível; quando você começar a mudar suas conversas no trabalho, deverá ver benefícios em outras esferas de sua vida também. Albert, por exemplo, aprendeu e praticou, em nosso workshop de liderança, novas ferramentas para aplicar no trabalho. Alguns meses depois, ele contou que as estava empregando também em sua vida pessoal. Em vez de opor-se com agressividade, que era sua estratégia padrão desde que se conhece por gente, ele aplicou essas habilidades em uma conversa difícil com o irmão sobre a melhor maneira de planejar a festa de aniversário da mãe deles e em uma situação difícil com vários amigos.

TABELA 10.1 Palavras ou expressões a ser eliminadas

Evite	Por quê?
Gatilhos como "inapropriado", "antiético", "não profissional", "feio", "ruim", "mau"	Palavras como essas tendem a ser interpretadas como ataques pessoais. Termos que ameaçam nossa necessidade humana de nos considerar moralmente decentes, competentes e respeitáveis nos colocam rapidamente na defensiva.
Palavras e expressões que não deixam espaço para dúvida, como "é óbvio", "é incontestável que", "claramente", "sem dúvida alguma"	Elas implicam que as pessoas são incapazes de ver, entender ou concordar com o que você está dizendo ou não estão abertas a outras interpretações.
Palavras e expressões como "Você precisa", "Você deve"	Dizer às pessoas o que elas devem fazer pode ser interpretado como uma ordem e sugere que elas violarão algum valor se não fizerem o que você diz que deveriam.
Dizer às pessoas para "não levar para o lado pessoal"	Se for necessário dizer "Não é nada pessoal", no fundo você acredita que é pessoal. É melhor nunca dizer isso e reconhecer que o sofrimento ou outras emoções que as pessoas podem estar sentindo são, de fato, pessoais.
A palavra "você" para descrever um comportamento ou fato específico	"Você" dá a impressão de que está rotulando a pessoa como um todo (por exemplo, seu caráter) e não apenas um comportamento ou situação específica. Dizer "Isso está errado" concentra a atenção apenas no fato ou comportamento que a palavra "isso" representa, ao passo que dizer "Você está errado" induz a pessoa a tentar se defender.
Dizer: "Você me faz..." para descrever seus sentimentos	Os sentimentos se originam de nossa mente e corpo e são controlados por nós, não pelos outros. Quando você tenta culpar a pessoa por fazer você sentir alguma coisa, ela pode ficar na defensiva. Se você assumir a responsabilidade pelos próprios sentimentos — dizendo "Eu sinto que..." —, a pessoa terá mais chances de se abrir ao que você está dizendo e fazer algo para ajudar em vez de focar em se defender.
Exageros, especialmente envolvendo alegações sobre a frequência ("sempre", "nunca")	Você só prejudica sua credibilidade ao usar afirmações hiperbólicas. Além disso, entrar em uma discussão sobre a frequência na qual algo acontece ou deixa de acontecer só desvia o foco do assunto em questão.

E agora? Por onde você vai começar? Ao pensar nos seus próximos passos, como você pode praticar o ato de revelar o que está por trás de suas conclusões na sua escada de inferência e aprender sobre a linha de raciocínio e os dados dos outros usando as técnicas de investigação? Qual conversa específica você poderia tentar nos próximos dias? Para qual conversa você poderia se planejar e experimentar a técnica de "ressignificar, problematizar e ancorar no propósito"? Quais palavras ou expressões você costuma usar e acha que seria bom eliminar? Se você não tiver certeza, mostre a lista a um amigo ou colega e pergunte o que ele acha. Peça que ele o avise quando te ouvir dizer uma ou duas das coisas que você gostaria de parar de falar.

Mude ou controle suas respostas fisiológicas

Não basta ter um diálogo interno saudável nem todo um kit de ferramentas de comunicação se você estiver tão emocionalmente estimulado que as partes mais primitivas de seu cérebro assumem o comando. Como vimos no capítulo 8, a coragem competente também requer a capacidade de manter suas reações fisiológicas sob controle, seja fazendo coisas que o impedem de se deixar dominar pelas emoções no momento da ação ou aprendendo a se comportar com calma apesar de todos os estímulos.

Exercícios de *mindfulness* (atenção plena) e a meditação estão cada vez mais se provando eficazes para nos ajudar a lidar com o estresse agudo e crônico. Mark Bertolini, ex-CEO da Aetna Insurance, começou a meditar quando a dor de um acidente de esqui que quebrou seu pescoço em cinco lugares ficou tão insuportável que ele chegou a pensar em suicídio. As práticas de mindfulness mudaram sua vida, e ele se tornou um grande defensor do uso dessas práticas no trabalho, criando programas corporativos de ioga e meditação.[8] Um estudo duplo-cego realizado com funcionários da Aetna, que foram aleatoriamente alocados a um programa de ioga, um de mindfulness ou um grupo de controle (que não fizeram nada de diferente), descobriu que os dois primeiros apresentaram muito mais melhorias com relação ao estresse percebido, à qualidade do sono e a uma medida de variabilidade da frequência cardíaca.[9] Esses benefícios resultaram de um projeto que totalizou apenas de 12 a 14 horas de treinamento formal no decorrer de 12 semanas. Então, você não precisa se transformar em um mestre zen da noite para o dia nem se mudar para o Nepal e passar anos em um monastério para colher os benefícios da prática do mindfulness.

Se não estiver pronto para tirar um tempo a fim de praticar o mindful-ness ou a meditação (apesar de nada impedir você de começar dedicando apenas alguns minutos por dia usando todo tipo de apps que hoje estão disponíveis para o celular), você pode apenas se forçar a focar sua respiração antes e durante as interações mais intensas. A sabedoria popular de "respirar fundo" ou "contar até dez enquanto respira profundamente" foi confirmada pelas descobertas científicas sobre nossa resposta ao estresse. Sabemos que, quando estamos estressados, nosso corpo está dominado pelo sistema nervoso simpático com o aumento de nossa frequência cardíaca e arterial, de nossa respiração, entre outros sinais. Já a respiração lenta e profunda ativa o nervo vago — o "botão" que liga nosso sistema nervoso parassimpático —, tranquilizando-nos quando os dois componentes do nosso sistema nervoso central recuperam o equilíbrio.[10] Então, apesar de nem sempre ser possível se levantar e começar uns exercícios de tai chi no meio de uma reunião estressante, nada te impede de respirar lenta e profundamente algumas vezes antes de falar ou continuar falando. E, se você tiver a chance de realizar uma postura de ioga, uma rápida sessão de alongamento, uma caminhada curta ou algo que te faça rir antes de um momento importante, não deixe de fazer isso.

É bem verdade que requer muita prática dominar nossas respostas emocionais automáticas. Não é fácil treinar circuitos cerebrais que passaram milhares de anos evoluindo para garantir a sobrevivência da espécie humana, mas com empenho e foco é possível alcançar grandes avanços. *O que você vai tentar agora?*

Ensaiar mentalmente é bom, mas não basta

Vamos rever a noção do ensaio ou prática mental. O conceito é simples: você passa a situação como um filme em sua cabeça, imaginando o que planeja dizer ou fazer. Os atletas fazem isso o tempo todo: ginastas "ensaiam sua apresentação" mentalmente, jogadores de futebol "visualizam o campo" e jogadores de golfe "imaginam a tacada" que desejam acertar.

Nós também podemos fazer a mesma coisa, imaginando o que vamos dizer ou como vamos reagir a todo tipo de situação no trabalho. Por exemplo, Ken ficava agitado e nervoso e tinha dificuldade de se posicionar sempre que interagia com alguém que tinha mais poder do que ele. Tinha chegado a um ponto em que ele relutava ou fugia de reuniões importantes e "dava aos outros o controle total da conversa antes mesmo de entrar na sala". Trabalhando com um coach, Ken aprendeu que um "ritual de preparação mental" específico o ajudaria não só a organizar o que ele queria dizer como também a acalmar os nervos e ficar mais confiante para que pudesse ser questionado e contestado sem perder o equilíbrio. Hoje Ken usa essa estratégia de ensaio mental regularmente e até passou a gostar das interações que antes considerava aterrorizantes no trabalho.

Por mais eficaz que o ensaio mental possa ser (chegando a ser associado ao desempenho em muitas áreas[11]), é importante manter dois fatos em mente: (1) não importa o quanto você pratique na sua cabeça, as pessoas não têm como saber que você quer que elas parem, comecem ou mudem alguma coisa se você não disser ou fizer algo a respeito; e, (2) não importa o quanto você pratique na sua cabeça, onde é psicologicamente seguro e possível de manter a calma e pensar racionalmente, você só tem como realmente dominar as situações mais conflitantes se treinar em circunstâncias que reflitam essa intensidade emocional. Pode ajudar muito ensaiar mentalmente, mas, cedo ou tarde, você vai ter de controlar suas emoções e ações diante de todos.

Foi por isso que meus colegas Bobby Parmar e Connie Dunlop e eu criamos o Laboratório de Desenvolvimento Experiencial de Lideranças (ELDL, na sigla em inglês) na Faculdade de Administração Darden da Universidade da Virgínia. Nosso laboratório busca oferecer o "treinamento realista e gradual" que Rachman estudou em contextos militares,[12] mas com foco em melhorar a atuação em contexto profissional no qual os riscos são principalmente econômicos, sociais e psicológicos.

Treinamos atores para simular a intensidade emocional de conversas e situações muito difíceis nas quais as pessoas se sentem expostas, vulneráveis e no limite do controle. A ideia é expor propositalmente os participantes ao estresse (em um contexto psicologicamente seguro[13]) para que eles possam aprender a reconhecer e mudar suas reações. Um jovem líder disse: "Só quando me vi realmente confrontado por uma pessoa agressiva e abusiva [no laboratório] foi que percebi como eu ficava paralisado e impotente para resolver situações como essa". Outro disse: "A repetição e o feedback foram importantíssimos para mim. Em vez de só falar sobre como eu lidaria com a situação de ter de demitir alguém, participar de uma reunião com pessoas hostis ou vender uma ideia ao conselho, agora eu sei como reagiria. Assim posso entrar na maioria das situações como essas no trabalho confiante de que sei lidar com elas".

Infelizmente, tudo o que está ao meu alcance neste livro é descrever os benefícios desse tipo de exposição controlada. Para melhorar sua reação sob estresse, você precisa efetivamente entrar em situações que atuam como gatilhos para respostas automáticas ao perigo e praticar o controle dessas respostas no calor do momento. Você precisa se comprometer com a ação, não só a contemplação.

Comprometa-se com a ação

Se você está levando a sério o desafio de cultivar a coragem, é hora de começar a converter suas intenções em ação. Vejamos dois passos específicos que você precisará dar a seguir.

Defina boas metas acompanhadas de intenções de implementação

Comece consultando sua escada da coragem (ou construindo-a pela primeira vez, se já não fez isso no capítulo 4) e estabelecendo algumas metas *específicas e desafiadoras*. No fundo, todos nós sabemos o que centenas de estudos já mostraram: que a falta de especificidade resulta em falta de comprometimento e poucas chances de sucesso.[14]

Quando, por exemplo, dizemos que "vamos perder dez quilos em quinze semanas a partir de amanhã", isso é um sinal de que realmente estamos prontos para nos comprometer. Por outro lado, dizemos que "vamos perder peso este ano" quando não estamos realmente prontos para começar e seguir um plano. O mesmo vale para qualquer comportamento que você tenha incluído na sua escada da coragem. Se a sua meta não for mais específica do que "Me posicionar mais com meu chefe", como você vai saber se a alcançou? Na primeira vez? Na segunda? Sobre qual(is) questão(ões)? E será que isso realmente vai motivá-lo a superar seus medos, considerando que você sempre pode deixar para a próxima ocasião?

Aplique o método SMART (acrônimo em inglês de *specific, measurable, actionable, realistic* e *time-bound*) às suas metas. Para começar, ela deve ser *específica* (*specific*, em inglês). Por exemplo: "Vou me posicionar com meu chefe na *semana que vem* sobre as *injustiças nas nossas políticas de viagens*". Essa é uma meta com um "o quê" e um "quando" específicos. Ela também deve ser claramente *mensurável* (*measurable*, em inglês), ou seja, você vai ter como saber se ela foi atingida. Se isso incluiu se posicionar com seu chefe *sem parecer furioso e usar a investigação para entender por que ele acha que a política de viagens é justa*, você provavelmente precisará de outras pessoas para avaliar como se saiu. Você pode não ter ficado com raiva e pode ter achado que fez as perguntas necessárias, mas qual foi a percepção das pessoas?

Ter uma conversa construtiva com seu chefe sobre as políticas de viagens também é uma meta *alcançável* (*actionable*, em inglês), ou seja, é algo que está sob o seu controle e você pode fazer imediatamente. Falar com o seu chefe sobre a política de viagens também é *realista* (*realistic*, em inglês), supondo que você tenha acesso a ele e que essa ação não seja tão difícil para você (não esteja no topo da sua escada da coragem). Por fim, essa meta tem um *prazo determinado* (*time-bound*, em inglês), já que você se impôs o limite de até o fim da semana que vem para ter essa conversa com seu chefe.[15]

Digamos que você não esteja pronto para se comprometer a conversar com seu chefe porque não sabe ao certo se conseguiu preparar o terreno como vimos nos capítulos anteriores ou se já tem as ferramentas certas para fazer isso bem. Nesse caso, você pode definir metas relacionadas a essas etapas. Por exemplo, se o problema é que você fica paralisado sempre que tenta falar quando está nervoso, qual compromisso específico você pode estabelecer para melhorar isso? Não fique só pensando que seria bom participar de um treinamento de improvisação; matricule-se em um curso, pague adiantado e comece a sua primeira aula ainda este mês.

Outra coisa que você deve fazer para aumentar as chances de alcançar sua meta é incluir o que Peter Gollwitzer, professor de psicologia da Universidade de Nova York, chama de *intenções de implementação*.[16] A ideia é usar "deixas" (coisas que acontecem em situações relevantes à meta desejada) para que o comportamento almejado ocorra automaticamente, em vez de inventar desculpas para não agir.

Por exemplo, digamos que sua meta seja se exercitar mais. O problema é que sempre surgem justificativas razoáveis para evitar isso. Se você planejou se exercitar de manhã cedo, você pode se justificar dizendo: "Dormi muito mal esta noite. Seria melhor deixar para o fim do dia, quando eu estiver mais alerta". Se você passou muito tempo no escritório, pode pensar: "Era para eu ir à academia agora, mas preciso chegar logo em casa para passar um tempo com meus filhos antes de eles irem dormir". Então já são nove da noite e você diz: "Se eu me exercitar hoje, não vou conseguir dormir à noite". Com isso, você passou o dia inteiro se convencendo a não se exercitar sem usar qualquer justificativa falsa ou irracional.

O método de Gollwitzer para resolver esse problema é usar afirmações do tipo "se-então" para ajudar a eliminar esse tipo de evasão racional. Por exemplo, você pode atrelar sua meta de exercitar-se às seguintes "deixas" provenientes de seu corpo: "*Quando eu tiver de ir ao banheiro no escritório,* irei de escada para usar o do andar de cima" e "*Quando eu estiver tão cansado a ponto de bocejar na mesa no trabalho,* vou me levantar e caminhar por dez minutos". Você pode até dormir com as roupas de ginástica e deixar os tênis do lado da cama, dizendo a si mesmo: "*Quando meu pé bater nos tênis ao sair da cama,* vou calçá-los". Se você treinar a si mesmo para ir *automaticamente* ao andar de cima usar o banheiro, levantar-se e caminhar *automaticamente* quando bocejar e calçar *automaticamente* os tênis quando sair da cama de manhã, começará a se exercitar mais sem ter de lutar contra a enorme capacidade do seu cérebro de inventar justificativas racionais para cada uma dessas escolhas.

Pode parecer uma dica simples demais para representar qualquer diferença, mas essa técnica tem uma eficácia incrível. Outro dia desses, apresentei esse conceito e o exemplo acima a gestores de uma grande construtora. Uma semana depois, recebi um e-mail de Tom, que tinha a meta de revisar mais projetos arquitetônicos porque os erros não detectados geravam altos custos de retrabalho. O problema era que Tom achava que não dispunha de tempo para isso e não havia se comprometido com nenhuma estratégia para revisar mais projetos. Depois de nossa sessão, ele decidiu que deixaria uma pilha de projetos em um lugar visível em sua mesa e passaria dez minutos revisando-os sempre que se levantasse para ir ao banheiro. Essa tática criou algo entre vinte e trinta minutos por dia que ele usou para começar a revisar automaticamente os projetos (porque ele não tinha mais que decidir fazer [ou deixar de fazer] isso a cada vez; ele simplesmente fazia). Em uma semana, ele encontrou três erros e poupou pelo menos US$ 50 mil em custos de retrabalho.

Também foi demonstrado que as intenções de implementação ajudam as pessoas a agir apesar da ansiedade.[17] Você pode fazer o mesmo com suas metas de coragem. Pense em termos simples do tipo "se-então", como: "Se *meu chefe disser X*, eu vou...", "Se eu *sentir que meu rosto ficou vermelho*, eu vou..." ou "Se eu *vir que Y está acontecendo na reunião*, eu vou...".

Seu cérebro sempre vai tentar evitar coisas difíceis. Então, se você estiver mesmo levando a sério seu objetivo de melhorar, tire um tempo agora para anotar algumas intenções de implementação que te ajudarão a não desistir. Quais afirmações "se" e "quando" serão seus gatilhos para a ação? E o que, especificamente, você fará automaticamente quando esses gatilhos dispararem?

Comprometa-se em público

Outra tática para não deixar de agir é contar a alguém ou comprometer-se em público de alguma outra maneira. Com isso, deixar de agir terá um custo adicional, em parte porque envolve nossa integridade. Se não fizermos o que nos comprometemos em público, nós e os outros saberemos que não conseguimos cumprir um compromisso.[18]

Em *The Mystery of Courage* ("O mistério da coragem", em tradução livre), William Miller, professor de direito de Michigan, fala sobre as estratégias usadas pelo soldado italiano do século 17 Raimondo Montecuccoli para eliminar as possibilidades de se acovardar na guerra.[19] Montecuccoli deixava de propósito o inimigo invadir pontos de retirada, queimava os próprios navios e as pontes que suas tropas já tinham cruzado e alocava pessoas para atirar nos soldados que batiam em retirada. É verdade que medidas extremas como essas não são exatamente adequadas para o ambiente de trabalho moderno, mas a questão é que podemos reforçar nosso compromisso com a ação indo além de apenas revelar nossas metas aos outros.

O app stickK, por exemplo, ajuda os usuários a atingir suas metas pedindo que eles assinem um "termo de compromisso" e oferecendo várias formas de apoio.[20] Por exemplo, o app faz a ponte para os usuários doarem uma determinada quantia para uma causa que eles desprezam (uma "anticaridade") se não conseguirem cumprir sua meta. Essa abordagem inovadora se baseia no princípio da aversão à perda — as pessoas não querem perder o que está em jogo, especialmente se for para uma causa que elas odiariam apoiar.[21] Imagine a injeção de motivação se você for contra a posse de armas e concordou em fazer uma doação substancial para a Associação Nacional de Rifles se não cumprir sua meta. Ou se você for de direita e concordou em doar para um partido de esquerda nas próximas eleições municipais se não cumprir sua meta.

Além dos benefícios motivacionais, revelar seus objetivos também pode criar oportunidades de aprender e receber ajuda. Quando as pessoas sabem que você está tentando fazer algo novo ou melhor, elas podem cooperar com ideias, recursos e contatos. E também ficar de olho em outras maneiras de apoiar. Por exemplo, se a sua meta envolver se posicionar de alguma maneira, elas podem ficar atentas ao modo como você faz isso e lhe dar um feedback construtivo. Se elas virem que você deixou de agir quando surgiu uma oportunidade, também podem lhe dizer isso. Mesmo se você não conseguir atingir 100% de sua meta, as pessoas vão saber que você está se empenhando e estarão abertas a conversar a respeito e te auxiliar a se preparar para a próxima vez.

Não é fácil subir a escada da coragem, e é normal cair algumas vezes. Não vejo por que alguém iria querer fazer isso sozinho. Então, a quem você vai contar sobre a sua meta?

Lembre-se

- Como qualquer outra habilidade, a coragem competente é fruto de muita prática. Só vamos conseguir dominar situações difíceis e amedrontadoras se nos expusermos com critério a elas, não se as evitarmos.

- Podemos aumentar nossa competência em situações de coragem se fizermos três tipos de melhoria: a maneira como *pensamos* antes e durante os momentos de estresse, nosso *comportamento* dominando novas ferramentas de comunicação e a maneira como lidarmos com as *respostas fisiológicas* que podem impedir o comportamento desejado.
- Cada pessoa tem uma escada da coragem diferente. O caminho para a melhoria envolve construir uma que seja específica para você e criar um plano para galgá-la um degrau de cada vez, começando do primeiro.
- Definir "metas SMART" com intenções de implementação ajuda a transformar as mudanças desejadas em realidade. Revelar suas metas aumenta a motivação e a capacidade de aprender com os outros.

Capítulo 11

Está nas suas mãos

Esperar ou achar que seremos corajosos diante de um momento difícil é uma abordagem covarde. Não podemos nos transformar em trinta segundos em alguém que não fomos nos últimos dez anos. A maior verdade da liderança corajosa está na maneira como vivemos todos os dias, não em momentos isolados de comportamento extremo.

— Coronel Eric Kail

Adoro essa citação do finado coronel Eric Kail. Para mim, ela resume bem a mensagem deste livro: as coisas podem mudar — para você e para os outros —, mas você precisa estar disposto a se empenhar. Você precisa abrir mão da ideia de que, se tivesse nascido com uma determinada personalidade, todos os atos corajosos seriam fáceis e que algumas pessoas têm uma genética especial que as equipa desde o nascimento a se posicionar, se manifestar e se destacar em toda situação difícil. Você também precisa abrir mão da falsa esperança de que estará pronto e será capaz quando o grande momento chegar mesmo sem ter se preparado para isso, praticando repetidamente um comportamento em vários instantes menos importantes. Você deve aceitar que a verdadeira mudança requer uma boa parcela de transpiração além da inspiração que os outros lhe dão. Médicos, enfermeiros, bombeiros e outros profissionais que arriscam a vida por nós são capazes e estão dispostos a agir em casos estressantes justamente porque passaram anos treinando para efetivamente assumir esse tipo de responsabilidade.[1]

É por isso que apresentei, neste livro, a coragem competente como um conjunto de habilidades a ser desenvolvidas por meio da prática regular e uma série de passos viáveis que você pode dar antes, durante e depois dos momentos de coragem para aumentar suas chances de sucesso e reduzir as consequências negativas. Discutimos muitas maneiras de diminuir o risco real e percebido e expandir sua confiança — a atitude do "eu *consigo* fazer" — expondo-se com critério a situações desafiadoras.

No fim das contas, contudo, não há como fugir do fato de que a coragem se resume à sua disposição de agir apesar dos riscos e do medo. Seria ótimo se você pudesse eliminar 100% das ameaças percebidas de uma situação, mas essa deixaria de ser uma oportunidade de agir com coragem. É por isso que essa postura também requer uma atitude do "eu *preciso* fazer". A sua coragem no trabalho — e em todas as outras esferas da vida — exige a disposição de encarar um potencial sofrimento pessoal em prol de algo mais importante do que esse e outras consequências negativas com as quais você pode ter de arcar. Como explicou o consultor de gestão e escritor Patrick Lencioni, a ideia é decidir quais valores são realmente essenciais para você e, portanto, compensam o sofrimento de ser defendidos, em comparação com aqueles que são meramente interessantes de se ter.[2] Eu acrescentaria que se trata de seguir seu coração, não apenas sua cabeça. Tanto que a palavra *coragem* vem da palavra latina *cor*, que significa coração.[3]

O que nos leva a concluir que *precisamos* agir apesar das potenciais consequências negativas? Para algumas pessoas, é um senso de responsabilidade profundamente internalizado — uma incapacidade ou relutância em presumir que outra pessoa é quem deveria agir, uma recusa em ser um espectador. Não importa se estiverem tentando entender as pessoas que abrigaram judeus durante o Holocausto, as que se recusaram a dar choques elétricos nos famosos experimentos de Milgram ou uma série de outros comportamentos arriscados ou não conformistas, os psicólogos não conseguem identificar traços de personalidade ou outras características individuais que diferenciam de forma confiável os indivíduos que agem dos que não agem. O ponto em comum, contudo, é que quem opta por agir afirma que se sentiu *pessoalmente responsável* por ajudar, que *precisava* agir e que isso era uma questão de *integridade* ou *autenticidade pessoal*.[4]

A motivação pode vir de um foco intenso nos outros.[5] O psicólogo Stanley Rachman, por exemplo, descobriu em seus estudos com militares para investigar a coragem que tanto combatentes aéreos quanto terrestres disseram que conseguiram superar seus medos em grande parte devido ao desejo de não deixar os colegas na mão.[6] Foi também o que Cynthia Pury, professora de psicologia da Universidade Clemson, e seus colegas concluíram em seu estudo sobre maneiras de promover a ação corajosa. O ensaio mental e outras técnicas cognitivas foram consideradas úteis pelos participantes, mas as mais relevantes foram as estratégias focadas nos resultados a serem alcançados pela ação. Especificamente, as pessoas que agiram com coragem tiveram mais chances de pensar naquelas que a ação ajudaria ou, em termos mais gerais, de lembrar-se do valor do objetivo que buscavam.[7]

O senso de propósito e de obrigação que motiva a ação corajosa independe da noção de que você é absolutamente competente ou está completamente pronto. Para Tachi Yamada, a ideia era fazer o possível para reduzir o sofrimento dos pacientes, mesmo quando ele se viu diante de novas situações e em terreno desconhecido. Para o professor que foi demitido por recusar-se a ignorar um incidente de plágio envolvendo a filha do presidente do conselho escolar, o objetivo era defender os princípios da aprendizagem e da honestidade. Para Fred Keller, a meta era usar sua empresa para ajudar a sociedade, mesmo quando isso implicava tentar coisas que ninguém tinha conseguido fazer até então. Para todas as outras pessoas cujas histórias eu compartilhei neste livro, alguma outra motivação fez valer a pena correr os riscos.

Mesmo se você não concordar com o gesto, também foi o que levou Colin Kaepernick — então *quarterback* titular do time de futebol americano San Francisco 49ers — a se sentar e depois se ajoelhar durante a execução do hino nacional antes das partidas. Kaepernick simplesmente não pôde mais ignorar a voz interior lhe dizendo que ele devia usar sua influência para aumentar a conscientização sobre o racismo e a injustiça social nos Estados Unidos. Questionado na época se tinha medo de ser cortado do time por essa forma silenciosa de protesto, Kaepernick respondeu que, se isso acontecesse, ele "saberia que fez a coisa certa" e "dormiria com a consciência tranquila". Perguntado se temia por sua segurança, ele afirmou: "Se alguma coisa acontecer, só estaria provando o meu ponto".[8] É assim que pensam as pessoas que sentem esse senso de obrigação.

No fim, Kaepernick realmente acabou sem emprego e ainda não foi contratado por nenhum outro time de futebol americano profissional, apesar de ter um desempenho melhor do que quase todos os *quarterbacks* reservas da liga e até alguns titulares. Como ele disse, esse é um preço que estava disposto a pagar.

O mesmo pode ser dito de Sallie Krawcheck, que diz que "sabia que eu seria demitida" do Citigroup, mas mesmo assim foi em frente e fez o que acreditava que deveria. Krawcheck era diretora de finanças do Citigroup no início do colapso financeiro de 2008. Ela argumentou que a Smith Barney, que fazia parte do Citigroup, tinha vendido alguns investimentos muito mais arriscados do que as pessoas imaginavam. "Pisamos na bola", Krawcheck disse e tentou convencer o conselho de administração a devolver parte do dinheiro dos clientes. Segundo ela, seria uma decisão sensata que acabaria fortalecendo o relacionamento com os clientes porque "demonstraria que fazemos a coisa certa por eles". No fim, o conselho concordou com ela sobre essa questão, mas Krawcheck foi demitida não muito tempo depois.[9]

Como mostrei ao longo deste livro: nem sempre você vai ser demitido por fazer o que acha que deve. Eu jamais teria escrito este livro se achasse que fosse assim. Vejamos o caso de Dara Khosrowshahi, CEO da Uber. Após o desaparecimento, em 2018, do jornalista Jamal

Khashoggi (que depois se descobriu ter sido assassinado por agentes da Arábia Saudita), Khosrowshahi foi um dos primeiros a cancelar seu comparecimento na importante conferência da Iniciativa de Investimento Futuro patrocinada pelos sauditas. Não foi uma decisão fácil, visto que a Uber tinha recebido um investimento de US$ 3,5 bilhões do fundo soberano saudita menos de dois anos antes e um membro do próprio conselho da administração da Uber presidia esse fundo (que estava patrocinando a conferência). Khosrowshahi disse: "Decidi cancelar minha participação [na conferência] simplesmente porque era a coisa certa a fazer".[10] Nem todo mundo gostou de sua decisão, mas ele permaneceu como CEO.

Fora dos holofotes, muitos outros heróis anônimos agem com coragem sem sofrer grandes consequências. Martha, por exemplo, protestou contra o assédio sexual que ela e outras mulheres sofriam de seu chefe, o presidente da empresa. Ela decidiu que, se as coisas não mudassem, ela sairia da companhia. Martha confrontou o chefe e lhe deu exemplos específicos do que ele tinha feito e de como isso a deixava ansiosa, deprimida e incapaz de confiar nele ou em si mesma. Ela disse que até podia ser sem querer, que ele achasse que estava apenas criando um ambiente divertido e desconhecesse o efeito de seus atos. Mesmo assim, depois dessa conversa, ela imaginou que nunca seria vista como uma igual ou promovida só pelo mérito.

Depois de expor tudo isso, ela ficou em silêncio, esperando que ele explodisse e a demitisse, ou tentasse invalidar sua mensagem retrucando que ela estava sendo sensível demais. Mas não foi o que ele fez. Ele pediu desculpas. Ele a elogiou pela coragem de lhe falar o que mais ninguém tinha coragem de dizer e que estava horrorizado com a ideia de outras mulheres se sentirem assim.

O chefe de Martha passou os meses seguintes tentando entender a posição de Martha e de outras mulheres da empresa. Em seguida, ele emitiu um pedido formal de desculpas a todos os funcionários, prometendo fazer daquele um local de trabalho seguro e com oportunidades iguais. Ele também promoveu Martha ao cargo de vice-presidente. Durante o anúncio, ele elogiou sua coragem de se posicionar abertamente contra o que ela acreditava ser errado e pediu que ela o ajudasse a continuar melhorando a cultura da organização. Foi uma experiência incrível para alguém que acreditava que o presidente jamais promoveria uma mulher a esse nível de poder e autoridade.

Será que esse foi o final feliz dessa história? Não exatamente. Alguns anos depois de ser promovida, Martha me contou, decepcionada, que seu chefe tinha voltado a agir como antes. Mas dessa vez ela não duvidou de si mesma e soube qual seria a melhor atitude a tomar: encontrar uma nova empresa para usar seus talentos. E ela poderia fazer isso sem arrependimentos — afinal, ela se posicionou, exigiu respeito e mudanças mesmo se isso resultasse em sua demissão.

Um recado para os líderes

Se você ocupa um cargo formal de liderança, gerenciando pessoas e com influência na cultura e nos sistemas de sua organização, espero que tenha lido este livro de duas perspectivas. Espero que tenha pensado em como você mesmo pode ser mais competentemente corajoso. É importante para seu crescimento pessoal e você será um exemplo para os outros.

Não subestime o impacto simbólico de seu comportamento: as pessoas prestam atenção ao poder. Elas veem os superiores como "personificações da organização", os modelos vivos do que a empresa realmente valoriza e é.[11] Se você não agir com coragem — posicionando-se com seu chefe, assumindo riscos ponderados para defender e promover os outros, fazendo de tudo para impedir algo errado —, a mensagem é muito clara: "a coragem pode ser enaltecida da boca para fora, mas não é realmente esperada nem recompensada aqui". Não importa se você *diz* querer que os outros sejam corajosos porque, como Ralph Waldo Emerson escreveu, o que você *faz* falará tão alto que ninguém ouvirá o que você diz.[12]

Além disso, espero que você, como líder, também esteja pensando: "O que eu vou fazer para promover a coragem na minha organização como um todo? Como posso aumentar a frequência dos comportamentos descritos neste livro?". Você poderia adotar a mesma atitude de várias outras organizações: dizer que a coragem é um importante valor da empresa e até adotar expressões do tipo "incentive a coragem" como um mantra.[13] Sim, eu incentivei a coragem neste livro. Acho que faz sentido quando o foco está em nós mesmos — o que cada um de nós quer fazer para ser o melhor que pode e causar o melhor impacto no mundo durante sua breve vida. Mas, se você for líder, e especialmente se tiver algum controle sobre as políticas, práticas e normas culturais da organização, será que você está mesmo liderando uma organização saudável se precisa encorajar as pessoas a aceitar riscos consideráveis só para poder trabalhar no dia a dia? Como escreveu de forma incisiva o autor e especialista em ética Rushworth Kidder em seu livro *Moral Courage* ("Coragem moral", em tradução livre): "Há algo de muito errado em uma cultura que exige rotineiramente coragem de seus funcionários".[14]

Dito de outra forma, incentivar a coragem sem resolver as razões do medo de seu pessoal é basicamente lhes dizer: "Vocês têm razão, não é seguro e nunca vai ser. Mas quero que vocês ajam com coragem mesmo assim". Penso que esse é um caso sério de transferir a responsabilidade para pessoas com menos poder: você está dizendo a elas para serem mais corajosas, sem praticar tudo o que está nas *suas* mãos para mudar as condições que fazem com que agir pareça tão arriscado.

Assim, se você for um líder que se pega reclamando que "ninguém aqui tem coragem", sugiro fortemente que descubra por que as pessoas precisam de tanta coragem para trabalhar em seu departamento ou organização e se comprometa a mudar essa situação. Quando os líderes me dizem que têm interesse em incentivar a coragem, pergunto por que eles não preferem reduzir a percepção de que é preciso coragem para agir. Isso envolve criar o que Amy Edmondson, professora da Faculdade de Administração de Harvard, chamou de "segurança psicológica" — a crença de que ninguém será punido ou humilhado por se comportar de maneira a ajudar a organização a aprender, mesmo se o resultado não for perfeito, irritar ou ofender algumas pessoas pelo caminho.[15] Por exemplo, em vez de focar o treinamento em como os funcionários podem se posicionar com mais eficácia, vale a pena investir recursos capacitando as pessoas para receber e responder melhor ao feedback. Ou, em vez de pressionar os colaboradores a sair de sua zona de conforto, seria melhor repensar os sistemas de avaliação e recompensa que os convencem de que é mais fácil avançar na organização evitando riscos do que tentando coisas novas.

Essas abordagens — incentivar a coragem e reduzir a necessidade percebida de coragem — não são mutuamente excludentes. Um executivo sênior de marketing me contou uma história que ilustra como uma empresa pode criar deliberadamente um sistema para ajudar a mudar um comportamento importante, de algo que os funcionários consideram estressante e difícil para algo que eles dominam e não veem a hora de fazer. Quando Pat Lafferty — hoje executivo de marketing e publicidade com passagens como líder sênior nas mais importantes agências publicitárias do mundo — começou sua carreira na agência de publicidade Leo Burnett Worldwide, sediada em Chicago, ele ficava apavorado nas reuniões de revisão do trabalho criativo. Todas as cadeias de comando, tanto do lado comercial quanto do criativo, estavam presentes, e o gerente júnior da conta (Lafferty) era obrigado a ser o primeiro a dar seu feedback. No começo, Lafferty tinha as mesmas respostas fisiológicas que se lembrava de sentir nas aulas de latim na escola. Ele tinha falta de ar, suava e tentava não fazer contato visual. Ele procurava dizer o mínimo que podia nas reuniões.

Quando Lafferty e outros gerentes juniores de contas falavam, seu feedback tendia a ser recebido com um balde de água gelada. Do ponto de vista de Lafferty e seus colegas, fazia sentido eles começarem a revisão, já que eles eram a "voz do cliente". Por exemplo, de aspectos como: "Nossos consumidores gostam quando mostramos as pessoas apreciando a comida, inclusive sorrindo enquanto comem". Com base nisso, o gerente júnior da conta transmitiria essa mensagem mais diretamente, dizendo algo como: "Deveríamos mostrar mais prazer consumindo o produto". No entanto, esse tipo de feedback costumava ser ignorado nas reuniões. Como seria de se esperar, a primeira reação de Lafferty e seus colegas era ficar em silêncio nas reuniões, mesmo sendo os mais próximos do cliente.

À primeira vista, essa abordagem para treinar pessoas parece ineficaz e insensível. Parece criar constrangimento e medo e alimentar tendências de evasão. Na verdade, a abordagem foi intencionalmente criada para ajudar os gerentes juniores a aprender. Ela inspirava — de fato, exigia — coragem dos novatos. Sim, era péssimo nas primeiras vezes ter de dar sua opinião. Mas você foi convidado para a reunião (em vez de ser excluído por ser novo na empresa) por uma razão: aprender a dar feedback com eficácia. Você observava as pessoas fazendo isso com mais ou menos habilidade, e anotava o que dava certo. Você aprendia como devia se preparar para as reuniões e como transmitir as mensagens certas e do jeito certo. Com o tempo, isso reduzia a sensação de que falar abertamente nessas instâncias era um ato de coragem. O sucesso fazia com que o ato parecesse muito menos arriscado.

A ideia, diz Lafferty, era aprender como dar o feedback de maneira a colaborar com as visões dos outros, em vez de parecer se opor a elas. Ele explica:

> É algo ao mesmo tempo simples e difícil. É se perguntar: "Como eu posso ajudar este trabalho [criativo] a viver e crescer? Como posso ajudá-lo a atingir seu potencial?". Correndo o risco de soar dramático, você precisa encarar a ideia como se fosse seu filho. Você não olharia para seu filho (nem deveria) apontando tudo o que ele tem de errado. Você vê o que ele tem de maravilhoso e especial e o ajuda a usar isso para crescer.

Isso não quer dizer que o pessoal da Leo Burnett aprendia a evitar os problemas. Mas eles aprendiam a dominar a "postura do *e*" que discutimos no capítulo 7. Eles aprendiam como começar afirmando o que estava bom ou funcionando em um projeto e só depois passar para maneiras de agregar mais valor. Eles aprendiam a lembrar que cada projeto era "o bebê de alguém", de modo que precisavam começar validando e deixando claro que sua intenção era ajudar o bebê a crescer. Quando os "pais" do projeto viam essa intenção, eles conseguiam ouvir o resto do feedback e se abrir à ajuda. Por outro lado, quando alguém simplesmente começava com o que estava errado, os pais do projeto entravam na defensiva e se recusavam a ouvir.

Em relativamente pouco tempo, Lafferty aprendeu a formular seu feedback e outras coisas que ele poderia fazer antes, durante e depois das reuniões para agregar valor sem provocar reações negativas. Em vez de olhar para baixo, ele passou a fazer contato visual e dar sua opinião com confiança. Ele se orgulhava de ser incluído em um processo tão importante e realizado por uma equipe focada em grandes contribuições. É bem verdade que ele ainda tinha muito a aprender, mas começou a gostar das reuniões de revisão e a autoconfiança que desenvolveu nelas afetou positivamente todos os aspectos de seu trabalho.

Está nas suas mãos

Mais de meio século atrás, os professores Philip Slater e Warren Bennis previram na *Harvard Business Review* que "a democracia era inevitável" nas empresas.[16] Sem uma "comunicação plena e livre, independentemente de posição e poder" e comportamentos relacionados que fomentam a aprendizagem e a criatividade, uma organização simplesmente não sobreviveria, muito menos prosperaria, diante de toda a concorrência, eles afirmaram.

O problema é que muitas ainda estão muito longe de ser democracias destemidas aos olhos da maioria dos funcionários. Dentre os servidores do governo federal dos Estados Unidos, por exemplo, pelo menos um terço dos respondentes do levantamento anual nos últimos anos discordou de que eles têm como revelar uma suspeita de violação de qualquer lei, regra ou regulamento sem temer represálias.[17] Como já vimos, esse mesmo medo de se manifestar ou se posicionar também permeia muitas companhias do setor privado e do terceiro setor. Em um levantamento de 2020 com 14.500 funcionários de diferentes setores conduzido pelo Centro de Inteligência Emocional da Universidade Yale, 80% afirmaram que ficavam constrangidos de dizer o que pensam em sua organização, inclusive quando eram pressionados a agir de maneira antiética.[18] As pessoas costumam se preocupar com a possibilidade de ser demitidas ou financeiramente punidas por ser francas ou ousadas, e se preocupam com as consequências sociais e psicológicas que também podem resultar dessas ações. Elas presumem que a melhor maneira de progredir é se conformar, em vez de inovar ou dizer a verdade.

E em que situação isso nos deixa? Uma resposta talvez seja "em um estado de desespero". Não posso negar que os atos corajosos podem levar a todo tipo de consequência negativa. Seria uma mentira irresponsável da minha parte dizer o contrário. Mesmo assim, para mim — e espero que para você —, também é possível ficar "altamente motivado para fazer alguma coisa". Os ambientes de trabalho muitas vezes são disfuncionais, longe de serem lugares ideais para as pessoas passarem grande parte de seu tempo e de promover oportunidades de maximizar o potencial de tornar o mundo um lugar melhor. Em ambientes como esses, precisamos desesperadamente de atos mais corajosos por parte de todas as pessoas. Não só das que parecem ter facilidade de agir assim (não é o caso) nem das que achamos que são geneticamente dotadas de habilidades que nós não possuímos (também não é o caso). Precisamos de atos corajosos por parte de *todo mundo*.

Está nas suas mãos! Você está disposto a arregaçar as mangas e se preparar para momentos de ação corajosa, empenhar-se para maximizar sua capacidade de agir com competência e confiança e assim ampliar suas chances de sucesso? E você está disposto a agir apesar dos riscos que sempre estarão presentes, lutando por causas que são mais importantes para você e os outros do que seu sucesso ou sua popularidade?

A ironia disso é que, embora a ação corajosa deva ser feita a serviço dos outros, em prol de princípios mais nobres do que seus interesses pessoais, no fim é sobre *você*. É sobre a sua escolha de fazer o que for preciso para respeitar *a si mesmo*, mesmo se ninguém mais o fizer. É sobre os arrependimentos que *você* terá ou deixará de ter. É sobre saber que, daqui a vinte anos, *você* ficará "mais decepcionado com as coisas que não fez do que com as que fez".[19]

Tanto evidências de pesquisas quanto relatos pessoais sugerem que temos muito mais chances de passar um bom tempo arrependidos das coisas que sabemos que deveríamos ter feito mas não fizemos do que das que fazemos, ainda que elas deem errado. Outro dia desses, li um post no blog da jornalista de negócios Amy Gallo sobre como se posicionar sobre questões éticas. Entre os comentários dos leitores, um homem contou que fez as coisas que ela descreveu como as melhores práticas, mas o resultado foi um pesadelo para ele e sua família. Mas ele também disse que faria tudo de novo. "A integridade não se põe à venda. A empresa saiu ganhando e os funcionários sem voz foram representados", ele explicou, e também afirmou que seus filhos "aprenderam uma importante lição de integridade que levarão consigo pela vida toda". Ele concluiu que jamais gostaria de deixar um legado de "silêncio diante da injustiça".[20]

Suspeito que esse homem vai morrer cansado porém satisfeito. Como descreveu o autor e empresário John Izzo, o "bom cansaço" resulta de focar coisas que realmente importam para você e terminar o dia exausto, porém satisfeito.[21] O "mau cansaço", ao contrário, resulta da tentativa de vencer aos olhos do mundo sabendo que você não está sendo verdadeiro consigo mesmo. Uma maneira de não sermos quem realmente somos é deixar que o medo e o interesse pessoal imediato nos impeçam de correr riscos sensatos. Quando Izzo perguntou aos participantes mais velhos de seu estudo se eles tinham corrido riscos suficientes, quase todos disseram que não. Muitos apontaram que se arrependem disso.

Enquanto o coronel Eric Kail nos encoraja a praticar a coragem regularmente, lembrando-nos de que não podemos nos transformar em trinta segundos na pessoa que não fomos nos últimos dez anos, as descobertas de Izzo também nos advertem de que não devemos esperar trinta anos para sermos corajosos só nos nossos últimos dez segundos. Teremos muitos arrependimentos e provavelmente não estaremos satisfeitos com a vida.

Gostaria de terminar com minha citação favorita. É do dramaturgo e ativista político George Bernard Shaw. "O homem sensato", ele escreveu, "adapta-se ao mundo; o insensato insiste em tentar adaptar o mundo a si próprio. Sendo assim, todo progresso depende do homem insensato". No mundo do trabalho, ousar se posicionar ou se destacar ainda costuma ser visto como insensato. Espero que você aja com coragem mesmo assim, porque todo progresso depende disso.

Índice de atos corajosos no trabalho

Para cada ação abaixo, responda o quanto você acha que seria *corajoso para as pessoas ao seu redor* realizar o comportamento no seu ambiente de trabalho atribuindo uma nota de 0 a 6 (0 = nem um pouco, 1 = muito pouco, 2 = um pouco, 3 = mais ou menos, 4 = bastante, 5 = muito, 6 = extremamente). Avalie os comportamentos com base *nas suas próprias experiências ou de seus colegas*, não na sua organização como um todo.

Adaptado de www.workplacecai.com.

Questionar a autoridade	1	2	3	4	5	6
Atuar com mais autonomia do que a permitida em sua descrição de cargo ou pelas autoridades internas (por exemplo, fazer alguma coisa não autorizada para ajudar os clientes; expandir ou alterar uma função ou cronograma para melhorar o desempenho)						
Questionar explicitamente, confrontar ou recusar-se a seguir ordens, expectativas ou decisões de um superior direto que você considera erradas (por exemplo, recusar-se a fazer algo antiético, ofensivo ou que coloque em risco a sua segurança ou a de alguma outra pessoa; recusar-se a fazer horas extras ou trabalhar no fim de semana)						
Contestar ou opor-se a um superior direto sobre políticas ou práticas estratégicas ou operacionais (por exemplo, ineficiências, estratégias de vendas ou táticas de marketing problemáticas, problemas no fluxo de trabalho ou no cronograma)						
Contestar ou confrontar um superior direto sobre um comportamento antiético ou ilegal (por exemplo, falsificar relatórios, enganar clientes, deixar de cumprir promessas, agir de maneiras não seguras ou em desacordo com as regras, praticar discriminação racial ou assédio sexual)						

Confrontar um superior direto sobre um comportamento desrespeitoso, ofensivo, não profissional ou interpessoal inadequado (por exemplo, tratar alguém injustamente, envergonhar alguém em público, fazer comentários ou agir de maneira rude ou ofensiva)

Defender ou assumir a culpa por subordinados ou colegas (pelos erros, ações ou decisões deles) a um superior direto ou alguém mais acima na hierarquia (por exemplo, assumir a responsabilidade ou a culpa pelo erro de um colega ou subordinado)

Defender ou proteger subordinados ou colegas a um superior direto ou alguém mais acima na hierarquia (por exemplo, pressionar por aumentos, mais recursos ou uma promoção para alguém, "botar a mão no fogo" pela pessoa)

Admitir que cometeu um grande erro a um superior direto ou alguém mais acima na hierarquia (por exemplo, erros contábeis ou de faturamento, prazo estourado, equipamento quebrado, um cliente insatisfeito)

Contestar ou opor-se a um chefe do superior direto sobre políticas ou práticas estratégicas ou operacionais (por exemplo, sobre alocação de pessoal ou remuneração, estratégia de precificação, campanha de vendas, processos de compras, direcionamento futuro da organização, procedimentos de segurança)

Denunciar a um chefe do superior direto o comportamento interpessoal inaceitável de alguém (por exemplo, preconceito, discriminação, fofoca, comportamento ou linguagem inadequada, bullying, tratamento injusto por parte de um funcionário ou gerente)

Denunciar um comportamento antiético ou ilegal a um chefe do superior direto ou outras autoridades internas (por exemplo, furto, fraude, mentira, trapaça, uso de drogas ou álcool no trabalho, assédio sexual por parte de um funcionário ou gerente)

Confrontar colegas e subordinados	1	2	3	4	5	6
Confrontar colega(s) sobre a qualidade, quantidade ou prazos inadequados de seu trabalho (por exemplo, entregar um trabalho de qualidade insuficiente; atrasar prazos; chegar atrasado ao trabalho; "fazer corpo mole")						

Confrontar colega(s) sobre seu comportamento interpessoal desrespeitoso, ofensivo, não profissional ou impróprio (por exemplo, comentários ou piadas inadequadas sobre raça, gênero, religião, sexo, deficiências; insultos ou fofocas; provocações; comportamento depreciativo, condescendente ou rude)

Confrontar colega(s) sobre seu comportamento antiético ou ilegal (por exemplo, roubar recursos da empresa; mentir sobre o tempo trabalhado; roubar ideias dos outros; difamar alguém; revelar informações confidenciais; envolver-se em algum tipo de fraude)

Compartilhar más notícias ou dar um feedback negativo ou difícil de ouvir ao(s) colega(s) (por exemplo, o desempenho dele no trabalho caiu; as pessoas não gostam do estilo de trabalho dele; a organização precisará fazer demissões; clientes ou colegas estão reclamando dele)

Denunciar colega(s) ao superior direto por comportamento inadequado (por exemplo, mentir, violar uma política da organização, comportamento antiético, "fazer corpo mole" no trabalho, assédio ou abuso interpessoal)

Discordar ativamente ou em público de uma opinião amplamente compartilhada ou um posicionamento popular mantido pelo(s) colega(s) (por exemplo, defender a necessidade de mudar um processo ou norma que seus colegas não veem problema em aceitar; denunciar comentários depreciativos ou preconceituosos aceitos pelo grupo)

Rebaixar ou demitir subordinado(s) (por exemplo, demitir alguém de quem você gosta devido a um desempenho insatisfatório; executar demissões sem justa causa)

Dar um feedback negativo informal ao(s) subordinado(s) sobre o cargo ou função atual ou desejada (por exemplo, dar uma advertência verbal ou um feedback não documentado sobre as necessidades de melhoria; dar informações sobre o desempenho ou a possibilidade de promoção; dizer ao subordinado que ele não tem as habilidades ou as qualificações necessárias para o cargo desejado)

Dar ao(s) subordinado(s) um feedback negativo, avaliação negativa ou advertência formal (por exemplo, um feedback formal por escrito ou oral, advertência documentada por desempenho insuficiente, número de faltas ao trabalho, maus tratos a clientes ou colegas)

Confrontar o(s) subordinado(s) sobre seu comportamento interpessoal desrespeitoso, ofensivo, não profissional ou inapropriado (por exemplo, comentários preconceituosos sobre raça, gênero, religião; linguagem ou comportamento sexualmente inadequado; comentários rudes, ofensivos, não profissionais; tom grosseiro e desrespeitoso)

Discordar ativa ou publicamente de uma visão amplamente compartilhada ou posição popular mantida pelo(s) subordinado(s) (por exemplo, sobre segurança, fluxo de trabalho ou política de horas extras; sobre usar atalhos ou fazer "gambiarras"; sobre cronogramas ou intervalos no trabalho)

Engajar-se com stakeholders com base em princípios morais	1	2	3	4	5	6
Engajar-se em um confronto ou conversa difícil ou desagradável com um cliente (por exemplo, sobre a linguagem ou comportamento abusivo, racista ou sexista dele; sobre a insatisfação dele com o preço ou honorários, qualidade, um erro que você cometeu, atraso na entrega ou política de devolução)						
Tomar uma decisão ou alterar uma política correndo o risco de indispor-se com os clientes (por exemplo, aumentar preços, taxas ou honorários; descontinuar produtos ou serviços populares; mudar termos de uma garantia ou uma política de devolução; alterar os termos ou a duração de um serviço)						
Engajar-se em um confronto ou conversa difícil ou desagradável com um parceiro externo (por exemplo, uma disputa com um fornecedor ou distribuidor sobre preço, qualidade, atraso na entrega, desempenho insatisfatório ou política de reembolso; desacordo com um sindicato, associação profissional ou representante legal)						
Recusar-se, em defesa de um princípio moral, a aceitar ou continuar a aceitar dinheiro, fazer negócios, fechar um contrato ou associar-se com um cliente ou parceiro externo (por exemplo, recusar negócios que conflitem com valores essenciais; romper relacionamentos com fornecedores ou terceiros que abusam de sua confiança, discriminam os próprios funcionários, usam mão de obra infantil, pedem suborno ou propina etc.)						

Denunciar atos ilegais ou antiéticos a alguém ou alguma entidade fora da organização como um último recurso (por exemplo, fraude contábil ou fiscal à Comissão de Valores Mobiliários; violações de segurança à Câmara Brasileira da Indústria da Construção; negligência médica ao Conselho de Medicina; práticas trabalhistas ilegais ao Ministério do Trabalho e Emprego; apropriação indébita ou fraude em uma licitação a um jornal)						
Ações pessoais ousadas	**1**	**2**	**3**	**4**	**5**	**6**
Entrar por vontade própria em um novo emprego em outra organização (por exemplo, deixar uma empresa estabelecida para ir trabalhar em uma startup; mudar para um emprego totalmente diferente em um setor diferente; passar do setor privado ao terceiro setor, ou vice-versa; mudar de cidade para trabalhar em um novo emprego)						
Intervir ou colocar-se em perigo físico iminente no lugar de alguém ou em defesa de alguém (por exemplo, apartar uma briga; postar-se diante de uma pessoa violenta; confrontar um ladrão; proteger alguém prestes a ser atingido por um equipamento; resgatar pessoas em um incêndio)						
Pedir demissão em defesa de um princípio moral (por exemplo, para protestar contra maus-tratos aos funcionários, por discordar das práticas de negócio, para preservar a própria integridade)						
Aceitar um salário ou cargo inferior ou recusar-se a aceitar um aumento salarial ou promoção com base em seus princípios (por exemplo, abrir mão de benefícios para evitar que os outros sejam demitidos; recusar um aumento salarial oferecido em troca de "fazer vista grossa" ou como uma forma de suborno; recusar um aumento salarial para chamar a atenção a outras pessoas que não receberam um aumento; recusar um aumento salarial ou promoção por ter um relacionamento amoroso com alguém, em troca de favores especiais etc.)						
Abrir um negócio ou engajar-se em uma iniciativa empreendedora (por exemplo, largar um emprego estável para abrir um negócio; tentar criar um novo produto ou serviço; fazer grandes empréstimos para financiar o próprio negócio)						

Mostrar vulnerabilidade para melhorar o desempenho ou o bem-estar dos outros (por exemplo, admitir que precisa de ajuda, que não está conseguindo entender alguma coisa; permitir que os subordinados vejam que você sabe menos do que eles; revelar histórias pessoais ou emoções para reforçar a confiança ou o moral; identificar-se com grupos discriminados)

Assumir ou aceitar a responsabilidade por um desvio ousado ou inovador das normas ou práticas da organização ou do setor (por exemplo, começar a usar uma nova tecnologia, abordagem de vendas, método pedagógico; oferecer um novo produto ou termos de serviço; terceirizar uma tarefa pela primeira vez)

Assumir ou tentar uma responsabilidade nova ou adicional, uma nova tarefa ou um novo comportamento na organização atual (por exemplo, assumir um projeto ambicioso e de alta visibilidade; aceitar um projeto apesar de não ter todas as habilidades necessárias; fazer uma apresentação a uma grande plateia; passar de um colaborador individual a um papel de liderança)

Notas

Prefácio

1. RICHTEL, M. Frightened doctors face off with hospitals over rules on protective gear, *New York Times*, 31 mar. 2020. Disponível em: www.nytimes.com/2020/03/31/health/hospitals-coronavirus-face-masks.html; KRISTOF, N. I Do Fear for my staff, a doctor said. He lost his job, Opinion, *New York Times*, 1 abr. 2020. Disponível em: www.nytimes.com/2020/04/01/opinion/coronavirus-doctors-protective-equipment.html?action=click&module=Opinion&pgtype=Homepage; conforme relatado a SASLOW, Eli. No mask, no entry. Is that clear enough? That seems pretty clear, right?, *Washington Post*, 18 jul. 2020. Disponível em: www.washingtonpost.com/nation/2020/07/18/Covid-pandemic-store-clerk-north-carolina/?arc404=true; GATES, R. Gates, Kansas State Football Team announces program of protest, *247sports.com*, 27 jun. 2020. Disponível em: https://247sports.com/college/kansas-state/Article/Kansas-State-football-team-announces-protest-of-program-K-State-offensive-tweet-Josh-Youngblood-Chris-Klieman-148609553/.
2. Tal qual Amy Edmondson, autora de *A organização sem medo* (Alta Books, 2020), há duas décadas minha missão é tentar reduzir o medo nas organizações. Este livro reconhece que, por mais importante que seja essa tarefa, a maioria das pessoas trabalha em organizações onde o medo ainda está presente e, portanto, deve decidir se e como agir apesar dele.
3. LACAYO, R.; RIPLEY, A. Persons of the year 2002: the whistleblowers, *Time*, 30 dez. 2002. Disponível em: http://content.time.com/time/specials/packages/article/0,28804,2019712_2019710_2019677,00.html.
4. EGAN, M. I Called the wells fargo ethics line and was fired, *CNN Business*, 21 set. 2016. Disponível em: http://money.cnn.com/2016/09/21/investing/wells-fargo-fired-workers-retaliation-fake-accounts/index.html; EWIG, Jack. Volkswagen says 11 million cars worldwide are affected in diesel deception, *New York Times*, 22 set. 2017. Disponível em: www.nytimes.come/2015/09/23/business/international/volkswagen-diesel-car-scandal.html?emc=eta1&.
5. Disponível em: https://www.gallup.com/workplace/266822/engaged-employees-differently.aspx.

Capítulo 1

1. Todas as citações são de www.theringer.com/2020/1/15/21066392/stuart-scott-espn-sportscenter-career-death-broadcaster.
2. Homenagem de Keith Olberman a Stuart Scott, *ESPN*, 5 jan. 2015. Disponível em: http://espn.go.com/video/clip?id=12125173.

3. Todas as histórias contadas neste livro são verdadeiras. No entanto, para proteger a identidade das pessoas, na maioria dos casos usei apenas o primeiro nome ou alterei seu nome e outros detalhes não importantes para preservar o anonimato. Por exemplo, a história de Chris é real, mas esse não é seu verdadeiro nome. Por outro lado, quando uma história já está no domínio público ou recebi permissão explícita para contá-la, o nome completo da pessoa e outros detalhes foram revelados. Por exemplo, Stuart Scott e outras pessoas mencionadas são nomes reais.

4. Desde os primeiros tratados documentados de Aristóteles, Platão e do poeta chinês Mêncio — todos antes de Cristo —, escreveu-se sobre a coragem em praticamente todas as esferas da vida social intra e interpessoal. No entanto, as discussões sobre a coragem focaram principalmente a bravura física necessária na batalha. Platão, por exemplo, concentrou-se principalmente na coragem em situações militares, e o bom soldado era a melhor medida de coragem para Aristóteles. Apesar de cientistas sociais e filósofos terem dado mais atenção nas últimas décadas a outros tipos de coragem, estudos rigorosos sobre o conceito de coragem *no trabalho* ainda estão engatinhando.

5. Esta definição de coragem no trabalho apresentada por mim e Evan Bruno inclui os dois fatores amplamente aceitos na literatura sobre a coragem: (1) uma ação realizada apesar do *risco percebido* e (2) uma ação em prol de uma *causa digna*. Note que essa definição não requer que a causa seja moral nem moralmente boa. Vejamos um exemplo simples que ilustra por que eu acredito que alguns atos no trabalho são dignos de ser chamados de corajosos sem ter de cumprir algum critério ético formal. Em um estudo que realizei, cada participante leu sobre uma funcionária, Maya, que confrontou um chefe defensivo sobre uma das quatro questões a seguir: (1) uma linha de produto que não estava bem alinhada com as tendências do mercado, (2) metas de vendas irrealistas, (3) tendências de contratação que não estavam alinhadas com as necessidades da organização ou (4) comentários inadequados sobre a aparência, raça, etnia ou orientação sexual das pessoas. Apesar de que todas essas questões possam ter um valor para a empresa, só a última envolve uma clara violação dos padrões éticos ou de conceitos usuais de moralidade. No entanto, todos esses comportamentos foram vistos pelos participantes do estudo como exemplo de grande coragem por parte de Maya.

Apesar do amplo consenso sobre agir apesar do risco percebido ou em prol de uma causa digna como os principais componentes da coragem, há outros fatores do conceito de coragem que não foram incluídos em nossa definição. Por exemplo, muitos filósofos concordam que um ato não é corajoso se não foi deliberado com cuidado. De acordo com esse critério, nenhum ato espontâneo pode ser considerado corajoso. Se isso for verdade, estaria errado pensar que foi corajoso correr para as torres em chamas do World Trade Center nos ataques do 11 de Setembro. Da mesma forma, muitos participantes de meus experimentos estariam errados em achar que não há muita diferença no nível de coragem entre posicionar-se espontaneamente contra uma crítica injusta e o mesmo posicionamento expresso depois de um minuto, algumas horas ou alguns dias. O critério de deliberação necessária também não parece alinhado com as pesquisas da neurociência que mostram que as pessoas podem automaticamente ou sem pensar realizar todo tipo de ato extremamente digno e louvável.

Da mesma forma, apesar de alguns argumentos, não está claro se um comportamento deve (1) ser totalmente deliberado ou (2) envolver o medo percebido para ser considerado corajoso. Por exemplo, realizamos alguns experimentos nos quais os participantes avaliaram a coragem de alguém que se envolveu em um ato digno e arriscado porque se sentiu coagido por um chefe (que ameaçou demiti-lo se não agisse) ou por colegas de trabalho exercendo uma pressão social implícita ou explícita. Nos dois casos, os participantes não consideraram que esses atos forçados foram consideravelmente menos corajosos do que quando a pessoa optou por realizar os mesmos atos. Da mesma forma, considerando que o medo é cada vez mais reconhecido como o rótulo cognitivo que atribuímos a um conjunto de respostas fisiológicas e estímulos reais (isto é, o que está acontecendo ao nosso redor), não há razão para que as pessoas tenham de rotular sua reação como medo só porque elas reconhecem a possibilidade de a ação resultar em um risco.

6. PALMER, P. J. *Let your life speak:* listening for the voice of vocation. São Francisco: Jossey-Bass, 2000. p. 34-35.

7. A noção de que a coragem é como um músculo que se fortalece com o uso foi popularizada por Ira Chaleff; veja CHALEFF, Ira. *The courageous follower:* standing up to and for our leaders. São Francisco: Berrett-Koehler, 2009.

8. De acordo com a análise de Catherine Sanderson, a principal diferença entre os cúmplices e as pessoas que contestaram a autoridade nos experimentos de obediência de Milgram e entre os espectadores e os indivíduos que intervieram em situações perigosas reais foi o treinamento prévio nos tipos relevantes de habilidades e estratégias (*Why we act:* turning bystanders into moral rebels. Cambridge: Belknap Press, 2020. p. 16 e 72.

9. CHURCHILL, Winston S. Unlucky Alfonso, revista *Collier's*, 27 jun. 1931.

10. LEWIS, C. S. *The screwtape letters.* Londres: Fontana Books, 1955. p. 148-149.

11. Em levantamentos que conduzi, estudantes com idades entre 20 e 60 anos e trabalhando em diferentes áreas e níveis técnicos e de gestão acreditam que a coragem de um líder é ainda mais importante do que a expertise técnica, inteligência e diligência no trabalho para o sucesso de longo prazo na liderança. Eles também creem que, de todas as características dos líderes que fracassam, a que mais lhes falta é a coragem. É interessante notar que as pessoas claramente têm uma noção intuitiva de que a coragem nem sempre leva ao sucesso em curto prazo — como fatores que sim fazem isso, meus alunos citaram a inteligência e a diligência no trabalho como mais importantes do que a coragem.

12. Faz sentido, até certo ponto, aceitar as coisas como elas são, já que é difícil imaginar um local de trabalho funcional ou saudável onde as pessoas não concordem em obedecer a certas regras ou em ser boas seguidoras na maioria das situações. Mesmo se não gostarmos de hierarquias e regras, é provável que também não nos agrade muito a ideia de viver no mais completo caos ou isolamento. Desse modo, faz sentido termos criado e em grande parte aceitado sistemas (e normas culturais e pressões sociais associadas) que requerem pelo menos algum grau de deferência às autoridades e afabilidade interpessoal. Mas pode acontecer de essa tendência de favorecer a estabilidade e evitar conflitos apresentar um desafio direto a nosso senso de integridade ou autenticidade ou às nossas ambições de melhorar as coisas.

13. Nosso desejo de sermos amados é o que faz com que a disposição deliberada de Michael Bloomberg de ser impopular seja incomum e inspiradora. Perto do fim de seu mandato, Bloomberg disse ao *The Atlantic*: "Liderança é fazer o que você acha certo e conquistar seguidores com base nisso. Não é fazer um levantamento e seguir o que a maioria diz… Se eu terminar meu mandato com altos índices de aprovação, terei jogado fora meus últimos anos no cargo. Esse aval significa que você não está incomodando ninguém. Isso quer dizer que você está esquiando ladeira abaixo sem nunca cair. Quer dizer que você está esquiando na pista dos iniciantes. Arisque-se um pouco". De BENNET, James, The Bloomberg Way, *The Atlantic*, 15 nov. 2012.

14. Nas minhas pesquisas, me surpreendi com a variedade de empregos que apresentam oportunidades pelo menos periódicas de coragem física. Funcionários de restaurante, por exemplo, podem ter de lidar com clientes agressivos ou violentos, bem como gerentes de loja ou bartenders ao ver colegas de trabalho sendo agredidos por consumidores fora de si ou embriagados. Funcionários de loja vão ao trabalho apesar do risco de roubo e continuam voltando mesmo quando são assaltados. Por exemplo, entrevistei um gerente de restaurante que foi forçado a esvaziar o conteúdo do cofre na bolsa de um ladrão mascarado empunhando uma arma. Ele foi deixado amarrado e amordaçado até ser encontrado pelos funcionários. Depois de ligar para a esposa, ele ajudou a abrir a loja e ficou trabalhando até o meio da tarde. Por quê? Porque nós tínhamos uma loja para administrar, ele me disse. Em algumas situações, são os próprios funcionários que levam violência — e armas — ao local de trabalho. Quando um colaborador ameaça outro com uma faca ou começa a agredir alguém fisicamente, todas as pessoas presentes enfrentam um risco físico iminente.

15. Em todas as organizações que estudei pessoalmente, encontrei pessoas no topo da hierarquia que estão cientes dos riscos profissionais de dizer o que pensam. Elas também se preocupam em perder o status, oportunidades futuras, renda e muito mais. Como todos nós, elas têm suas ambições, contas para pagar e o futuro dos filhos em mente quando consideram assumir riscos no trabalho.

16. PERROW, Charles. A society of organizations, *Theory and Society* 20, n. 6, 1991, p. 725-762.

17. Esses riscos à carreira são muito visíveis nas denúncias de irregularidades a grupos externos. Embora seja difícil obter estatísticas precisas sobre a retaliação a denunciantes e os números variem muito, sabemos que a porcentagem de pessoas que sofrem consideráveis consequências profissionais negativas por denunciar práticas organizacionais ilegais, imorais ou ilegítimas é muito alta. Todos os denunciantes, desde enfermeiros, funcionários do mercado financeiro até funcionários de órgãos federais, enfrentam riscos reais. Quer seja 5% ou 25% — ou uma porcentagem ainda maior —, as pessoas são assediadas, rebaixadas, repreendidas, têm a promoção negada, são fisicamente confrontadas ou demitidas e sofrem outras consequências devido a essa forma extrema de ação corajosa. Veja McDONALD, S.; AHERN, K. The professional consequences of whistleblowing by nurses, *Journal of Professional Nursing* 16, n. 6, 2000, p. 313-321; REHG, M. T. et al. Antecedents and outcomes of retaliation against whistleblowers: gender differences and power relationships, *Organization Science* 19, n. 2, 2008, p. 221-240; MONT, J. The whistleblower retaliation epidemic, *Compliance Week* 9, n. 106, 2012, p. 36-63; e MOBERLY, R. Sarbanes-Oxley's whistleblower provisions: ten years later, *South Carolina Law Review* 64, n. 1, outono 2012, p. 1-54.

18. DERESIEWICZ, W. *Excellent sheep:* the miseducation of the american elite and the way to a meaningful life. Nova York: Simon & Schuster, 2015.

19. EGAN, M. I Called the Wells Fargo ethics line and was fired, *CNN Business*, 21 set. 2016. Disponível em: http://money.cnn.com/2016/09/21/investing/wells-fargo-fired-workers-retaliation-fake-accounts/index.html.

20. WONG, L.; GERRAS, S. J. Lying to ourselves: dishonesty in the army profession. *Carlisle: Strategic Studies Institute and US Army War College Press*, 2015, p. 28. Disponível em: www.politico.com/news/2020/06/19/navy-fires-brett-crozier-aircraft-carrier-coronavirus-329716#.

21. WILLIAMS, K. D. Ostracism, *Annual Review of Psychology* 58, 2007, p. 425-452.

22. Para saber mais sobre os riscos de rejeição social, veja BAUMEISTER, R. F. et al. Social rejection can reduce pain and increase spending: further evidence that money, pain,

and belongingness are interrelated, *Psychological Inquiry* 19, n. 3-4, 2008, p. 145-147. À luz desse medo profundamente arraigado de isolamento, não é de surpreender que as pesquisas sobre as razões para os funcionários optarem por ficar em silêncio incluam preocupações com a possibilidade de prejudicar seus relacionamentos. As pessoas não querem se indispor com os colegas de trabalho, criar tensões ou ferir os sentimentos dos outros (veja BRINSFIELD, C. T. Employee silence motives: investigation of dimensionality and development of measures, *Journal of Organizational Behavior* 34, n. 5, 2013, p. 671-697; veja também MILLIKEN, F. J.; MORRISON, E. W., HEWLIN, P. F. An exploratory study of employee silence: issues that employees don't communicate upward and why, *Journal of Management Studies* 40, n. 6, 2003, p. 1.453-1.476). Será que isso acontece porque somos pessoas tão boas? Talvez em parte. Mas também temos uma razão mais egocêntrica: sabemos, muitas vezes inconscientemente, que nos indispor com os outros também representa um risco social para nós mesmos. Ao investigar as razões pelas quais as pessoas não se posicionam ou não pressionam por mudanças, é comum ouvir afirmações como a que se segue (de um cientista pesquisador que trabalha em uma empresa da *Fortune 100*): as pessoas podem achar que você só está querendo aparecer, que não sabe trabalhar em equipe, e você pode acabar isolado no trabalho.

23. De acordo com seus amigos, Raymond se dispõe a ser impopular e a ninguém gostar dele por fazer o que ele considera inquestionavelmente certo. Mas o fato de seu caso ter recebido tanta atenção sugere que sua coragem é uma exceção, não a norma. Tanto que um sargento acima de Raymond optou por não mandar uma carta de recomendação aos superiores em defesa de Raymond mencionando sua necessidade de proteger "a mim mesmo, meu emprego e minha família" (KNAFO, S. A black police officer's fight against the N.Y.P.D., *New York Times Magazine*, 21 fev. 2016. Disponível em: www.nytimes. com/2016/02/21/magazine/a-black-police-officers-fight-against-the-nypd.html).

24. POLK, S. How Wall Street bro talk keeps women down, Opinion, *New York Times*, 7 jul. 2016. Disponível em: www.nytimes.com/2016/07/10/opinion/sunday/how-wall-street-bro-talk-keeps-women-down.html.

25. BRUNO, E.; DETERT, J. The Workplace Courage Acts Index (WCAI): Observations and impact, academy of management annual meeting (*Anais*), Boston, 13 ago. 2019.

26. LOHR, S.; THOMAS JR., L. The case some executives made for sticking with Trump, DealBook, *New York Times*, 17 ago. 2017. Disponível em: https://nyti.ms/2vl9fMe.

27. COHEN, E. A. America's crisis of courage, *The Atlantic*, 8 nov. 2017. Disponível em: www.theatlantic.com/politics/archive/2017/11/americas-crisis-of-courage/545063/.

28. Por exemplo, um levantamento conduzido pela Russel Reynolds em 2016 com conselhos de administração de grandes empresas de capital aberto de doze países mostrou que o comportamento corajoso dos conselheiros era considerado o fator mais importante para criar culturas fortes e alta performance. Em particular, ter coragem de fazer as coisas certas pelas razões certas foi avaliado como o comportamento mais importante para os conselheiros, além de dispor-se a contestar construtivamente a gestão e outros semelhantes entre os cinco primeiros (com uma diferença significativa entre esses cinco e os próximos dez ou mais). Veja REYNOLDS, Russell. Global board culture survey. *Understanding the Behaviors That Drive Board Effectiveness*, 2016.

29. EWING, J. Volkswagen says 11 million cars worldwide are affected in diesel deception, *New York Times*, 22 set. 2017. Disponível em: www.nytimes.come/2015/09/23/business/international/volkswagen-diesel-car-scandal.html?emc=eta1&.

30. Veja: www.c-span.org/video/?c4472965/user-clip-robert-gates-leadership.

31. PIETERS, R.; ZEELENBERG, M. A theory of regret regulation 1.1, *Journal of Consumer Psychology* 17, n. 1, 2007, p. 29-35.
32. IZZO, J. B. *The five secrets you must discover before you die*. São Francisco: Berrett-Kohler, 2008. p. 47.
33. STEINER, S. Top five regrets of the dying, *The Guardian*, 1 fev. 2012. Disponível em: www.guardian.co.uk/lifeandstyle/2012/feb/01/top-five-regrets-of-the-dying.
34. Fonte: www.everytable.com/mission.
35. BONNEFON, J. F.; ZHANG, J. The intensity of recent and distant life regrets: an integrated model and a large-scale survey, *Applied Cognitive Psychology: the official journal of the society for applied research in memory and cognition* 22, n. 5, 2008, p. 653-662.
36. MACINTYRE, A. *After virtue: a study in moral theory.* Notre Dame: University of Notre Dame Press, 1981.
37. SPIEGEL, Brendan. From safety of New York, Reporting on Distant Home, *New York Times*, 19 nov. 2011. Disponível em: www.nytimes.com/2011/11/20/nyregion/from-safety-of-new-york-reporting-on-a-distant-homeland.html?searchResultPosition=1.
38. WAKATSUKI, Yoko; MULLEN, Jethro. Japanese parliament report: Fukushima nuclear crisis was 'man-made', *CNN.com*, 5 jul. 2012. Disponível em: www.cnn.com/2012/07/05/world/asia/japan-fukushima-report/index.html?hpt=hp_t1.

Capítulo 2

1. BURRIS, E. R., DETERT, J. R.; CHIABURU, D. S. Quitting before Leaving: the mediating effects of psychological attachment and detachment on voice, *Journal of Applied Psychology* 93, n. 4, 2008, p. 912-922.
2. ANDERSON, C.; BRION, S. Perspectives on power in organizations, *Annual Review of Organizational Psychology and Organizational Behavior* 1, n. 1, 2014, p. 67-97; STANLEY, M. *Obedience to authority.* Nova York: Harper, 1974; FISKE, S. T.; TAYLOR, S. E. *Social cognition:* from brains to culture. Thousand Oaks: Sage, 2013.
3. KELMAN, H. C.; HAMILTON, V. L. *Crimes of obedience:* toward a social psychology of authority and responsibility. New Haven: Yale University Press, 1989, p. 53.
4. FLANNERY, K. *The creation of inequality:* how our prehistoric ancestors set the stage for monarchy, slavery, and empire. Cambridge: Harvard University Press, 2012.
5. FEIN, M. L. *Human Hierarchies:* A general theory. New Brunswick: Transaction Publishers, 2012; BOEHM, C. *Hierarchy in the forest:* the evolution of Egalitarian Behavior. Cambridge: Harvard University Press, 2009.
6. Como observa Omoyele Sowore, um ativista nigeriano dos direitos humanos: "Não é tanto um problema de liberdade de expressão, mas de liberdade após a expressão. Você pode dizer muitas coisas na Nigéria, mas a questão é: você ainda será uma pessoa livre? Você ainda estará vivo depois de se expressar livremente?" (apud SPIEGEL, B. From the safety of NY, Reporting on Distant Home, *New York Times*, 20 nov. 2011). Infelizmente, em muitos países do mundo, protestar contra as autoridades pode colocar uma pessoa em sérios riscos físicos.
7. KELMAN; HAMILTON; *Crimes of obedience*, capítulo 6.
8. FRIJDA, N. H. *The emotions.* Cambridge, Reino Unido: Cambridge University Press, 1986; OHMAN, A. Fear and anxiety: evolutionary, cognitive, and clinical perspectives, in *Handbook of Emotions*, ed. LEWIS, M.; HAVILAND-JONES, J. Nova York: Guilford Press, 2000, p. 573-593.

9. BAUMEISTER, R. F. et al. Bad is stronger than good, *Review of General Psychology* 5, 2001, p. 323-370; LERNER, J. S.; KELTNER, D. Fear, Anger, and Risk, *Journal of Personality and Social Psychology* 81, 2001, p. 146-159.

10. OHMAN, 2000.

11. ASHFORD, S. J. et al. Out on a limb: the role of context and impression management in selling gender-equity issues, *Administrative Science Quarterly* 43, 1998, p. 23-57.

12. Por exemplo, Milliken e seus colegas descobriram que 85% dos respondentes com diploma de MBA disseram sentir-se incapazes de levantar uma questão com um chefe (MILLIKEN, F. J.; MORRISON, E. W.; HEWLIN, P. F. An exploratory study of employee silence: issues that employees don't communicate upward and why, *Journal of Management Studies* 40, n. 6, 2003, p. 1.453-1.476); Ryan e Oestrich descobriram que 70% de seu diversificado *pool* de entrevistados hesitavam em se manifestar por medo das repercussões (RYAN, K. D.; OESTRICH, D. K. *Driving fear out of the workplace:* how to overcome the invisible barriers to quality, productivity, and innovation. São Francisco: Jossey-Bass, 1991) e eu constatei que apenas metade dos milhares de funcionários de uma multinacional da Fortune 100 disse ser seguro se posicionar (DETERT, J. R. *To speak or not to speak:* the multi-level leadership influences on voice and silence in organizations [tese de doutorado], Universidade de Harvard, 2003).

13. CHALEFF, I. *The courageous follower:* standing up to and for our leaders. São Francisco: Berrett-Koehler, 2009.

14. MEYERSON, D. E. *Rocking the boat:* how tempered radicals effect change without making trouble. Boston: Harvard Business Review Press, 2008; RYAN; OESTREICH, *Driving fear out of the workplace.*

15. Rothschild e Miethe, por exemplo, constataram que pelo menos metade das pessoas que observaram algum comportamento ilegal ou antiético permanece em silêncio (ROTHSCHILD, J.; MIETHE, T. D. Whistle-Blower disclosures and management retaliation: the battle to control information about organization corruption, *Work and Occupations* 26, n. 1, 1999, p. 107-128).

16. Tanto Worline (WORLINE, M. C. *Dancing the cliff edge:* the place of courage in social life [tese de doutorado], University of Michigan, 2004) quanto Koerner (KOERNER, M. Courage as identity work: accounts of workplace courage, *Academy of Management Journal* 57, n. 1, 2014, p. 63-93) demonstraram a frequência desse tipo de coragem em suas análises qualitativas de relatos de atos corajosos.

17. DAHLING, J. J. et al. Breaking rules for the right reasons? An investigation of pro-social rule breaking, *Journal of Organizational Behavior* 33, n. 1, 2012, p. 21-42; SCHILPZANDO, P.; HEKMAN, D. R.; MITCHELL, T. R. An inductively generated typology and process model of workplace courage, *Organization Science* 26, n. 1, 2014, p. 52-77; ROTHSCHILD; MIETHE, Whistle-blower disclosures and management retaliation.

18. Por exemplo, Okuyama, Wagner e Bijnen resumiram estudos mostrando correlações entre a frequência na qual enfermeiros se manifestavam em defesa da segurança dos pacientes e a qualidade do atendimento e o desempenho da equipe em hospitais; veja OKUYAMA, A.; WAGNER, C.; BIJNEN, B. Speaking up for patient safety by Hospital-Based Health Care Professionals: a literature review, *BMC Health Services Research* 14, n. 1, 2014, p. 61.

19. Whiting e seus colegas também examinaram o comportamento vocal contestando o status quo em prol da melhoria organizacional e descobriram que, quando as

pessoas se manifestaram sobre problemas em um novo produto, elas receberam avaliações de desempenho melhores (WHITING, S. W. et al. Effects of message, source, and context on evaluations of employee voice behavior, *Journal of Applied Psychology* 97, n. 1, 2012, p. 159-182). Howell e seus colegas (HOWELL, T. M. et al. Who gets credit for input? Demographic and structural status cues in voice recognition, *Journal of Applied Psychology* 100, n. 6, 2015, p. 1.765-1.784) descobriram que funcionários de uma cooperativa de crédito que se posicionaram apresentando informações orientadas à melhoria receberam avaliações de desempenho melhores e mais reconhecimento dos supervisores.

20. Um ato corajoso pode reforçar o senso de capacidade de agir com coragem (*agency*), autoconfiança e autorrespeito da pessoa que realiza a ação; veja BOYD, J.; ROSS, K. The courage tapes: a positive approach to life's challenges, *Journal of Systemic Therapies* 13, n. 1, 1994, p. 64-69; CASTRO, C. A. *Military courage, military life:* the psychology of serving in peace and combat 4, 2006, p. 60-78.

21. FINFGELD, D. L. Courage in middle-aged adults with long-term health concerns, *Canadian Journal of Nursing Research Archive* 30, n. 1, 1998, p. 153-169; RYAN, K.; OESTREICH, D. K.; ORR, G. A. *The courageous messenger:* how to successfully speak up at work. São Francisco: Jossey-Bass, 1996.

22. A noção de que uma ação corajosa pode ser contagiante tem sido discutida há centenas de anos. O filósofo do século 18 Dave Hume, por exemplo, escreveu que observar a coragem tende a fazer com que ela se dissemine entre os observadores (apud *The psychology of courage:* modern research on and ancient virtue, ed. C. L. S. Pury e S. J. Lopez. Nova York: American Psychological Association, 2010, p. 16).

    Bem mais recentemente, Rachman descobriu em seus estudos sistemáticos de atos corajosos entre os militares que a exemplificação tem uma grande influência nas ações subsequentes dos outros: para muitos soldados, o principal fator determinante de sua própria capacidade de lidar com situações de estresse extremo foi o exemplo dado por seu líder (RACHMAN, S. J. *Fear and courage*. São Francisco: W. H. Freeman and Company, 1978).

    Muitos outros estudiosos também observaram a natureza contagiante da coragem; veja, por exemplo, BOCCHIARO, P.; ZIMBARDO, P. G.; VAN LANGE, P. A. To defy or not to defy: an experimental study of the dynamics of disobedience and Whistle--Blowing, *Social Influence* 7, n. 1, 2012, p. 35-50.

23. BISWAS-DIENER, R. *The courage quotient:* how science can make you braver. São Francisco: Jossey-Bass, 2012, p. 9.

24. Duzentos e quatro estudantes de MBA e de MBA executivo.

Capítulo 3

1. BARKER, J. R. Tightening the Iron Cage: concertive control in self-managing teams, *Administrative Science Quarterly* 38, n. 3, 1993, p. 408-437.

2. WILLIAMS, K. D. Ostracism, *Annual Review of Psychology* 58, 2007, p. 425-452.

3. Para uma revisão, veja DETERT, J. R.; BRUNO, E. A. Workplace courage: review, synthesis, and future agenda for a complex construct, *Academy of Management Annals* 11, n. 2, 2017, p. 593-639; veja também SCARRE, G. *On courage*. Londres, Nova York: Routledge, 2012.

4. BIENEFELD, N.; GROTE, G. Silence that May Kill: when aircrew members don't speak up and why, *Aviation Psychology and Applied Human Factors* 2, n. 1, 2012, p. 1-10.

5. JANES, L. M.; OLSON, J. M. Jeer pressure: the behavioral effects of observing ridicule of others, *Personality and Social Psychology Bulletin* 26, n. 4, 2000, p. 474-485.

6. RUDERT, S. C. et al. When silence is not golden: why acknowledgment matters even when being excluded, *Personality and Social Psychology Bulletin* 43, n. 5, 2017, p. 678-692.

7. MARGOLIS, J. D.; MOLINSKY, A. Navigating the bind of necessary evils: psychological engagement and the production of interpersonally sensitive behavior, *Academy of Management Journal* 51, n. 5, 2008, p. 847-872.

8. TREVINO, L. K.; VICTOR, B. Peer reporting of unethical behavior: a social context perspective, *Academy of Management Journal* 35, n. 1, 1992, p. 38-64.

9. STONE, D.; HEEN, S. *Thanks for the feedback:* the art and science of receiving feedback well. Nova York: Penguin, 2014, p. 5.

10. LONDON, M. *Job Feedback:* giving, seeking, and using feedback for performance improvement. Londres: Psychology Press, 2003.

11. IGNATIUS, Adi; SCHULTZ, Howard. The HBR interview: 'we had to own the mistakes', *Harvard Business Review*, jul.-ago. 2010. Disponível em: https://hbr.org/2010/07/the-hbr-interview-we-had-to-own-the-mistakes.

12. KARRAS, A. *Even big guys cry.* Nova York: Signet, 1978.

13. ELY, Robin J.; MEYERSON, Debra; DAVIDSON, Martin N. Rethinking political correctness, *Harvard Business Review*, set. 2006. Disponível em: https://hbr.org/2006/09/rethinking-political-correctness.

14. HEADDD, A.; NUCCI, A.; BODEN, R. What matters more: business exit rates or business survival rates?. Washington, DC: United States Census Bureau, 2010. Disponível em: www.census.gov/library/publications/2010/adrm/ces/what-matters-more.html.

15. HARDY, A. Does it take courage to start a business? [dissertação de mestrado] Universidade Clemson, 2016.

16. CLANCE, P. R. *The Imposter phenomenon:* overcoming the fear that haunts your success. Atlanta: Peachtree, 1985.

17. ROMO, V. Oklahoma sheriff and deputies resign over 'Dangerous' Jail, *NPR Radio*, 21 mar. 2019. Disponível em: www.npr.org/2019/03/21/705331915/oklahoma-sheriff-and-deputies-resign-over-dangerous-jail.

18. GARCIA, S. Oklahoma Sheriff and deputies resign over 'Dangerous' Jail conditions, *New York Times*, 20 mar. 2019. Disponível em: www.nytimes.com/2019/03/20/us/nowata-county-jail.html.

19. ROMO, 2019.

20. 2013 National Business Ethics Survey. Disponível em: https://magazine.ethisphere.com/wp-content/uploads/2013NBESExecSummary.pdf.

21. EISENSTADT, Leora F.; PACELLA, Jennifer M. Whistleblowers need not apply, *American Business Law Journal* 55, n. 4, 2018, p. 665-719.

22. MIETHE, T. *Whistleblowing at work:* tough choices in exposing fraud, waste, and abuse on the job. Nova York: Routledge, 2019.

23. 2013 National Business Ethics Survey.

24. HIGGINS, T.; SUMMERS, N. GM recalls: how general motors silenced a Whistle-Blower, *Bloomberg*, 19 jun. 2014. Disponível em: www.bloomberg.com/news/articles/2014-06-18/gm-recalls-whistle-blower-was-ignored-mary-barra-faces-congress.

25. KESSELHEIM, A. S.; STUDDERT, D. M.; MELLO, M. M. Whistle-Blowers' experiences in fraud litigation against pharmaceutical companies, *New England Journal of Medicine* 362, n. 19, 2010, p. 1.832-1.839.
26. OHNISHI, K. et al. The process of whistleblowing in a Japanese Psychiatric Hospital, *Nursing Ethics* 15, n. 5, 2008, p. 631-642.
27. Por exemplo, embora os observadores reconheçam que os colegas delatores (de comportamento antiético) são altamente éticos, eles também tendem a considerá-los difíceis de gostar (TREVINO, L. K.; VICTOR, B. Peer Reporting of unethical behavior: a social context perspective, *Academy of Management Journal* 35, n. 1, 1992, p. 38-64).
Para estudos relacionados sobre a rejeição de rebeldes morais, veja MONIN, B.; SAWYER, P. J.; MARQUEZ, M. J. The rejection of moral rebels: resenting those who do the right thing, *Journal of Personality and Social Psychology* 95, n. 1, 2008, p. 76-93.
28. Na literatura sobre posicionamento e voz, estudiosos constataram que a resistência ao bullying no trabalho tem resultados variados. Por exemplo, Lutgen-Sandvik descobriu que os funcionários muitas vezes não conseguiam impedir o bullying, especialmente quando agiam por conta própria. O resultado foi que as vítimas muitas vezes pediam demissão ou solicitavam uma transferência (LUTGEN, SANDVIK, P. Take This job and... Quitting and other forms of resistance to workplace bullying, *Communication Monographs* 73, n. 4, 2006, p. 406-433).
29. FRIEDERSDORF, A. The Cowardice of covering for too-violent cops, *The Atlantic*, 24 abr. 2018. Disponível em: www.theatlantic.com/politics/archive/2018/04/the-cowardice-of-covering-for-too-violent-cops/557603.
30. DEWAN, S.; KOVALESKI, S. F. Thousands of Complaints Do Little to Change Police Ways, *New York Times*, atualizado em 8 jun. 2020. Disponível em: www.nytimes.com/2020/05/30/us/derek-chauvin-george-floyd.html.
31. PENNINGTON, B. In Man's Game, Mark Herzlich is standing up for women, *New York Times*, 24 out. 2015. Disponível em: www.nytimes.com/2015/10/25/sports/football/in-mans-game-mark-herzlich-is-standing-up-for-women.html.
32. Sobre os valores meramente defendidos em comparação com os efetivamente praticados, veja ARGYRIS, Chris. Teaching smart people how to learn, *Harvard Business Review*, maio-jun. 1991. Disponível em: https://hbr.org/1991/05/teaching-smart-people-how-to-learn. Sobre os valores desejados em comparação com os essenciais, veja LEONCIONI, Patrick M. Make Your Values Mean Something, *Harvard Business Review*, jul. 2002. Disponível em: https://hbr.org/2002/07/make-your-values-mean-something.

Capítulo 4

1. RACHMAN, S. J. Courage: A Psychological Perspective, in *The psychology of courage: modern research on an ancient virtue*, ed. C. L. S. Pury e S. J. Lopez. Washington, DC: American Psychological Association, 2010. cap. 5.
2. GRAY, K. Moral transformation: good and evil turn the weak into the mighty, *Social Psychological and Personality Science* 1, n. 3, 2010, p. 253-258.
3. GOODWIN, D. K. *Leadership in turbulent times*. Nova York: Simon & Schuster, 2018. p. 129.
4. GOODWIN, 2018, p. 130.
5. ERICSSON, A., POOL, R. *Peak:* Secrets from the new science of expertise. Boston: Houghton Mifflin Harcourt, 2016.

6. STONE, J. F. *Meditation for healing:* particular meditations for particular results. Albuquerque: Good Karma Publishing, 1995.
7. Fonte: https://onbeing.org/programs/john-lewis-love-in-action/#transcript; https://scopeblog.stanford.edu/2020/07/22/remembering-rep-john-lewis-a-civil-rights-icons-words-to-stanford-students.
8. LEDOUX, J. E. *Anxious:* using the brain to understand and treat fear and anxiety. Nova York: Penguin, 2015. p. 261-262.
9. STRAYHORN, J. M. *Anxiety reduction and courage skills.* Wexford: Psychological Skills Press, 2012. p. 43.
10. PECK, M. S. *Further along the road less traveled:* the unending journey towards spiritual growth. Nova York: Simon & Schuster, 1998.
11. STRAYHORN, 2012.
12. CHALEFF, I. *The courageous follower:* standing up to and for our leaders. São Francisco: Berrett-Koehler, 2009.
13. Fonte: https://citatis.com/a18429/31b134.
14. Ibid.
15. CAREY, A.; HOFFMAN, J. Lessons in the delicate art of confronting offensive speech, *New York Times*, 12 out. 2016. Disponível em: www.nytimes.com/2016/10/13/science/donald-trump-billy-bush-offensive-speech.html.
16. BANDURA, A. *Self-efficacy:* the exercise of control. Nova York: W. H. Freeman, 1997.
17. CAZA, A. B.; MILTON, L. P. Resilience at work: building capacity in the face of adversity. In: *Oxford Handbook of Positive Organizational Scholarship*, ed. K. S. Cameron e G. M. Spreitzer. Nova York: Oxford University Press, 2012. p. 895-908.
18. Para saber mais sobre a necessidade de ter coragem na área de auditoria, veja: www.iia.nl/SiteFiles/Moral%20Courage%20and%20Internal%20Auditors-bw-web.pdf.
19. WEICK, K. E. Small Wins: redefining the scale of social problems, *American Psychologist* 39, n. 1, 1984, p. 40-49.

Capítulo 5

1. HOLLANDER, E. P. Conformity, status and idiosyncrasy credit, *Psychological Review* 65, n. 2, 1958, p. 117-127.
2. CUDDY, A.; GLICK, P.; BENINGER, A. The dynamics of warmth and competence judgments, and their outcomes in organizations. In: *Research in Organizational Behavior*, v. 31. Amsterdam: Elsevier, 2011, p. 73-98.
3. Para saber mais sobre a distinção entre poder e influência, veja EMERSON, R. M. Power dependence relations, *American Sociological Review* 27, 1962, p. 30-41; e CIALDINI, R. B.; GOLDSTEIN, N. J. social influence: compliance and conformity, *Annual Review of Psychology* 55, 2004, p. 591-621.
4. Para uma revisão e citações relacionadas a essas táticas não verbais a fim de gerar impressões imediatas de competência, veja CUDDY; GLICK; BENINGER, The dynamics of warmth and competence judgments, p. 88.
5. MEYERSON, D. E. *Rocking the boat:* how tempered radicals effect change without making trouble. Boston: Harvard Business Review Press, 2008.
6. CONGER, Jay. The necessary art of persuasion, *Harvard Business Review*, maio-jun. 1998. Disponível em: https://hbr.org/1998/05/the-necessary-art-of-persuasion.
7. Entrevista com o autor, 15 dez. 2015.

8. Por exemplo, Wickert e DeBakker, em seu estudo sobre como as pessoas argumentam a favor da responsabilidade social corporativa de maneiras a superar a resistência, descobriram que a influência é um processo cumulativo que requer tempo para construir relacionamentos e conquistar credibilidade (WICKERT, C.; DE BAKKER, F. Pitching for social change: toward a relational approach to selling and buying social issues, *Academy of Management Discoveries* 4, n. 1, 2018, p. 50-73. Da mesma forma, Vadera e seus colegas argumentaram que a construção de networking/coalizões ou alianças antes do engajamento no desvio construtivo tende a reduzir a intensidade na qual os atos subsequentes são rotulados como amotinadores e/ou ignorados (VADERA, A. K.; PRATT, M. G. ; MISHRA, P. Constructive deviance in organizations: integrating and moving forward, *Journal of Management* 39, n. 5, 2013, p. 1.221-1.276).

9. Para uma discussão sobre os componentes da inteligência emocional e recomendações científicas para avaliar melhor essas habilidades, veja MAYER, J. D.; CARUSO, D. R.; SALOVEY, P. Selecting a measure of emotional intelligence: the case for ability scales. In: *The handbook of emotional intelligence:* theory, development, assessment, and application at home, school, and in the workplace, ed. R. Bar-On e J. D. A. Parker. São Francisco: Jossey-Bass, 2000. p. 320-342.

10. NEAR, J. P.; MICELI, M. P. Effective-whistle blowing, *Academy of Management Review* 20, n. 3, 1995, p. 679-708.

11. SPRAGUE, J.; RUUD, G. L. Boat-rocking in the high-technology culture, *American Behavioral Scientist* 32, n. 2, 1988, p. 169-193; MEYERSON, *Rocking the Boat.*

12. HILL, Linda; WETLAUFER, Suzy. Leadership when there is no one to ask: an interview with Eni's Franco Bernabé, *Harvard Business Review*, jul.-ago. 1998. Disponível em: https://hbr.org/1998/07/leadership-when-there-is-no-one-to-ask-an-interview-with-enis-franco-bernabe.

13. ROWE, M.; WILCOX, L.; GADLIN, H. Dealing with — or reporting — 'unacceptable' behavior, *Journal of the International Ombudsman Association* 2, n. 1, 2009, p. 52-64.

14. CHALEFF, I. *The courageous follower:* standing up to and for our leaders. São Francisco: Berrett-Koehler Publishers, 2009. p. 21.

Capítulo 6

1. REDMOON, A. H. No Peaceful warriors!, *Gnosis* 21, 1999.
2. BROOKS, D. The moral bucket list, Opinion, *New York Times*, 11 abr. 2015. Disponível em: www.nytimes.com/2015/04/12/opinion/sunday/david-brooks-the-moral-bucket-list.html.
3. ROWE, WILCOX; GADLIN, 2009.
4. GLAZER, M. P.; GLAZER, P. M. *The whistleblowers:* exposing corruption in government and industry. Nova York: Basic Books, 1989.
5. SIMOLA, S. Understanding moral courage through a feminist and developmental ethic of care, *Journal of Business Ethics* 130, n. 1, 2015, p. 29-44.
6. BADARACCO, J. L. *Defining moments:* when managers must choose between right and right. Boston: Harvard Business Review Press, 2016.
7. BRYANT, Adam. Executive women, finding (and owning) their voice, *New York Times*, 13 nov. 2014. Disponível em: www.nytimes.com/interactive/2014/11/16/business/corner-office-women-executives-owning-their-voice.html.

8. NEWKIRK, V. R. Sometimes There are more important goals than civility, *The Atlantic*, 5 dez. 2016. Disponível em: www.theatlantic.com/politics/archive/2016/12/discussing-racism-white-voters/509528.
9. Howard Schultz: Starbucks' First Mate, *Entrepreneur.com*, 10 out. 2008. Disponível em: www.entrepreneur.com/article/197692.
10. GEORGE, B. Why it's hard to do what's right; today's CEOs are being swayed by every voice — except their own, *Fortune*, 29 set. 2003. Disponível em: http://archive.fortune.com/magazines/fortune/fortune_archive/2003/09/29/349894/index.htm.
11. VITAGLIONE, G. D.; BARNETT, M. A. Assessing a new dimension of empathy: empathic anger as a predictor of helping and punishing desires, *Motivation and Emotion* 27, n. 4, 2003, p. 301-325.
12. BATSON, C. D. et al. Anger at unfairness: is it moral outrage? *European Journal of Social Psychology* 37, n. 6, 2007, p. 1.272-1.285.
13. OLEN, Dale R. *Reducing anger:* harnessing passion and fury to work for you, not against others. Nova York: Joda Communications, 1993.
14. FREDRICKSON, B. L. What good are positive emotions?, *Review of General Psychology* 2, n. 3, 1998, p. 300-319.
15. MEYERSON, D. E. *Rocking the boat:* how tempered radicals effect change without making trouble. Boston: Harvard Business Review Press, 2008.
16. MILLER, W. I. *The mystery of courage.* Cambridge: Harvard University Press, 2002. p. 268.
17. REARDON, Kathleen K. Courage as a Skill, *Harvard Business Review*, jan. 2007. Disponível em: https://hbr.org/2007/01/courage-as-a-skill?autocomplete=true.
18. DODD, E. H. et al. Respected or rejected: perceptions of women who confront sexist remarks, *Sex Roles* 45, n. 7-8, 2001, p. 567-577.
19. Uma microagressão é definida como uma declaração, ação ou incidente considerado como uma ocorrência de discriminação indireta, sutil ou não intencional contra membros de um grupo marginalizado como uma minoria racial ou étnica. Disponível em: www.lexico.com/en/definition/microaggression.
20. GENTILE, M. C. *Giving voice to values:* how to speak your mind when you know what's right. New Haven: Yale University Press, 2010. cap. 7.
21. MEYERSON, 2008.
22. KELLY, Lois; MEDINA, Carmen. 5 mistakes employees make when challenging the status quo, *HBR.org*, 24 nov. 2016. Disponível em: https://hbr.org/2016/11/5-mistakes-employees-make-when-challenging-the-status-quo.
23. ASHFORD, Susan J.; DETERT, James R. Get the boss to buy in, *Harvard Business Review*, jan.-fev. 2015. Disponível em: https://hbr.org/2015/01/get-the-boss-to-buy-in.
24. DOWNS, A. Up and down with ecology: the issue-attention cycle, *The Public Interest* 28, 1972, p. 38-50.
25. NISBET, M. C.; HUGE, M. Attention cycles and frames in the plant biotechnology debate: managing power and participation through the press/policy connection, *Harvard International Journal of Press/Politics* 11, n. 2, 2006, p. 3-40.
26. GOODWIN, 2018, p. 233.

Capítulo 7

1. Para exemplos, veja DUTTON, J. E.; ASHFORD, S. J. Selling issues to top management, *Academy of Management Review* 18, n. 3, 1993, p. 397-428; VAN DYNE, L.; CUM-

MINGS, L. L.; MCLEAN PARKS, J. M. Extra-role behaviors: in pursuit of construct and definitional clarity (A bridge over muddied waters), *Research in Organizational Behavior* 17, 1995, p. 215-285; GENTILE, M. C. *Giving voice to values:* how to speak your mind when you know what's right. New Haven: Yale University Press, 2010; CIALDINI, R. B. *Influence:* the psychology of persuasion. Nova York: Collins, 2007.

2. MEYERSON, 2008. Observe que, se a sua questão envolver vários stakeholders, adaptar-se à maneira preferencial de pensar ou ver o mundo de seus alvos requer ainda mais habilidade. Por exemplo, Wickert e DeBakker escreveram sobre a competência necessária para adaptar os argumentos em prol da responsabilidade social corporativa às necessidades emocionais e funcionais de diferentes públicos. O que atrai ou assusta os advogados de uma empresa sobre a responsabilidade social corporativa, por exemplo, muitas vezes é muito diferente do que atrai ou assusta os vendedores da mesma empresa (WICKERT, C.; DE BAKKER, F. Pitching for social change: toward a relational approach to selling and buying social issues, *Academy of Management Discoveries* 4, n. 1, 2018, p. 50-73.

3. DETERT, James R.; ROBERTS, Laura M. How to call out racial injustice at work, *HBR.org*, 16 jul. 2020. Disponível em: https://hbr.org/2020/07/how-to-call-out-racial-injustice-at-work.

4. DRURY, B. J. Confronting for the greater good: are confrontations that address the broad benefits of prejudice reduction taken seriously? [tese de doutorado], Universidade de Washington, 2013.

5. ROWE, M.; WILCOX, L.; GADLIN, H., 2009, p. 52-64.

6. CIALDINI, 2007, p. 173-174.

7. GENTILE, 2010, cap. 7.

8. Especificamente, vejamos o exemplo das respostas ao item de um levantamento de junho de 2018: a pessoa propôs soluções em vez de limitar-se a mostrar o problema. A pontuação média de concordância (em uma escala de 7 pontos) para a pergunta dentre os 127 respondentes que compartilharam e avaliaram um ato de coragem que eles observaram e que teve um resultado positivo foi de 5,46; a pontuação média de concordância dos 98 entrevistados que compartilharam e avaliaram um ato de coragem que teve um resultado negativo foi de 4,39. Essas médias têm uma alta probabilidade estatística de serem diferentes umas das outras (p < 0,01).

9. NEAR, J. P.; MICELI, M. P. Effective whistleblowing, *Academy of Management Review* 20, n. 3, 1995, p. 679-708.

10. TICHY, Noel; BENNIS, Warren. Making judgment calls, *Harvard Business Review*, out. 2007. Disponível em: https://hbr.org/2007/10/making-judgment-calls.

11. RUSSO, J. E.; SCHOEMAKER, P. J. *Decision traps:* ten barriers to brilliant decision-making and how to overcome them. Nova York: Doubleday/Currency, 1989.

12. CONGER, Jay. The necessary art of persuasion, *Harvard Business Review*, maio-jun. 1998. Disponível em: https://hbr.org/1998/05/the-necessary-art-of-persuasion.

13. GENTILE, 2010.

14. STONE, D.; HEEN, S.; PATTON, B. *Difficult conversations:* how to discuss what matters most. Nova York: Penguin, 2010.

15. MEYERSON, 2008.

16. Para saber mais sobre o foco na promoção em comparação com o foco na prevenção, veja HIGGINS, E. T. Promotion and prevention: regulatory focus as a motivational principle, *Advances in Experimental Social Psychology* 30, 1998, p. 1-46.

17. MAYER, D. et al. The money or the morals? When moral language is more effective for selling social issues, *Journal of Applied Psychology* 104, n. 8, 2019, p. 1.058.

Capítulo 8

1. MILLER, W. I. *The mystery of courage.* Cambridge: Harvard University Press, 2002.
2. KISH-GEPART, J. et al. Silenced by fear: psychological, social, and evolutionary drivers of voice behavior at work, *Research in Organizational Behavior* 29, 2009, p. 163-193.
3. HAIDT, J. The moral emotions. In: Richard J. Davidson, Klaus R. Scherer e H. Hill Goldsmith, eds., *Handbook of Affective Sciences.* Oxford: Oxford University Press, 2003.
4. LERNER, J. S.; TIEDENS, L. Z. Portrait of the angry decision maker: how appraisal tendencies shape anger's influence on cognition, *Journal of Behavioral Decision Making* 19, n. 2, 2006, p. 115-137.
5. ELY, Robin J.; MEYERSON, Debra; DAVIDSON, Martin N. Rethinking political correctness, *Harvard Business Review*, set. 2006. Disponível em: https://hbr.org/2006/09/rethinking-political-correctness.
6. LEDOUX, 2015.
7. BURNS, D. D. *Feeling good:* the new mood therapy, edição revista. Nova York: Avon, 1999.
8. DETERT, James R.; BURRIS, Ethan. Don't let your brain's defense mechanisms thwart effective feedback, *HBR.org*, 18 ago. 2016. Disponível em: https://hbr.org/2016/08/dont-let-your-brains-defense-mechanisms-thwart-effective-feedback.
9. Para saber mais, veja o pequeno e excelente livro de Dale Olen, *Reducing anger:* harnessing passion and fury to work for you, not against others, 2. ed. Nova York: Joda Communications Ltd., 1993.
10. CONGER, Jay A. The necessary art of persuasion, *Harvard Business Review*, maio-jun. 1998. Disponível em: https://hbr.org/1998/05/the-necessary-art-of-persuasion.
11. WARD, A. et al. Naive realism in everyday life: implications for social conflict and misunderstanding, *Values and Knowledge*, 1997, p. 103-135.
12. TOSI, J.; WARMKE, B. Moral grandstanding, *Philosophy & Public Affairs* 44, n. 3, 2016, p. 197-217.
13. ARGYRIS, C.; SCHÖN, D. A. *Theory in practice:* increasing professional effectiveness. São Francisco: Jossey-Bass, 1974.
14. DAFT, R. L.; LENGEL, R. H. Organizational information requirements, media richness and structural design, *Management Science* 32, n. 5, 1986, p. 554-571.
15. GOMAN, A. *The silent language of leaders.* São Francisco: Jossey-Bass, 2011.

Capítulo 9

1. STONE; HEEN, 2014.
2. Em meu estudo comparando atos corajosos, as pessoas que alcançaram resultados positivos também tiveram significativamente mais chances de fazer o follow-up para lidar com as emoções negativas que elas podem ter causado.
3. Fonte: https://hbr.org/product/Leadership-for-Change--En/an/304062-PDF-ENG.
4. Relatado em GOODWIN, 2018.
5. WHITE, J. *Rejection.* Reading: Addison-Wesley, 1982.

6. DWECK, C. *Mindset:* The new psychology of success. Nova York: Ballantine Books, 2006.
7. DWECK, C. Motivational processes affecting learning, *American Psychologist* 41, 1986, p. 1.040-1.048.
8. SITKIN, S. B. Learning through failure: the strategy of small losses, *Research in Organizational Behavior* 14, 1992, p. 231-266; ELLIS, S.; DAVIDI, I. After-event reviews: drawing lessons from successful and failed experience, *Journal of Applied Psychology* 90, n. 5, 2005, p. 857-871.

Capítulo 10

1. RACHMAN, S. J. *Fear and courage*, 2. ed. São Francisco: W. H. Freeman, 1990.
2. BECK, A. T. *Cognitive therapy and the emotional disorders.* Nova York: Penguin, 1979.
3. BANDURA, 1997.
4. GENTILE, 2010.
5. ARGYRIS, C. *Overcoming organizational defenses*: facilitating organizational learning. Boston: Allyn & Bacon, 1990.
6. RUDOLPH, Jenny W.; SIMON, Robert; RIVARD, Peter; DUFRESNE, Ronald L.; RAEMER, Daniel B. Debriefing with good judgment: combining rigorous feedback with genuine inquiry, *Anesthesiology Clinics* 25, n. 2, 2007, p. 361-376.
7. Correspondência pessoal com Deborah Kolb.
8. MACLELLAN, Lila. The CEO of AETNA was considering suicide before he found meditation, *Quartz*, 4 jun. 2018. Disponível em: https://qz.com/work/1294914/the--ceo-of-aetna-was-considering-suicide-before-he-found-meditation.
9. WOLEVER, R. Q. et al. Effective and viable mind-body stress reduction in the workplace: a randomized controlled trial, *Journal of Occupational Health Psychology* 17, n. 2, 2012, p. 246.
10. LEDOUX, 2015, p. 261-262.
11. DRISKELL, J. E.; COPPER, C.; MORAN, A. Does mental practice enhance performance?, *Journal of Applied Psychology* 79, n. 4, 1994, p. 481.
12. RACHMAN, 1990, p. 312.
13. Sobre a importância de criar espaços seguros para esse tipo de aprendizagem, veja GOUD, N. H. Courage: its nature and development, *Journal of Humanistic Counseling Education and Development* 44, n. 1, 2005, p. 102-116; GILHAM, J. E.; SELIGMAN, M. E. P. Footsteps on the road to a positive psychology, *Behaviour Research and Therapy* 37, 1999, p. 163-173; RACHMAN, 1990, p. 312.
14. Centenas de estudos demonstraram que metas específicas e desafiadoras levam a mais melhoria do que as melhores metas de uma pessoa. Para uma revisão, veja LOCKE, E. A.; LATHAM, G. P. *A theory of goal setting and task performance.* Englewood Cliffs, NJ: Prentice-Hall, 1990.
15. Para saber mais sobre o estabelecimento de metas e a motivação, veja LOCKE, E. A.; LATHAM, G. P. Building a practically useful theory of goal setting and task motivation: a 35-year odyssey, *American Psychologist* 57, n. 9, 2002, p. 705-717.
16. GOLLWITZER, P. M.; SHEERAN, P. Implementation intentions and goal achievement: a meta-analysis of effects and processes, *Advances in Experimental Social Psychology* 38, 2006, p. 69-119.

17. WEBB, T. L. et al. Using implementation intentions to overcome the effects of social anxiety on attention and appraisals of performance, *Personality and Social Psychology Bulletin* 36, n. 5, 2010, p. 612-627.
18. LOCKE; LATHAM, 2002.
19. MILLER, W. I. *The mystery of courage*. Cambridge: Harvard University Press, 2002. p. 131.
20. Disponível em: www.stickk.com/tour.
21. KAHNEMAN, C.; TVERSKY, A. Choices, values, and frames, *American Psychologist* 39, n. 4, 1984, p. 341-350.

Capítulo 11

1. SANDERSON, C. A. *Why we act*: turning bystanders into moral rebels. Cambridge: Belknap Press, 2020.
2. LENCIONI, P. M. Make your values mean something, *Harvard Business Review*, jul. 2002. Disponível em: https://hbr.org/2002/07/make-your-values-mean-something.
3. PETERSON, C.; SELIGMAN M. E. *Character strengths and virtues*: a handbook and classification, v. 1. Oxford: Oxford University Press, 2004.
4. OLINER, S.; OLINER, P. *Altruistic personality*: rescuers of jews in Nazi Europe. Nova York: Simon & Schuster, 1992; MILGRAM, S. *Obedience to authority*: an experimental view. Nova York: Harper, 1974; PURY, C. L.; LOPEZ, S. J. *The psychology of courage*: modern research on an ancient virtue. Washington, DC: American Psychological Association, 2010.
5. SCHILPZAND, P.; HEKMAN, D. R.; MITCHELL, T. R. An inductively generated typology and process model of workplace courage, *Organization Science* 26, n. 1, 2015, p. 52-77.
6. RACHMAN, 2010.
7. PURY, C. L. S. Is Courage an accolade or a process? A fundamental question for courage research. In: PURY, C. L. S.; STARKEY, C. B. *The psychology of courage*: modern research on an ancient virtue, 2010, p. 67-87.
8. Nick Wagoner, transcrição dos comentários de Colin Kaepernick sobre sentar-se em protesto durante a execução do hino nacional, *espn.com*, 28 ago. 2016. Disponível em: www.espn.com/blog/san-francisco-49ers/post/_/id/18957/transcript-of-colin-kaepernicks-comments-about-sitting-during-national-anthem.
9. SAFIAN, R. 'I knew I would get fired': Sallie Krawcheck, *FastCompany*, 14 out. 2014. Disponível em: www.fastcompany.com/3036587/i-knew-i-would-get-fired-sallie-krawcheck.
10. SORKIN, Andrew R. When business executives become reluctant statesmen, Dealbook, *New York Times*, 16 out. 2018. Disponível em: www.nytimes.com/2018/10/16/business/dealbook/saudi-arabia-journalist-business-executives.html.
11. EISENBERGER, R. et al. Leader-member exchange and affective organizational commitment: the contribution of supervisor's organizational embodiment, *Journal of Applied Psychology* 95, n. 6, 2010, p. 1.085-1.103.
12. EMERSON, R. W. *Collected works of Ralph Waldo Emerson, volume VIII*: letters and social aims. Boston: Harvard University Press, 2010.
13. Veja, por exemplo, HISCOX. Disponível em: www.hiscox.com.
14. KIDDER, R. M. *Moral courage*. Nova York: Harper Collins, 2005.

15. Para saber mais sobre a criação de organizações psicologicamente seguras, veja EDMONDSON, A. C. *The fearless organization:* creating psychological safety in the workplace for learning, innovation, and growth. Hoboken: John Wiley & Sons, 2018.

16. SLATER, P. E.; BENNIS, W. G. Democracy is inevitable, *Harvard Business Review*, mar.--abr. 1964.

17. Veja os itens 17 e 23 em: www.opm.gov/fevs/reports/governmentwide-reports/governmentwide-management-report/governmentwide-report/2018/2018-governmentwide-management-report.pdf.

18. IVCEVIC, Zorana; MENGES, Jochen I.; MILLER, Anna. How common is unethical behavior in US Organizations?, *HBR.org*, 20 mar. 2020. Disponível em: https://hbr.org/2020/03/how-common-is-unethical-behavior-in-u-s-organizations.

19. Esta citação costuma ser atribuída erroneamente a Mark Twain, mas na verdade foi dita pela mãe de H. Jackson Brown; veja BROWN JR., H. J. *P.S. I love you*. Nashville, TN: Rutledge Hill Press, 1990. p. 13.

20. GALLO, Amy. How to Speak Up About Ethical Issues at Work, *HBR.org*, 4 jun. 2015. Disponível em: https://hbr.org/2015/06/how-to-speak-up-about-ethical-issues-at--work.

21. IZZO, J. *The five secrets you must discover before you die*. São Francisco: Berrett-Koehler, 2008.

Agradecimentos

Meus primeiros agradecimentos vão para todos os que compartilharam suas histórias comigo — tanto aquelas que exemplificam as melhores práticas que valem a pena imitar quanto os exemplos mais difíceis de ações que não deram em nada ou tiveram resultados negativos, mas que são importantíssimos para nos ajudar a desenvolver uma ideia mais válida e completa da coragem no trabalho. Algumas pessoas foram nomeadas (com nome e sobrenome) aqui, ao passo que a maioria teve sua identidade disfarçada (apenas o primeiro nome) para poder revelar suas experiências sem expor a novas consequências a si mesmas ou as outras pessoas envolvidas. Todas elas foram fundamentais para me ajudar a entender o que é a coragem competente e me inspirar a compartilhar o que aprendi. Este livro literalmente não existiria sem elas.

Também quero agradecer a meus "professores" — as pessoas que, no decorrer da minha vida, me levaram a adorar aprender e a escolher o caminho que continuo a trilhar. Minha mãe (Sue Detert) me ensinou o amor pela leitura, pela aprendizagem e pelo trabalho duro desde a minha infância; a carreira de meu pai (Dick Detert) como professor universitário resultou em décadas de bons conselhos. E meus anfitriões e praticamente pais adotivos Teiko e Takanori Sakaue, que me ensinaram lições sobre a vida e o amor importantes para eu me tornar o que sou hoje. Também fui abençoado por todos os professores atenciosos que tive, desde o jardim de infância até a pós-graduação. Eles são numerosos demais para nomear individualmente, mas juntos me salvaram e me apoiaram por toda a minha vida. Também gostaria de agradecer aos inúmeros autores cujas obras me confortaram, inspiraram e ensinaram. Sou prova viva da veracidade do velho ditado que diz que os livros "vêm até você quando você precisa deles".

Quero agradecer individualmente vários dos meus professores, mentores e colegas mais importantes para esta obra. Meu comitê de PhD foi fundamental — durante e depois dos meus estudos de doutorado — para formar o acadêmico que me tornei. Mike Beer, Amy Edmondson, Peter Marsden e o finado Chris Argyris foram, e continuam sendo, fontes inestimáveis de apoio e orientação. O finado Warren Bennis também representou uma enorme fonte de inspiração e instrução.

Sou grato a Ethan Burris, meu principal colega de pesquisa por mais de quinze anos sobre o tema de falar abertamente, e a Elizabeth Long Lingo pelo primeiro insight que tivemos juntos sobre a coragem no trabalho, quase duas décadas atrás.

Agradeço também aos vários membros de meus três lares acadêmicos de pós-doutorado. Sou grato a Dave Harrison, Tim Pollock e Linda Trevino por me ensinarem a aplicar o melhor das ciências sociais na Universidade Estadual da Pensilvânia e por todos os anos de apoio. Agradeço aos meus colegas (especialmente Mark Milstein), meus estudantes de doutorado (especialmente Sean Martin e Nate Pettit), minha equipe de pesquisa de graduação (Malik Saric, Jess Reif e Beatrice Jin) e à equipe de apoio (Nancy Bell, Annie Johnston e Terri Whitaker) da Cornell, onde fiz grande parte das pesquisas que serviram de base para este livro. Também devo agradecimentos especiais ao finado tenente-coronel Jerry Rizzo, meu parceiro no desenvolvimento da coragem competente de novos líderes na Cornell e um homem cuja vida retratou a coragem, o caráter e a compaixão que buscamos inculcar nos outros.

Na Universidade da Virgínia, onde escrevi este livro, sou grato a muitos colegas da Faculdade de Administração Darden. Agradeço a Kelly Bean por seu apoio no desenvolvimento do Índice de Atos Corajosos, ao Comitê de Pesquisas da Darden pelo apoio a esta obra e a Ed Hess pelo apoio inabalável e aos insights esclarecedores sobre este livro.

Também sou grato a Bobby Parmar, Connie Dunlop, Brianna Hare e a toda a equipe com quem criei o Laboratório de Desenvolvimento Experiencial de Lideranças, em que buscamos ajudar os participantes a aprofundar os tipos de competência descritos neste livro usando as mais recentes ferramentas e abordagens pedagógicas.

Como na Cornell, também recebi muito apoio às minhas pesquisas de parceiros na Universidade Darden. Um desses é Evan Bruno, que desenvolveu o Índice de Atos Corajosos no Trabalho comigo e é meu coautor em pesquisas relacionadas a coragem. Britton Taubenfeld também me ajudou muito, bem como Christina Black, Caitlin Boyer, Patsy Leonard, Cheryl McGough e Hassan Ziauddin. Também sou grato a Laura Goodman e Michael Woodfolk, que me apresentaram a muitos ex-alunos da Darden que, por sua vez, me relataram algumas histórias de "momentos decisivos" que compartilhei neste livro protegendo sua identidade.

Também tive a sorte de contar com um grupo incrível de pessoas que apoiaram meu trabalho na *Harvard Business Review* por muitos anos. Sou grato a Lisa Burrell por ter sido a primeira a acreditar em mim e por toda a parceria desde então. Ela e outros editores, designers e especialistas em marketing e comunicação ajudaram a levar meu trabalho a um público mais amplo.

Meu editor deste livro — Kevin Evers — foi tudo o que eu poderia esperar e muito mais. Ele é construtivo, ponderado e incrivelmente competente. Seu objetivo foi ajudar a levar o livro "do bom ao excelente" ao mesmo tempo que mantinha meus valores e minha voz. Se conseguimos atingir esse objetivo, foi devido a seu excelente trabalho.

Agradeço também a meu agente, Giles Anderson, por ficar ao meu lado por mais de cinco anos antes de eu finalmente conseguir escrever o livro que discutimos pela primeira vez. Seu conhecimento sobre a indústria editorial e seu apoio ao longo de todo o processo foram de valor inestimável para um autor de primeira viagem. Também sou grato a Annie Cull, Rose Convery e Tom Ash pelo incrível trabalho em me ajudar no processo específico de desenvolvimento de um site e pela tarefa muito mais ampla de responder com coerência às perguntas "Quem é o Jim?" e "Qual é a essência de seu trabalho?". Gostaria de concluir com um agradecimento que reflete a dedicatória deste livro: "Às mulheres da família Detert". Há 25 anos, minha esposa, Natalie, tem conversado comigo sobre praticamente todas as ideias e experiências profissionais que tive, muitas vezes a ponto de eu ter certeza de que ela não aguentaria mais. Não preciso de um "life coach" porque tenho minha esposa, uma parceira com uma sabedoria, inteligência emocional e bondade incomparáveis. E há 21 e 18 anos, respectivamente, sou o pai orgulhoso de Laurel e Ellie, as duas luzes mais brilhantes que meu mundo já teve e sempre terá. As três mulheres da família Detert leram meu trabalho, ouviram minhas apresentações e discutiram minhas ideias e histórias comigo com tanta frequência que poderiam muito bem ter escrito uma versão bastante parecida deste livro sem mim! Elas também me deram apoio emocional quando tentei agir com coragem sem muito sucesso e acabei indo lamber minhas feridas em casa. Este livro é para elas e em virtude delas.

Sobre o autor

JAMES R. (JIM) DETERT é professor da cátedra John L. Colley de Administração de Empresas na área de Liderança e Comportamento Organizacional da Faculdade de Administração Darden da Universidade da Virgínia e professor de políticas públicas da Faculdade de Liderança e Políticas Públicas Batten da Universidade da Virgínia. Formado pela Universidade de Wisconsin, com MBA pela Universidade de Minnesota e mestrado e doutorado pela Universidade Harvard, Detert também fez parte do corpo docente da Universidade Cornell e da Universidade Estadual da Pensilvânia.

O trabalho de pesquisa, ensino e consultoria de Detert concentra-se nos temas da coragem, voz e silêncio, tomada de decisão e comportamentos éticos e outros relacionados a liderança. Seu trabalho abrange setores globais de alta tecnologia e serviços, bem como instituições do setor público. Sua pesquisa premiada foi coberta em todos os principais periódicos de administração e tem sido regularmente apresentada em vários meios de comunicação on-line e impressos, incluindo a *Harvard Business Review*.

Detert também adora ensinar e criar currículos, tendo ensinado milhares de alunos de todas as idades ao redor do mundo em formatos acadêmicos e não acadêmicos. Ele desenvolveu dezenas de estudos de caso e ferramentas de ensino e criou vários novos cursos usando simulações, atores e tecnologias de ponta para fornecer uma aprendizagem experiencial de alta intensidade e alto impacto. Por esse trabalho, ele recebeu vários prêmios de Professor do Ano em cursos de MBA e MBA executivo.

Para saber mais sobre Jim, visite o site www.jimdetert.com.